KB134443

장영실

조선 최고의 과학자

장영실

조선사역사연구소 지음

Atto Book

신이 내린 최고의 과학자,
격동의 시대를 살다간 세종의 남자,
장영실을 만나다!

우리 조선사역사연구소에서는 긴 시간에 걸쳐 당대 최고의 과학자로 평가받고 있는 장영실 선생에 관한 모든 것을 알고자 노력하였습니다. 이를 통해 한 인간으로서, 과학자로서 삶의 완성을 위해 애썼던 인물을 있는 그대로 담아내 독자 여러분께 전달하고자 소속 연구원들이 십시일반으로 머리를 맞대었습니다. 안타깝게도 장영실 선생은 명성에 비해 현존하는 사료가 매우 적었기에, 그 과정은 녹록지 않았습니다. 그러나 한 인간으로서 그리고 과학자로서 삶의 완성을 위해 누구보다 치열하게 살았던 인물이기에 그의 발자취를 따라가는 작업은 자못 기쁘고 소중하였습니다.

역사에 기록된 인물에 관한 세상의 평가는 때론 날씨처럼 변하기도 합니다. 우리가 진정 원하는 장영실 선생의 모습보다는 있는 그대로 장영실 선생의 모습을 받아들이고, 그것이 어떤 것인지를 알 때, 세상의 평가에도 무너지지 않는 자기 시선을 갖게 되는 것이 아닐까 싶습니다. 우리 조선사역사연구소에서는 왜곡 없이 장영실의 선생을 바라보고자 최선을 다하였으며, 그의 모범적인 삶이 어떤 것이었는지를 짐작할 수 있었습니다. 살얼음판 같은 궁궐 안에서 노비출신이라는 꼬리표가 항상 따라다녔던 장영실 선생은 고생스럽고 수고스러워도 내색하지 않으며, 동시에 세종의 총애를 듬뿍 받았음에도 불구하고 한결같은 품성을 유지하였던 모양입니다. 가장 과학자다운 면모란, 어쩌면 과학자로서 마땅히 하는 행동을 자제하고 절제하는 데서 찾아지는지도 모른다는 생각을 해봅니다.

알려졌다시피 장영실 선생은 이순지와 이천 선생 등과 함께 조선 전기 활동한 과학자입니다. 아산 장씨의 족보에 장서(蔣壻)의 9세손으로 기재되어 있는 장영실 선생은 정3품관 상호군 관직을 지냈으며, 세계적으로 우수한 과학기술의 업적을 이룩해냈습니다. 과학자로서 발을 내딛는 첫 신호탄이라 할 수 있는 것이 중국의 것을 참고해 완성한 물시계가 그것입니다. 이후 장영실 선생은 천문관측기구인 간의와 그것을 한 단계 발전시킨 혼천의를 비롯해 해시계인 앙부일구, 한국 최초의 자동물시계인 자격루, 일성정시의, 규표, 대간의, 소간의, 현주일구, 천평일구, 정남일구 등 각종 관측기구를 만드는 데 크게 일조하였습니다.

그리고 마침내 1441년(세종23), 장영실 선생은 세계 최초의 강우량 측정기인 '측우기'가 세상의 빛을 볼 수 있게끔 전력을 기울였고, 그 공로로 인하여 과학자로서 인생의 정점을 찍고 다시 한 번 존재감을 과시합니다. 장영실 선생을 필두로 조선의 과학자들이 힘을 합쳐 만든 각종 과학기구는 조선의 과학기술을 한 차원 끌어올림과 동시에 백성들의 생활과 농업에 직접적인 도움이 되었습니다. 한글을 창제하고, 정체, 경제, 문화적으로 훌륭한 치적을 쌓은 세종 시대, 장영실 선생은 과학자로서 명예를 지키는 데에만 급급하지 않았으며, 자신이 '할 수 있는 것'을 끊임없이 찾고, 거리낌 없이 실천하는 데 몰두하였습니다. 숫제 '행동하는 과학자'로서의 면모를 발휘하는 데 거침이 없었습니다. 중국으로부터 수입해 우리 음을 제대로 표현해내기 어려웠던 편경과 편종을 장영실 선생께서 우리 실정에 맞도록 개량한 것이 대표적인 사례입니다. 그런 점에서 장영실 선생은 21세기 인재상이라 할 수 있으며, 한 걸음 더 나아가 '실천하는 지성인'의 대표주자라고 해도 지나침이 없을 것입니다. 또한 세종의 총애를 듬뿍 받았음에도 불구하고 그 어떤 권력의 힘에도 흔들리지 않았던 강인한 장영실 선생의 면모는 충분히 신이 조선 땅에 내린 최고의 과학자라고 해도 손색이 없을 것입니다.

오랜 시간이 흐른 지금, 그의 차가운 머리와 뜨거운 가슴에서 쏟아진 열정은 그가 남기고 간 수많은 발명품이 이야기해 주고 있습니다. 물론 유한한 시간의 테두리 안에서 임진왜란 등과 같은 피치 못한 사정으로 본래의 모습을 잃는 등 시련과 고난의 위기도 있었지만, 수많은 역사학자들과 복원학자들이 솔선수범해 원래의 모습을 되찾는 데 힘을 모으기도 하였습니다. 많은 분들의 땀과 노력이 맺힌 결과물 덕분에 우리 조선사역사연구소에서는 이 책을 출간할 수 있었으며, 결과적으로 600여 년의 시공을 뛰어 넘어 우리 생활에서 위인 장영실을 만날수 있게 되었습니다. 단, 역사적 인물의 일대기를 단순히 다루는 진부한 구성을 탈피해 조선 건국에서부터 세종 시대까지, 조선의 대표적인 역사를 간략하게나마 훑어 볼 수 있게 구성하였습니다. 시대와 더불어 역사 속 위인을 돌아볼 때 비로소 그 인물의 진면목을 접할 수 있지 않을까 싶어서였습니다. 덧붙여 조선을 빛낸 장영실 선생의 많은 업적을 사진과 더불어 살펴볼 수 있도록 구성하였습니다. 감히 강조컨대 이 책은 단순히 위인 장영실이 어떤 인물인지 알리고자 함이 아닙니다. 단순히 장영실 일대기를 서술한 책도 아닙니다. 조선 시대라는 시간과 조선 땅에서 번뜩이는 재치로 세상을 움직이게 한 조선의 과학자 장영실이라는 인물에 한 걸음 다가가는 귀한 연결고리가 되기를 간절히 기원할 따름입니다.

끝으로 책이 출간될 수 있도록 도움을 주신 아토북 출판사 관계자분들을 비롯해 장영실 과학관 관계자분들과 이만준 장영실 기념사업회 회장님께 진심으로 감사의 말씀을 드립니다. 특히 귀한 사진을 보내주신 김광일 선생과 송윤선 씨에게도 고마움을 전합니다.

2015년 겨울

충남 아산의 어느 작업실에서
조선사역사연구소 일동

| 차 례 |

한눈에 보는 장영실 연대기 (1383-1445)

1390년 부산 동래에서 출생
신분은 동래현의 관노였다.

1421년 (세종 3) 중국으로 파견, 각종 천문관측기기를 익히고 돌아옴
인재를 중시했던 세종의 명으로 중국 유학의 기회를 갖게 됐다.
윤사웅, 최천구와 함께 중국으로 유학을 다녀왔다.

1423년 (세종 5) 어명으로 정5품인 상의원별좌로 임명
중국 유학을 마치고 귀국 후 왕의 특명으로 관노의 신분을 벗었다.
본격적으로 궁중기술자로서의 활동이 시작됐다.
원래 상의원은 궁중의 의복과 금은보화를 관리하는 관청이다.
그러나 실제로 장영실이 맡은 일은 물시계 제작이었던 것으로 추측된다.

1424년 (세종 6) 등용 1년 만에 물시계 완성!
《세종실록》에는 중국의 것을 참고하여 청동으로 경점의 기를 부어서 만들었다고 기록되어 있다. 그 공로로 정5품의 행사직으로 승진한다.

1432년 (세종 14) 하늘을 관측하는 천문관측기구인 간의 완성!
장영실이 처음 만들었던 과학기구이자 천문관측기구는 간의다.

1433년 (세종 15) 간의를 더욱 발전시킨 혼천의를 완성!

이후 천문관측기구와 자동물시계를 연구하기 위해 명나라 유학길 오른다.

유학을 마치고 귀국한 장영실. 자동물시계인 보루각의 자격루를 완성!

한국 최초의 자동물시계를 완성한 장영실은 정4품 호군으로 승진한다

1434년 (세종 16) 갑인자 제작

갑인자는 동활자인 경자자의 결함을 보완한 금속활자인데,

장영실은 어명을 받고 갑인자의 주조를 감독했다.

(세종 16) 경상도 채감별감 발탁

철과 구리의 채광 제련을 감독했다.

1437년 (세종 19) 천문관측기기인 앙부일구, 일성정시의, 규표 등을 완성한다.

1438년 (세종 20) 흠경각(옥루) 완성. 대호군(종3품)으로 승진한다.

그 외 대간의, 소간의, 현주일구, 천평일구, 정남일구 등도 제작한다.

1441년 (세종 23) 세계 최초의 우량기인 측우기 발명한다.

이와 함께 하천 수위를 재는 수표 발명. 그 공으로 상호군으로 승진

1442년 (세종 24) 3월 16일 장영실이 직접 제작한 안여(수레) 파손 사건이 발생.

그 해 5월 3일 불경죄로 곤장 80대를 맞고 파직된다.

그 후로는 어떤 기록도 남아있지 않음

1장
작지만 강한 나라 조선

고려 말,
이성계의 활약

    조선 최고의 과학자 장영실이 태어나고 자란 땅은 조선(朝鮮)이다.
고로 장영실이라는 인물에 대해 알아보기 전에, 우선 조선이라는 나라
의 전후사정을 알고 가는 게 응당 당연한 일이다. 이 책의 1, 2장을 통
해 간략하게나마 고려 말부터 조선 건국 초기를 거쳐 세종의 아버지인
태종 시대까지 다뤄보고자 한다. 단편적으로 장영실이라는 인물만 놓
고 가타부타하기에는 우물 안 개구리가 될 수 있으니 말이다. 하여 조
선이 어떤 나라였는지, 누가 어떻게 세웠는지에 대해 물 흐르듯이 자
연스럽게 알아보고자 한다. 시대를 이해하고, 그 다음에 장영실이란
인물에 다가간다면 아마도 총괄적인 이해가 가능할 것이다. 이와 관련
해 고려 말 역사의 소용돌이 속에서 태풍의 눈과 같았던 한 사람을 소
개하고자 한다. 바로 이성계(1335~1408)다. 쌀 할 톨만큼이라도 한국
사에 관심이 있다면, 그 이름이 결코 낯설지 않을 것이다. 고려 백성이
었던 그가 터를 닦아 세운 나라가 바로 조선이다. '로마는 하루아침에
이루어지지 않았다'라는 말처럼 조선 역시 그러하였다. 그 중에서 조
선이 세워지는 데 도화선이 된 사건인 '위화도 회군'에 대해 살펴보고

자 한다.

> "로마는 하루아침에 이루어지지 않았듯이 조선도 그러했다.
> 고려 말, 폭풍전야와도 같은 나날 속에서 조선이라는 꿈을 그린 자
> 가 있었다.
> 그가 바로 이성계다."

위화도 회군은 이성계가 1388년에 요동지역을 정벌하고자 한 최영
장군과 고려 우왕의 뜻을 거스르고 군대를 철수한 사건이다. 북방민족
인 여진족의 땅에서 태어나고 자랐던 고려의 백성 이성계. 그는 당시
최고 권력자인 최영 못지않은 상당한 권력자였다. 그렇다면 그는 어째
서 왕명을 어기고 위화도에서 말머리를 돌렸던 걸까. 또한 어떻게 권
력의 중심에 우뚝 설 수 있었을까. 이 부분에 대해 좀 더 살펴보고자 한
다. 때는 바야흐로 고려 말인 1350년(충정왕 2)이었다. 이미 썩을 대로
부패한 고려는 안팎으로 병들어 있었다. 나라 안으로는 부패한 관료들
이 권력을 이용해 양민들로 하여금 과도한 세금을 걷고, 양민들의 토지
를 마구 빼앗았다. 그렇게 생계가 어려워진 양민들은 노비가 되었다(노
비로 만들었다고 하는 것이 더 정확한 표현이 아닐까 싶다.). 이로 인해 일부 신
료들의 재산만 늘어만 갔을 뿐, 양민의 수는 기하급수적으로 줄어들었
고 반대로 노비의 수는 늘어만 갔다. 결과적으로 고려는 지배층의 수
탈과 횡포로 고려는 극심한 혼란상태에 빠지게 되었다. 나라 밖의 사
정 역시 좋지 않았다. 고려 왕조 역사상 난리도 이런 난리가 없었다. 적
어도 한 달에 서너 번씩이나 왜구가 쳐들어와 약탈을 일삼았다. 단순히
그것만 저지른 게 아니었다. 왜구는 발이 닿는 곳마다 마을 전체를 방

화하였고, 고려인을 포로로 잡아 노예로 팔아넘기기까지 하였다. 강도, 강간, 살인 등 온갖 만행을 저질렀던 것이다. 가뜩이나 먹고살기도 힘든데, 왜구의 노략질까지 계속되자 민심은 크게 동요하였다. 참고로 왜구가 바다를 건너 고려에 들어와 처음으로 만행을 저질렀던 기록은 고려사에 나와 있는데, 그 내용은 다음과 같다.

> "1350년 2월 왜구가 고성 죽림 거제 등에 침입했다.
> 이것이 왜구 침입의 시작이다."
> 〈고려사 권 37〉

그 후로도 왜구의 침입은 계속되었는데, 특히 거리상 가까운 남해안 일대 상황이 심각하였다. 그들은 조창(나라에 낼 조세인 쌀이나 지역 특산물 따위를 선박으로 운송하기 위해 만든 바닷가의 창고를 뜻함)을 중심으로 공격하였다. 당시 조창에 모여 있던 쌀, 재물을 비롯하여 각종 특산물이 왜구의 가장 큰 목표였기 때문이다. 왜구는 조창을 집중 공격하였다. 고려 조정에서는 황급히 연안 쪽에 있는 조창의 위치를 내륙으로 옮기기 시작하였다. 그 결과 1376년(우왕 2)에 이르자 대부분의 조창이 내륙으로 옮겨오게 되었다. 그러나 그것은 임시방편의 미봉책에 불과하였다. 최선의 결정이었겠지만 의도와 달리 외려 그것이 기폭제가 되어 왜구를 내륙으로 끌어들이게 된다. 하여 왜구의 침입은 더욱 기승을 부려 급기야 고려의 수도 개경으로 들어가는 길목인, 강화도에까지 손을 벋친다. 이에 관한 기록은 고려사에도 나와 있는데 그 내용은 다음과 같다.

"왜선 50여척이 강화에 침입하여 부사 김인귀를 죽이고 천 여 명
을 잡아갔다."
〈고려사 권 114〉

이처럼 왜구는 남쪽에 머무르지 않고 강화도까지 침입하였다. 당시
왜구는 고려인들을 포로로 잡아가기도 했는데, 학자들의 연구에 따르
면 고려사에 나온 사례를 다 취합하면 당시 왜구로 잡혀간 고려인의
수만 해도 무려 3만 여 명에 이른다고 한다. 왜구의 침입이 극심했던
당시 고려가 입은 피해는 실로 엄청났다. 쌀과 사람 거기다가 문화재까
지. 그야말로 평화로웠던 고려는 왜구의 노략질로 인해 아수라장이 돼
갔다. 특히 1380년(우왕 6) 8월 즈음해서는 한반도 남단지역은 그 피
해가 상당하였다. 그도 그럴 것이 당시 고려를 침입한 왜구 병력은 약
12,000명으로 500여척의 함선을 끌고 와서 군산에 정박시켜 내륙을
공격한 것이다. 왜구의 무자비한 살상과 약탈을 자행했던 내용은 고려
사에도 기록돼 있는데, 그 내용이 다음과 같다.

"왜선 5백척이 진포어구에 침입하다."
〈고려사 권 114〉

진포는 지금의 금강하구인데, 당시 이곳에 나타난 왜선이 500여척
이나 됐다고 한다. 왜구는 무려 1만 명이 넘는 병력이었다. 왜구는 군
산, 대전, 영동, 구미, 함양을 거쳐 전라도 남원에 이르기까지, 속전속
결로 공격을 개시하였다. 가는 곳곳마다 고려의 관아와 마을을 빠짐없
이 약탈하고, 잔인하게 고려인을 살해해하였다. 부녀자를 겁탈하고 젖

먹이 아기까지를 살해하는 등 인간 이하의 만행을 저질렀다. 기습적인 공격인데다가 병력 수가 만만치 않았기에, 고려는 속수무책으로밖에 당할 수밖에 없었다. 그래도 이때만 해도 고려는 어느 정도 왜구와의 전면전을 치룰 만한 준비가 돼 있었다. 1377년(우왕 3)에 화통도감이 설치되었는데, 이를 계기로 화약을 비롯한 각종 화포 등과 같은 화약무기가 잇따라 개발되면서 고려의 전투력이 발전하게 됐기 때문이다. 참고로 화통도감 설치를 건의했던 화약무기 발명가이자 고려 말조선 초기 무신이었던 최무선이라는 인물이다. 그가 직접 100척을 이끌고 진포에 정박돼 있는 왜선 앞에 나타난다. 바야흐로 1380년 후텁지근한 8월의 여름이었다. 500척과 100척. 병력으로는 고려의 수군이 훨씬 불리했다. 그러나 화약무기에 일가견이 있었던 최무선이 최신식무기(화포)를 개발해 이곳에서 처음 사용한 덕분에 왜구의 함선을 죄다부셔버릴 수 있었다. 최무선에 관한 기록은 태조실록에도 나와 있는데, 그 내용은 다음과 같다

> 검교 참찬문하부사 최무선(崔茂宣)이 졸(卒)하였다.
> 무선의 본관은 영주요, 광흥창 사 최동순의 아들이다.
> 천성이 기술에 밝고 방략이 많으며, 병법을 말하기 좋아하였다.
> 고려조에 벼슬이 문하 부사에 이르렀다. 일찍이 말하기를, "왜구를 제어함에는 화약(火藥) 만한 것이 없으나, 국내에는 아는 사람이 없다."라고 하였다. 무선은 항상 〈중국〉 강남(江南)에서 오는 상인이 있으면 곧 만나 보고 화약 만드는 법을 물었다. 어떤 상인 한 사람이 대강 안다고 대답하므로, 자기 집에 데려다가 의복과 음식을 주고 수십 일 동안 물어서 대강 요령을 얻은 뒤, 도당에 말하여 시험

화약을 발명한 고려의 과학자 최무선(1325~1395) 초상화
(최무선 과학관, 경북 영천시 금호읍 원기리 소재)

해 보자고 하였으나, 모두 믿지 않고 무선을 속이는 자라 하고 험담까지 하였다. 여러 해를 두고 헌의하여 마침내 성의가 감동되어, 화약국(火藥局)을 설치하고 무선을 제조로 삼아 마침내 화약을 만들어 내게 되었다.

…(중략)…

경신년 가을에 왜선 3백여 척이 전라도 진포(鎭浦)에 침입했을 때 조정에서 최무선의 화약을 시험해 보고자 하여,〈무선을〉부원수에 임명하고 도원수 심덕부 · 상원수 나세와 함께 배를 타고 화구를 싣고 바로 진포에 이르렀다. 왜구가 화약이 있는 줄을 뜻지 못하고 배를 한곳에 집결시켜 힘을 다하여 싸우려 고 하였으므로, 무선이 화포를 발사하여 그 배를 다 태워버렸다.
-1395년(태조 4) 4월 19일《태조실록》

그러나 승리의 기쁨도 잠시, 왜구가 가만히 있을 리 만무했다. 엄청난 병력을 이끌고 왜구는 한반도 육지로 돌진하기 시작했다. 더는 방법

고려 말 태조 이성계의 업적을 기리기 위해 1577년(선조 10년)에 세워진 황산대첩비가 있는 황산대첩비지(사적 제104호) 전경 (전남 남원시 운봉면 화수리 소재)

이 없었다. 이에 우왕은 이성계라는 최후의 카드를 내민다. 왕은 이성계를 3도(충청 · 전라 · 경상 3도) 순찰사로 임명해 왜구 소탕 작전을 명령한다. 상황이 급박하게 흘러갔다. 왜구와의 전면전이 시작된 이상 자칫하다가 나라가 왜구의 손아귀에 넘어갈 수도 있는 상황이었다. 그러나 최무선이 진포대첩에서 왜구를 무찌른 것이 승리의 신호탄이었는지도 모른다. 얼마 지나지 않아 이성계의 용력이 조선에 널리 알려지게 되는데, 그 계기가 바로 '황산대첩(荒山大捷)'이다. 황산대첩에 관한 내용은 태조실록에도 나와 있는데 그 내용은 다음과 같다.

> 배를 잃은 왜구는 육지에 올라와서 전라도와 경상도까지 노략질하고 도로 운봉*에 모였는데, 이때 태조가 병마 도원수로서 여러 장수들과 함께 왜구를 〈한 놈도〉 빠짐없이 섬멸하였다.

> 이로부터 왜구가 점점 덜해지고 항복하는 자가 서로 잇달아 나타

★ 운봉 ────────
현재의 전라남도 남원시 운봉읍을 말함

고려 말 왜적의 침입으로 나라가 위기에 빠졌을 때 이성계 장군은 황산에서 왜장 아기바투가 이끄는 왜
군 20만 명을 물리치고 대승을 거두었다. 이를 기리는 황산대첩제가 2015년 8월 15일 당시 전장이었
던 전남 남원시 운봉읍에서 열렸다. 사진은 황산대첩비 각에서 열린 '제30회 황산대첩축제'의 일환인 황
산대첩 전승기념 헌화 모습. (전남 남원시 운봉면 화수리 소재)

나서, 바닷가의 백성들이 생업을 회복하게 되었다. 이것은 태조(太
祖)의 덕이 하늘에 응한 까닭이나, 무선의 공이 역시 작지 않았던
것이다.

-1395년(태조 4) 4월 19일《태조실록》

당시 3도 순찰사라는 직을 받고 남원으로 달려간 이성계는 도착하
자마자 특유의 용맹함과 기개로 전장에서 전두지휘하면서 만신창이가
된 고려의 패장들을 이끈다. 특히 이성계 본인은 소수 병력만을 이끌고
험한 지름길로 가는데, 왜구가 이 험한 지름길을 이용해 배후를 공격
할 것이 분명했기 때문이다. 이성계의 예상대로 얼마 지나지 않아 이성
계의 병력보다 훨씬 많은 왜구의 부대가 모습을 드러냈다. 아군과 적군
이 뒤엉켜 싸우는 사이, 이성계는 활을 쏘았고, 그야말로 백발백중이었

다. 자료에 의하면 70여 명의 적군이 그 자리에서 모두 사망했다고 한다. 계속되는 아군의 승리로 겁을 잔뜩 먹은 왜구는 높은 지형을 이용해 대항하고, 이에 이성계는 병력을 이끌고 적들이 있는 곳으로 돌격했다. 한 치의 망설임도 없이 말을 타고 돌진하는 이성계의 모습에 아군의 사기는 오를 대로 오른 반면, 왜적의 사기는 꺾인 상황이었다. 그야말로 이성계는 왜구 전문가로 전국적 명성을 얻기 직전이었다.

> "고려 말, 3도 순찰사라는 직을 수여받은 이성계는 고려의 패장들을 이끌고 적에게 돌진했다."

그런데 그때였다. 뜻밖의 상황이 일어나기 시작하였다. 느닷없이 왜군 진영에서 흰 말을 탄 용장 하나가 창을 휘두르며 고려군에게 돌진하였다. 순식간에 고려군이 술렁거렸고, 이에 질세라 용장은 고려군 사이를 휘젓기 시작하였다. 고려 군사들은 '아기바투(어린 아이와 용감한 사람을 합친 말로, 실제로 15~16세 정도밖에 안 돼 보이는 어린 장수였기에 아기바투라 칭했음)가 나타났다!'라고 말하며 겁에 질려 도망치기 시작하였다. 당시 왜구의 수가 고려군보다 무려 열배나 많았는데, 아기바투의 등장은 아군의 사기를 잔뜩 꺾기에 충분하였다. 그도 그럴 것이 아기바투는 투구로 몸과 얼굴을 감싸고 갑옷을 입고 있어서 제아무리 명장이 화살을 쏜다 해도 아무 소용이 없었기 때문. 그러나 이성계가 누구더냐. 젊은 시절부터 화살 솜씨 하나만큼은 일품이었다. 특히 이성계가 화살 하나로 다섯 마리의 까마귀를 떨어뜨린 일화는 유명하다. 태조실록을 살펴보면 그 내용이 기록돼 있는데 다음과 같다.

태조가 젊을 때, 정안 옹주 김씨가 담 모퉁이에 다섯 마리의 까마귀
가 있음을 보고 태조에게 쏘기를 청하므로, 태조가 단 한 번 쏘니
다섯 마리 까마귀의 머리가 모두 떨어졌다.
-《태조실록》1권 총서 29번째 기사

전장에서 아기바투의 용장을 한눈에 알아차린 이성계는 부하 이지
란과 함께 작전을 세운다. 이성계가 활로 투구를 벗겨내면 그 즉시 이
자란의 활이 아기바투의 얼굴을 쏘는 식이었다. 이성계의 단 한 발의 화
살로 아기바투의 투구는 날아갔고, 그 틈을 놓치지 않고 이자란이 활
을 쏴 죽였다. 1380년(우왕 6) 9월, 이성계는 이 기세를 몰아 고려에 침
입한 왜구를 격퇴하는데, 이 전투를 앞에서 말한 바와 같이 '황산대첩'
이라 일컫는다. 당시 살아남은 왜구의 수는 고작 70명일 정도로 적었
는데 전사한 왜구의 피가 냇물을 붉게 물들었다고 한다. 이때 피로 물
들었다는 '피바위'가 지금도 전남 남원 달오름마을에 남아 있다. 이처
럼 고려 말 왜구를 무찌르고 전투를 승리로 이끈 이성계는 마침내 민
심을 장악한다. 전라도 운봉에서 왜적을 무찌른 황상대첩으로 인해 전
국적 명성을 얻게 된 것이다. 그렇게 권력의 중심에 서게 된 이성계는

부패한 고려 대신에 새로운 나라를 세우기 위한 밑바탕을 그리기 시작했다.

장영실 뉴스

2015년 8월 15일
전남 남원서 제30회 황산대첩축제가 열리다!

2015년 8월 15일에는 남원 황산대첩축제가 개최되어 화제가 되었습니다. 전남 남원시에서 개최한 이번 축제는 운봉읍 지리산허브밸리에서 열렸으며, 고려 말 왜구를 대파한 황산대첩을 기리는 '제30회 황산대첩축제' 였습니다. 운봉읍 황산은 이성계 장군이 1380년 왜군 20만 명을 물리친 곳으로 화수리에 황산대첩비가 세워져 있습니다. 이번 축제에서 단순히 관람하는 축제에 머무르지 않고 참가자들은 말을 타고 왜장 아지바투가 이끄는 왜군들을 제압하는 모습을 재연하여 의미가 깊은데요. 이 외에도 운봉읍민의 날과 함께 열리면서 장군 활쏘기, 투호, 윷놀이 등 다채로운 전통놀이 행사도 진행돼 모범적인 역사 축제로 자리 잡는 계기가 되었습니다. 이상 장영실 뉴스였습니다.

2015년 8월 15일에 열린 '제30회 황산대첩축제' 현장.
(전남 남원시 운봉면 화수리 소재)

고려와 명나라의
외교관계

한편 고려 말 우리를 둘러싼 지역의 정세는 어떠했는지 알아보자. 당시는 거대한 중국대륙의 지배세력이 서서히 교체되고 있는 시기로, 원나라에서 명나라로 서서히 그 힘이 기울어지고 있는 상황이었다. 그런 가운데 명나라는 고려에게 '옷감과 비단을 줄 테니 소 1만 마리를 구해달라'는 등의 무리한 공물을 요구했다. 이게 다가 아니었다. 명나라 사신들에게 대규모 향응과 함께 인삼과 사냥매 등의 지나친 선물을 요구했고, 나아가 '몽골족을 토벌해야 하니 2만 명의 고려 병력을 파병하라'고 위협했다. 이처럼 당시 명나라는 고려에 지나친 공물을 지속적으로 요구했는데, 고려와 명나라의 국력에 큰 차이가 있는 만큼 고려는 무리한 요구는 거절하되, 명나라와의 평화로운 관계를 유지해야만 했다. 명나라의 태조 주원장이 원나라를 몰아내고 중원지역을 통일했다고는 했으나, 사실상 만주 지역은 명나라와 몽골족 그리고 여진족 등 다양한 세력이 여전히 치열하게 대결하고 있었다. 명나라가 그 어느 때보다 강력한 힘을 과시하고 있었지만, 언제 급변할지 모르는 상황을 주시해야만 했다. 더군다나 고려는 남쪽 해안을 끝없이 침입하는 왜구와 북쪽의 국경을 호시탐탐 노리는 여진족과도 맞서야 했다. 명나라의 압박은 계속됐던 그 당시, 고려 최고의 권력자는 최영이었다. 그는 이성계와 함께 이인임을 몰아내고, 국정을 주도해 나갔다.

> "중국의 패권이 원나라에서 명나라로 넘어가던 그때,
> 명나라는 고려에 억압적 태도를 취하고, 무리한 공물을 요구했다."

이런 상황에서 명나라는 설상가상 고려가 회복한 쌍성총관부 지역에 철령위를 설치해 고려의 땅을 빼앗으려고 했다. 이에 고려는 최영 장군의 주도로 명나라를 공격하자는 요동 정벌을 추진한다. 최영은 명나라와의 관계에서 타협 대신 대결을 택한 것이었다. 원나라에서 명나라로 힘의 균형이 바뀌어가고 있었던 것은 확실했지만, 아직 내부적으로 제도정비가 완성되지 않은 명나라의 사정을 헤아려 볼 때 요동지역은 그 주인이 아직 적확하지 않았다. 최영에게는 절호의 찬스였기에, 그는 강력하게 요동정벌을 주장했다. 계획대로 성공만 한다면야, 이로운 점이 적지 않았다. 공민왕 때 차지한 국토를 지켜야 한다는 당위성과 명나라의 상황이 여의치 않다는 상황 속에서 요동정벌이 성공한다면, 요동에 대한 고려의 지배권을 강화함과 동시에 고려이 재건과 부흥이 가능했었다. 이게 다가 아니었다. 뜻대로야 된다면야 명나라를 충분히 경제할 수 있는 가장 확실한 방법 중 하나였으며, 나아가 고려 내부에서 들끓기 시작한 불만까지도 단숨에 잠재울 수 있는 계기가 될 수 있었다. 설령 요동정벌에 실패하더라도 나쁠 것이 없었다. 그도 그럴 것이 그렇게 되더라도 요동지역을 공격하는 데 있어서 원정에 참여한 무장세력의 힘을 약화시킬 수 있는 가능성이 매우 높았기 때문이다. 다

각도로 살펴봤을 때 최영의 입장에서는 요동정벌을 마다할 이유가 없었다. 당시 최영은 우왕과 함께 고려의 부흥을 위한 것이라는 확고하면서도 탄탄한 명분을 내세우며, 요동정벌을 강력하게 주장했다. 당시 요동정벌을 논의했다는 기록이 태조실록에도 나와 있는데, 그 내용은 다음과 같다.

처음에 명나라 황제가 말하기를, "철령을 따라 이어진 북쪽과 동쪽과 서쪽은 원래 개원로에서 관할하던 군민이 소속해 있던 곳이니, 중국인·여진인·달달인·고려인을 그대로 요동에 소속시켜야 된다."고 하였다. 최영이 백관을 모아 이 일을 의논하니, 모두 말하기를, "〈명나라에〉 줄 수 없습니다." 하였다.

우왕은 최영과 비밀히 의논하여 요동을 치려고 하매, 공산 부원군 이자송이 최영의 사제에 나아가서 옳지 못함을 힘써 말하니, 최영은 자송이 임견미에게 편당해 붙었다고 핑계하고는 곤장을 쳐서 전라도 내상으로 유배시켰다가, 조금 후에 그를 죽였다.

우왕이 서북면 도안무사의 "요동 군사가 강계에 이르러 장차 철령위를 세우려 한다." 는 보고를 받고 울면서 말하기를, "여러 신하들이 나의 요동을 공격하려는 계책을 듣지 않다가 이 지경에 이르렀다." 하였다. 명나라에서 다시 요동 백호 왕득명을 보내어 철령위를 세움을 알렸다.
-《태조실록》1권 총서 81번째 기사

그러나 요동정벌은 내부의 극심한 반대에 봉착한다. 급기야 요동정 벌에 출전하는 장수들도 반대하기까지 한다. 일반 백성들의 생계가 어렵고 국가 재정이 그야말로 바닥이 난 상태에서 군사를 일으키는 무리가 있다는 게 가장 큰 이유였다. 일부 장수들은 당시 고려의 국력으로 명나라를 공격한다는 것은 불가능하다고 판단한다. 당시 왜구와의 전투를 승리로 이끌고, 고려 민심을 장악한 이성계 역시 요동정벌에 반대한기에 이른다. 이성계는 네 가지 이유를 들며(사불가론) 요동정벌은 불가하다며 반대했고, 출전과정에서 4대 불가론을 들어 요동정벌의 부당성을 주장하는 상소를 우왕에게 올린다. 이성계가 주장한 4대 불가론과 이와 관련해 태조실록에 기록된 내용을 차례로 살펴보자. 그 내용은 다음과 같다.

〈이성계의 사불가론〉

1. 작은 나라가 큰 나라를 거스른다는 것은 옳지 않다.
2. 여름철 농번기에 거대한 군사를 동원하는 것은 옳지 않다.
3. 정벌을 하는 데 모든 역량을 집중하면 왜적이 빈틈으로 침입할 것이다.
4. 무덥고 비가 오는 때라 활의 아교가 녹고, 군사들이 전염병에 걸릴 것이다.

4월, 봉주에 머물렀다. 태조에게 이르기를, "과인이 요동을 공격하고자 하니 경 등은 마땅히 힘을 다하라."

하니, 태조가 아뢰기를, "지금에 출사하는 일은 네 가지의 옳지 못한 점이 있습니다. 작은 나라로서 큰 나라에 거역하는 것이 한 가지 옳지 못함이요, 여름철에 군사를 동원하는 것이 두 가지 옳지 못함이

요, 온 나라 군사를 동원하여 멀리 정벌하면, 왜적이 그 허술한 틈을 탈 것이니 세 가지 옳지 못함이요, 지금 한창 장마철이므로 활[弓弩]은 아교가 풀어지고, 많은 군사들은 역병을 앓을 것이니 네 가지 옳지 못함입니다."

하니, 우왕이 자못 옳게 여겼다.

태조가 이미 물러나와서 최영에게 이르기를, "내일 마땅히 이 말로써 다시 〈임금에게〉 아뢰시오."하니, 최영이 말하기를, "좋습니다." 하였다. 밤에 최영이 들어가서 우왕에게 아뢰기를, "원컨대, 다른 말은 듣지 마소서."하였다.

이튿날 우왕이 태조에게 말하기를, "이미 군사를 일으켰으니 중지할 수가 없소."하니, 태조가 아뢰기를, "전하께서 반드시 큰 계책을 성공시키고자 하신다면 서경에 어가를 머무르셨다가 가을에 출사하면, 볏곡이 들판을 덮어 많은 군사가 식량이 넉넉하게 되어 북을 치면서 행진할 수 있을 것입니다. 지금은 출사할 시기가 아니므로, 비록 요동의 한 성을 함락시키더라도, 비가 한창 내리므로 군대가 전진할 수도 없고 퇴각할 수도 없으며, 군대가 피곤하고 군량이 없게 되면 다만 화를 초래할 뿐입니다."하였다.

우왕이 말하기를, "경은 이자송의 일을 보지 못했는가."
하니, 태조는 아뢰기를, "자송은 비록 죽었으나 아름다운 명성이 뒷세상에 전하지마는, 신 등은 비록 살아 있더라도 이미 계책을 잘못썼으니, 무슨 소용이 있겠습니까?" 하였으나, 우왕은 듣지 아니하였다. 태조가 물러나와 울고 있는데, 휘하의 군사가 말하기를, "공은 어찌 이다지도 슬퍼하십니까?"하니, 태조는 말하기를, "백성의 재화(災禍)는 이로부터 시작되었다."하였다.

－《태조실록》1권 총서 83번째 기사

위의 내용처럼 태종은 4가지 불가한 이유를 들어 요동정벌을 반대했다. 당시 가장 강력한 권력은 최영이었지만 이미 민심이 이성계 쪽으로 기울어져 있었기에 이성계 역시 만만치 않았다. 하여 그 누구도 이성계의 주장을 섣불리 비판하기란 쉽지 않았다. 이러한 사불가론은 당시 고려국정의 강력한 권력의 축이었던 신진사대부들의 큰 지지를 받았기 때문이다. 그들은 명나라에 대한 사대를 외교의 근본으로 삼고 있었던 그들에게 명나라에 맞서는 요동정벌은 당연히 부정적으로 생각했다. 아무튼 여러 모로 요동정벌은 내부적으로 엄청난 반발이 존재했기에 실행하기에는 쉽지 않았다고 할 수 있겠다. 최영과 우왕은 이모든 걸 감내해야만 했다. 이런 가운데, 이성계는 사불가론과 함께 요동으로 진격하는 계획을 철회하고 회군할 것을 우왕에게 여러 차례 요청했다. 그러나 우왕은 최영을 총 책임자 겸 요동정벌군 총사령관인 팔도도통사로 임명하고, 이성계를 중군도통사, 조민수를 좌군도통사로 임명한 뒤 요동정벌을 행하기로 결정한다.

우왕이 평양에 머물면서 여러 도의 군사를 독려 징발하여 압록강에 부교를 만들고, 또 중들을 징발하여 군사를 만들고, 최영을 팔도도통사로 삼고, 창성 부원군 조민수를 좌군 도통사로 삼고, 태조를 우군 도통사로 삼아 보냈다. 좌군과 우군이 합하여 5만여 명인데,

여러 사람이 10만 명이라 선전하였다. 군사가 출동하려 하는데 우왕은 술에 취하여 해가 늦도록 일어나지 아니하니, 여러 장수들이 하직하지 못하였다.

조금 뒤에 술이 깨매, 석포에서 배를 띄우고 놀다가 저녁때가 되어서야 돌아와 여러 장수들에게 술을 마시게 하였다.

여러 군대가 평양을 출발하는데, 최영이 우왕에게 아뢰기를, "지금 대군이 출전하는 도중에 있는데 만약 열흘이나 한 달 가량 지체한다면 대사가 성공하지 못할 것이니, 신이 가서 이를 감독하기를 청합니다."하니, 우왕이 말하기를, "경이 간다면 누구와 더불어 정사를 하겠는가?"하였다.

최영이 굳이 청하니, 우왕이 말하기를, "그렇다면 과인도 또한 가겠다."하였다.

어느 사람이 이성으로부터 와서 말하기를, "요사이 요동 군사가 모두 오랑캐 정벌에 갔기 때문에 성중에는 다만 한 사람의 지휘관이 있을 뿐이니, 대군이 만약 이른다면 싸우지 않고도 항복시킬 수 있습니다."하니, 최영이 크게 기뻐하여 그 사람에게 물품을 후히 주었다.

우왕은 홍무의 연호를 정지시키고, 나라 사람들로 하여금 오랑캐 의복을 다시 입게 하고, 상시 대동강에 나가서 오랑캐의 음악을 부벽루에 베풀어 놓고 자기 스스로 호적을 불면서 즐거워하여 돌아올 줄을 잊고 있었다. 매양 나가서 놀 적에는 문득 오랑캐의 음악을 연주하게 하고 창우들로 하여금 갖가지 유희를 보이게 하여, 최영은 날마다 군사를 거느리고 드나들면서 피리를 불고, 임금과 신하가 주색에 빠져 사람을 죽임이 날로 심하니, 백성들이 원망하였다. 우왕이 사자를 보내어 여러 장수들에게 금과 은으로 만든 술그릇을 내려 주었다.

-《태조실록》1권 총서 83번째 기사

그러나 총사령관인 최영은 우왕이 만류함에 따라 우왕의 곁에 있게 되고, 정벌군은 계속된 비로 발이 묶여 이동하기조차 힘든 상황에 처한다. 최영은 어려움에 처한 그들에게 요동 진격을 독려했지만, 군사들의 실질적인 지휘는 이성계와 조민수의 몫. 하여 이성계는 그 틈을 타 조민수를 설득해 회군을 강행한다. 즉 우왕의 지시로 이성계가 지휘하는 요동 정벌군은 돌연 압록강 한가운데 위치한 작은 섬, 위화도에서 군사를 되돌린 것이다. 사실상 그것은 이성계가 일으킨 반란이었다. 최영과 우왕은 이에 끝까지 맞섰지만, 대적하기에는 쉽지 않았다. 그야말로 중과부적(衆寡不敵)이었다. 1388년(우왕 14)에 위화도 회군한 이성계는 11일 만에 정도전, 정몽주와 함께 개경을 점령한다. 최영은 귀양을 보내고 우왕을 폐위시키고 창왕을 올립하여 섭정한다. 이후 우왕의 아들 창왕마저 폐위시키고, 함께 회군을 주도한 조민수마저 제거함으로써 본인의 정치적 입지를 단단히 굳힌다. 바야흐로 고려는 새 나라를 세우려는 강경파 신진사대부들에 의해 국정이 주도되었고, 왕조 역시 왕씨에서 이씨로 바뀌는 흐름이 강해졌다.

"1388년(우왕 14), 고려의 우왕은 최영과 이성계에게 요동정벌을 지시한다.

그러나 이성계는 위화도까지 갔다가 군사를 돌이킨다.

이것을 〈위화도 회군〉이라 한다.”

이 모든 것이 위화도 회군이라는 사건이 불러온 결과였다. 우왕과 최영이 고려의 부흥을 위해 군사를 일으켰던 것이 도리어 고려 패망의 도화선이 된 셈. 이처럼 위화도 회군으로 인해 고려는 돌이킬 수 없는 길을 걷게 된다. 현재도 위화도 회군에 대해 다양한 생각들이 존재한다. 옛 영토를 찾을 수 있는 기회를 영원히 잃어버렸다며 부정적으로 보는 시각도 있지만, 무엇보다 확실한 것은 고려의 부흥을 위해 시도한 것이었지만 도리어 왕조 교체를 원하던 신흥 세력에 반정의 빌미를 제공해주었다는 게 아닐까 싶다. 그리고 최영과 우왕이 결정한 요동정벌이야말로, 아이러니컬하게도 고려의 부흥을 위해 시도했음에도 불구하고 고려의 멸망을 재촉하게 됐다는 것이다.

“위화도 회군은 결과적으로
고려 패망의 도화선이 된 사건이라 할 수 있다.”

이후 고려의 실권을 장악한 이성계를 비롯한 신흥세력은 새로운 나라를 건국하기 위해 본격적으로 개혁에 나선다. 그러나 신진사대부 사이에서 개혁방향을 놓고 의견이 엇갈리기 시작한다. 이른 바 강건 개혁파와 온건 개혁파로 나뉜 것인데, 이때 이성계는 점진적인 개혁파이자 유능한 인재였던 정몽주를 자신의 편으로 만들려 주장하였다. 그러나 고려를 지키려는 정몽주는 끝까지 고려를 유지, 개혁을 해야 한다는 입장을 고수하였다. 정몽주를 비롯한 온건파 사대부들의 이러한 마지막 시도는 역부족이었다. 결국 급진개혁파인 이성계와 정도전이 점진적인

역성혁명에 대한 입장 차이로 동지였던 정도전과 갈라선 뒤, 이방원(조선 제3대 왕)에게 비참한 죽음을 맞이한 고려 말기 충신인 정몽주(1337~1392)의 묘지 (경기 용인시 처인구 모현면 소재)

개혁파인 정몽주, 이색 등을 축출한 뒤 쿠데타를 일으켜, 1392년 8월 5일 공양왕으로부터 선양을 받는다. 그러나 이 과정에서 엄청난 비극이 일어난다. 바로 정몽주의 죽음이다. 조선왕조실록에 따르면 정몽주는 이성계를 문병하고 오던 중 방원이 보낸 자객에 의해 죽임을 맞이했다고 한다. 그 장소가 널리 알려진 선죽교다. 오늘 날 고려 말 충신으로 평가받는 정몽주는 삼봉 정도전과 오랜 친구였으나, 역성혁명의 대한 입장 차이로 방원에 의해 비참한 죽음을 맞이하게 되었다. 그런 일련의 사건들이 지나고, 이후 이듬해 2월 이성계는 도읍을 한양(서울)으로 옮기고, 1393년 3월 27일 고려에서 조선(朝鮮)으로 국호를 바꾼다. 이것이 바로 조선 제1대 왕, 태조 이성계의 탄생이다.

"1393년 3월 27일,
고려에서 조선으로 국호를 바꾼다!"

태조 이성계는 즉위 2년만인 1394년 음력 10월 28일 한양으로 천도하고 수도 이름을 한성부로 고치면서 그 해 12월부터 비로소 조선의 역사가 본격적으로 시작된다. 조선의 기본 3대 정책은 사대교린, 승유배불, 농본주의 정책이라고 할 수 있겠다. 외교적으로는 사대교린 정책을 취해, 큰 나라를 받들어 섬기어 국제적 안정을 도모했던 것이다. 문화적으로는 숭유배불 정책을 기본으로 해서 고려 말 부패한 불교를 배척하고, 유교를 건국이념으로 삼았다. 경제적으로는 농본주의 정책을 펼침으로써 농업을 장려하였으며, 농본민생주의에 따른 신분 사회제도를 확립하였다. 이를 통틀어 법전을 집필하도록 하였는데 그것이 바로 '조선경국전'이다. 조선의 개국공신인 정도전으로 하여금 저술하도록 하여 1394년에 완성한 '조선경국전'은 조선의 건국이념과 정치, 경제, 사회, 문화, 종교에 대한 기본방향을 제시하였다. 이와 같이 태조 이성계는 조선 건국 이후 나라의 통치 규범을 공고히 다지기 위한 노력을 꾸준히 하였고, 그 방법의 하나가 통치 규범을 문서로 만드는 작업이었다.

> "삼봉 정도전이 집필한 조선시대 기본 법전인 '조선경국전'
> 이것은 은 조선왕조의 건국이념을 비롯하여 조선의 정치, 경제, 문화, 사회, 문화, 종교에 대한 기본방향을 제시하였다."

조선 건국 직후에 정도전이 펴냈던 '조선경국전'은 훗날 성종 때 완성된 '경국대전(보물 제1521호)'의 기초가 된 법전이기도 하다. '경국대전'은 세조 때 노사신, 강희맹, 최항 등이 집필을 시작해 1485년(성종 16년)에 펴낸 것으로 조선이 세워지기 전후부터 성종 때까지, 무려 100여 년이 시간 동안에 나온 '조선경국전' 등과 왕명·조례, 교지 등을 정리해 엮은 법전이라 할 수 있다. 한 왕조의 기틀이 되는 법과 제도는 매

조선 시대 법의 기본이 된 법전으로 기존에 있던 '조선경국전', '경제육전', '속육전' 그리고 이후의 시행 법령을 묶어서 만든 법전인 경국대전 (보물 제1521호)

우 중요하다. 모름지기 한 나라를 제대로 통치하기 위해선, 그 근간이 되는 세밀한 규정과 이념을 정리해놓은 기본 법전이 반드시 필요하다. 많은 역사학자가 이구동성으로 말하기를 조선이라는 나라가 500년 동안 이어질 수 있었던 데에는 나라를 다스리는 데 기본이 되는 모든 체제를 집대성한 법전을 바탕으로 운영되었기 때문이라고 한다. 그렇다. 충분히 일리가 있는 말이다. 조선의 법전인 '경국대전'은 실제로 시대가 변하면서 이에 맞게 수정, 보완을 통해 영조 때 '속대전', 정조 때 '대전통편', 고종 때 '대전회통'으로 이어졌기 때문이다.

여하튼 조선이라는 한 나라의 법제도를 집필한 삼봉 정도전은 실로 대단한 인물이라고 할 수 있다. 이성계와 같은 급진파 신진사대부의 한 사람이었던 정도전은 알려졌다시피 위화도 회군 이후 이성계를 왕으로 세우는 역성혁명의 뜻을 끝까지 밀고 나갔고, 새 왕조가 나아가야 할 방향을 정하였다. 정도전, 그는 조선을 설계한 기획자나 마찬가지였다. 흔히들 정도전을 가리켜, 정도전이 조선이라는 밑바탕을 그렸다면 이성계가 채색했다라고 할 정도이니 그의 권력이 어느 정도인지 알 수 있을 터. 이 외에도 각종 문물을 정비하고 수많은 저술활동을 하는 등

가히 놀라울 정도로 뛰어난 업적을 이루었다. 그러나 조선의 개국공신 정도전은 이방원에게 죽임을 당한다. 어찌하여 자신이 설계한 조선의 왕인 태조의 아들 중 한 사람에게 그토록 허망하게 목숨을 잃게 된 것인지 다음 챕터에서 짧게나마 짚어 가고자 한다.

2012년 6월 29일

태조 이성계 초상화가 국보로 지정되다!

문화재청이 지난 2012년 6월 29일 '조선태조어진(朝鮮太祖御眞)'을 국보 제317호로 지정하였습니다. '조선태조어진'은 1872년(고종 9년)에 제작된 태조 이성계의 어진인데요. 당대 최고의 화사들이 동원되어 원본에 충실하게 이모(移模) 작업이 이루어져 조선 초기 선묘 위주의 초상화 기법을 잘 간직한 것으로 평가받고 있습니다. 완전한 형태의 어진(왕의 초상화)이 거의 남아 있지 않은 상황에서 조선 시대 왕의 전신상으로는 유일한 자료여서 역사적 학술적 가치가 매우 높습니다. 참고로 '조선태조어진'은 1987년에 보물 제931호로 지정됐다가 이번에 예술적·학술적 가치와 상징적인 가치를 인정받아 국보로 승격되었습니다. 이상 장영실 뉴스였습니다.

태조 이성계 어진
(경기전 어진박물관,
전주시 완산구 풍남동 3가 102 소재)

태종 이방원은
어떻게 조선의 기틀을 다졌을까?

조선 개국 이후, 개국공신들의 지위가 급격히 상승하였다. 조선의 통치 질서를 확립하는 과정에서 생기는 당연한 결과였다. 개국공신 중에서는 특히 정도전의 권력이 나날이 커져갔다. 이해 반해 부신 및 왕실 세력은 점점 권력의 중심에서 멀어져갔고 자연스럽게 첨예하게 대립하기 시작하였다. 그 중에서도 방원과 정도전의 갈등의 골이 가장 깊었다. 방원은 한씨 소생의 다섯 번째 아들이다. 태조 이성계에게는 정비인 신의왕후 한씨 사이에서 6남 2녀를, 계비인 신덕왕후 강씨 사이에는 2남 1녀를 각각 두었다. 한씨와의 사이에서 이방우 · 방과(정종) · 방의 · 방간 · 방원(태종) · 방연을, 강씨와의 사이에서 방번과 방석 등의 아들을 낳았다. 그 중에서 아버지 이성계를 도와 조선 건국에 많은 공을 세운 이방원은 엄청난 야심을 갖고 있는 인물이었다. 방원은 정도전의 세력이 커가는 것을 마냥 지켜볼 수만은 없었다. 방원의 입자에서는 뭔가 손을 쓰지 않으면 안 되는 상황이었다. 그런데 설상가상 방원은 세자책봉 경쟁에서마저 탈락하게 된다. 어린 서자 이방석이 왕세자가 되는 상황이 일어난 것이다. 이에 관한 이야기는 태조실록에도 기록돼 있는데, 그 내용이 다음과 같다.

처음에 공신 배극렴 · 조준 · 정도전이 세자를 세울 것을 청하면서, 나이와 공로로써 청하고자 하니, 임금이 강씨를 존중하여 뜻이 이 방번에 있었으나, 이방번은 광망하고 경솔하여 볼품이 없으므로, 공신들이 이를 어렵게 여겨, 사적으로 서로 이르기를,

"만약에 반드시 강씨가 낳은 아들을 세우려 한다면, 막내 아들이 조금 낫겠다."고 하더니, 이때에 이르러 임금이, "누가 세자가 될 만 한 사람인가?" 라고 물으니, 장자로써 세워야만 되고, 공로가 있는 사람으로써 세워야만 된다고 간절히 말하는 사람이 없었다. 극렴 이 말하기를, "막내 아들이 좋습니다."하니, 임금이 드디어 뜻을 결 정하여 세자로 세웠다.
-1392년〈태조 1〉 8월 20일《태조실록》

이처럼 사실 태조는 계비인 신덕왕후 강씨의 뜻에 따라 방번을 세자 로 삼으로 하였다. 그러나 개국공신으로 책봉됐던 조준과 배극렴 등은 이에 반대하고 방원을 세자로 책봉할 것으로 주장하였다. 그들과의 바 람과 달리 태조는 계비 강씨의 아들 이방석을 1392년 8월 20일 세자로 책봉하였다. 그때 이방석의 나이가 고작 11세였다. 이에 한씨 소생의 왕 자들은 자신들을 배제하고, 중전의 아들이자 막내가 왕세자가 된 거에 대해 불만이 대단하였다. 그도 그럴 것이 당시 한씨 소생의 장남 이방 우의 나이가 39세였기 때문이다. 한편 방석의 세자 책봉에 가장 불만이 많았던 정안군 이방원의 나이는 26세였다. 정치적 야심이 가장 컸던 탓

에 가장 크게 격분하였던 방원은 맏형 이방우를 세자로 책봉해야 한다고 주장하였다. 물론 받아들여지지 않았다. 한편, 그 후 정도전은 태조 이성계로부터 세자 보도의 책임을 임명받는다. 왕세자의 교육을 맡은 정도전은 자신의 생각대로 방석을 왕세자로 책봉하는 데 성공하자, 왕세자 교육과 동시에 본인이 이루고자 했던 개혁작업에도 박차를 가한다. 바로 이때 정도전이 편찬을 주도한 것이 〈조선경국전〉, 〈경세문감〉 등이다. 이를 통해서 그는 각종 문물과 제도 등 조선왕조 500년의 기틀을 세우는 데 일조하였다. 오늘 날 학자들은 삼봉 정도전이라는 인물을 가리켜, 역사상 최고의 혁명가라 평가하고 있다. 그러나 다소 지나칠 정도로 일방적이고 급진적인 정책을 펼쳐나갔다고 보는 학자들도 적지 않다. 당시에도 이런 생각을 바탕으로 정도전의 세력에 반발하는 사람들이 있었는데, 그 수가 점점 늘어갔었다. 상황이 이러한데, 세자 책봉에서 밀려난 방원은 오죽했을까 싶다. 아마도 이런 어려운 상황에서도 방원의 마음에는 이미 피바람의 서막이 불고 있었을 터.

"세자 책봉에서 밀려난 방원은 결심하였다.
자신이 앞으로 나아가는 데 있어서, 걸림돌이 될 만한 존재는 반드시 제거하리라고. 그 누가됐든 간에, 어떻게 해서든 기필코 없애리라고."

방원은 태조 이성계로부터 내쳐지는 위기 속에서도 항상 재기의 날을 손꼽아 기다렸다. 재기를 하기 위하여 1순위로 필요한 것은 당연히 권력. 무장가문에서 유일하게 문과 급제자로 문무과 뛰어났던 지략가 방원은 사병을 육성하는 일에 힘을 쏟았다. 권력구조의 핵심에서 밀려

낮음에도 불구하고 방원의 준비는 철저하였다. 이뿐만이 아니다. 또한 박식한 지식인이었던 하륜(1348~1416)과 교류를 긴밀하게 유지하며 재기의 기회를 엿보았다. 그리고 마침내 방원은 자신을 추종하는 개국 공신들과 난을 일으켜, 정도전과 남은 등을 제거한다. 이 사건을 일명 무인정사라고도 하는데, 이는 왕위 계승을 둘러싼 왕자들 간의 싸움임 동시에 방원과 정도전의 권력다툼으로 보면 되겠다. 야망을 쟁취하기 위한 방원의 질주와 함께 드디어 숙청의 피바람이 시작된 것이다. 이에 관한 내용을 태조실록에서도 상세하게 기록돼 있다. 그 내용이 방대하여 정도전이 죽임을 당하는 부분을 중심으로 수록하겠으니 반드시 정독할 필요가 있겠다. 이를 읽어보면서 당시 상황이 얼마나 급박하게 돌아갔는지 직접 느껴보기 바란다.

봉화백 정도전 · 의성군 남은과 부성군 심효생 등이 여러 왕자들을 해치려 꾀하다가 성공하지 못하고 형벌에 복종하여 참형을 당하였다. 처음에 임금이 정안군 이방원의 건국한 공로는 여러 왕자들이 견줄 만한 이가 없음으로써 특별히 대대로 전해 온 동북면 가별치 5백여 호를 내려 주고, 그 후에 여러 왕자들과 공신으로써 각 도의 절제사로 삼아 시위하는 병마를 나누어 맡게 하니, 정안군은 전라도를 맡게 되고, 무안군 이방번은 동북면을 맡게 되었다.

이에 정안군이 가별치를 방번에게 사양하니, 방번은 이를 받고 사양하지 않는데, 임금도 이를 알고 또한 돌려주기를 요구하지 않았다.
정도전과 남은 등은 권세를 마음대로 부리고자 하여 어린 서자를 꼭 세자로 세우려고 하였다. 심효생은 외롭고 한미하면 제어하기가 쉽다고 생각하여, 그 딸을 부덕이 있다고 칭찬하여 세자 이방석의 빈으로 만들게 하고, 세자의 동모형인 방번과 자부인 홍안군 이제 등과 같이 모의하여 자기편 당을 많이 만들고는, 장차 여러 왕자들을 제거하고자 몰래 환자 김사행을 사주하여 비밀히 중국의 여러 황자들을 왕으로 봉한 예에 의거하여 여러 왕자를 각도에 나누어 보내기를 계청하였으나, 임금이 대답하지 아니하였다.

그 후에 임금이 정안군에게 넌지시 타일렀다.
"외간의 의논을 너희들이 알지 않아서는 안 되니, 마땅히 여러 형들에게 타일러 이를 경계하고 조심해야 될 것이다." 도전 등이 또 산기 상시 변중량을 사주하여 소를 올려 여러 왕자의 병권을 빼앗기를 청함이 두세 번에 이르렀으나, 임금은 윤허하지 아니하였다. 점치는 사람 안식이 말하였다. "세자의 이모형 중에서 천명을 받을 사람이 하나뿐이 아니다." 도전이 이 말을 듣고 말하였다. "곧 마땅히 제거할 것인데 무슨 근심이 있겠는가?" 의안군 이화가 그 계획을 알고 비밀히 정안군에게 알렸다. 이때에 이르러 환자 조순이 교지를 전하였다. "내가 병이 심하니 사람을 접견하고 싶지 않다. 다만 세자 외에는 들어와서 보지 못하게 하라."
김사행과 조순은 모두 그들의 당여이었다. 정도전·남은·심효생과 판중추 이근·전 참찬 이무·홍성군 장지화·성산군 이직 등이 임금의 병을 성문한다고 핑계하고는, 밤낮으로 송현에 있는 남은의 첩의 집에 모여서 서로 비밀히 모의하여, 이방석·이제와 친군위 도진무 박위·좌부승지 노석주·우부승지 변중량으로 하여금 대궐 안에 있으면서 임금의 병이 위독하다고 일컬어 여러 왕자들을 급히 불러들이고는, 왕자들이 이르면 내노와 갑사로써 공격하고, 정도전과 남은 등은 밖에서 응하기로 하고서 기사일에 일을 일으키기로 약속하였다. 이보다 먼저 정안군은 비밀히 지안산군사 이숙번에게 일렀었다.

"간악한 무리들은 평상시에는 진실로 의심이 없지마는, 임금이 병환이 나심을 기다려 반드시 변고를 낼 것이니, 내가 만약 그대를 부르거든 마땅히 빨리 와야만 될 것이다." 이때에 와서 민무구가 정안군의 명령으로써 이숙번을 불러서 이르게 되었다. 이때 임금의 병이 매우 급하니 정안군과 익안군 이방의 · 회안군 이방간 · 청원군 심종 · 상당군 이백경 · 의안군 이화와 이제 등이 모두 근정문 밖의 서쪽 행랑에서 모여 숙직하였는데, 이날 신시에 이르러 민무질이 정안군의 사저에 나아가서 들어가 정안군의 부인과 마주앉아 이야기를 한참 동안 하니, 부인이 급히 종 소근을 불러 말하였다.
"네가 빨리 대궐에 나아가서 공을 오시라고 청하라."

…(중략)…

날이 이미 어두워졌다.
이때 여러 왕자들이 거느린 시위패를 폐하게 한 것이 이미 10여 일이 되었는데, 다만 방번만은 군사를 거느림이 그전과 같았다.
정안군이 처음에 군사를 폐하고 영중의 군기를 모두 불에 태워버렸는데, 이때에 와서 부인이 몰래 병장기를 준비하여 변고에 대응

할 계책을 하였던 것이다.

이무는 본디부터 중립하려는 계획이 있어 비밀히 남은 등의 모의를 일찍이 정안군에게 알리더니, 이때에 와서 민무질을 따라와서 정안군을 뵈옵고 조금 후에 먼저 갔다.
이무는 무질의 가까운 인척이었고, 죽성군 박포도 또 그 사이를 왕래하면서 저쪽의 동정을 몰래 정탐하였다.

이에 정안군은 민무구에게 명령하여 이숙번으로 하여금 병갑을 준비하여 본저의 문 앞에 있는 신극례의 집에 유숙하면서 변고를 기다리게 하고는, 그제야 대궐에 나아가서 서쪽 행랑에 들어가서 직숙하였다. 여러 군들은 모두 말을 남겨 두지 않았으나, 홀로 정안군만은 소근을 시켜 서쪽 행랑 뒤에서 말을 먹이게 하였다.

방번이 안으로 들어가려 하는데 정안군이 그를 부르니, 방번이 머리를 긁으며 머뭇거리다가 대답하지 않고 들어갔다. 밤 초경에 이르러 어느 사람이 안으로부터 나와서 말하였다. "임금께서 병이 위급하여 병을 피하고자 하니, 여러 왕자들은 빨리 안으로 들어오되 종자는 모두 들어오지 못하게 하시오." 화·종·제가 먼저 나가서 뜰에 서고, 정안군은 익안군·회안군·상당군 등 여러 군들과 더불어 지게문 밖에 잠시 서서 있다가, 비밀히 말하기를, "옛 제도에 궁중의 여러 문에서는 밤에는 반드시 등불을 밝혔는데, 지금 보니 궁문에 등불이 없다." 하면서, 더욱 의심하였다.
화와 제·종은 먼저 안으로 들어갔으나, 정안군은 배가 아프다고 말하면서 서쪽 행랑 문밖으로 나와서 뒷간에 들어가 앉아서 한참 동안 생각하고 있는데, 익안군과 회안군 등이 달려나오면서 정안군을 두 번이나 부르니, 정안군이 말하기를, "여러 형님들이 어찌 큰 소리로 부르는가?" 하고, 이에 또 서서 양쪽 소매로써 치면서 말하였다. "형세가 하는 수가 없이 되었다."

이에 즉시 말을 달려 궁성의 서문으로 나가니 익안군·회안군·상당군이 모두 달아나는데, 다만 상당군만은 능히 정안군의 말을 따라오고 익안군과 회안군은 혹은 넘어지기도 하였다. 정안군이 마천목*을 시켜 방번을 불러 말하였다.
"나와서 나를 따르기를 바란다. 그 종말에는 저들이 너도 보전해 주지 않을 것이다." 방번이 안 행랑 방에 누웠다가, 마천목을 보고 일어나 앉아서 이 말을 다 듣고는 도로 들어가 누웠다.

방번의 겸종은 모두 불량한 무리들로서 다만 활 쏘고 말 타기만 힘쓸 뿐이며, 또한 망령되이 세자의 자리를 옮기려고 꾀한 지가 오래되었다. 어느 날 방번에게 일렀다. "우리들이 이미 중궁에 연줄이 있어 공으로 하여금 이방석의 자리를 대신하게 되어 교명이 장차 이르게 될 것이니, 청하건대 나가지 말고 기다리십시오." 방번이 이 말을 믿고 밖으로 나오지 않으니 사람들은 이를 비웃었다.
정안군은 그들이 서로 용납하지 못한 줄을 알고 있었던 까닭으로

★ 마천목
이번 장의 장영실 뉴스를 참고할 것

방번을 나오라고 불렀으나 따르지 아니하였다. 정안군이 본저 동구의 군영앞길에 이르러 말을 멈추고 이숙번을 부르니, 이숙번이 장사 두 사람을 거느리고 갑옷 차림으로 나왔으며, 익안군·상당군·회안군 부자도 또한 말을 타고 있었다. 또 이거이·조영무·신극례·서익·문빈·심귀령 등이 있었으니, 이들은 모두 정안군에게 진심으로 붙좇는 사람인데, 이때에 이르러 민무구·민무질과 더불어 모두 모였으나, 기병은 겨우 10명뿐이고 보졸은 겨우 9명뿐이었다.

이에 부인이 준비해 둔 철창을 내어 그 절반을 군사에게 나누어 주었으며, 여러 군의 종자들과
각 사람의 노복이 10여 명인데 모두 막대기를 쥐었으되, 홀로 소근만이 칼을 쥐었다. 정안군이 달려서 둑소의 북쪽 길에 이르러 이숙번을 불러 말하였다. "오늘날의 일은 어찌하면 되겠는가?" 숙번이 대답하였다. "일이 이미 이 지경에 이르렀으니 두려워할 필요는 없습니다. 군호【방언(方言)에 적(的)이라 한다.】를 내리기를 청합니다." 정안군이 산성이란 두 글자로써 명하고 삼군부의 문앞에 이르러 천명을 기다리었다.

방석 등이 변고가 일어났다는 말을 듣고 군사를 거느리고 나와서 싸우고자 하여, 군사 예빈 소경 봉원량을 시켜 궁의 남문에 올라가서 군사의 많고 적은 것을 엿보게 했는데, 광화문으로부터 남산에 이르기까지 정예한 기병이 꽉 찼으므로 방석 등이 두려워서 감히 나오지 못하였으니, 그때 사람들이 신의 도움이라고 하였다. 정안

군이 또 숙번을 불러 말하였다. "어찌하면 좋겠는가?" 숙번이 대답하였다.

"간당이 모인 장소에 이르러 군사로써 포위하고 불을 질러 밖으로 나오는 사람은 문득 죽이는 것이 좋겠습니다." 밤이 이경인데, 송현을 지나다가 숙번이 말을 달려 고하였다. "이것이 소동이니 곧 남은 첩의 집입니다."

정안군이 말을 멈추고 먼저 보졸과 소근 등 10인으로 하여금 그 집을 포위하게 하니, 안장 갖춘 말 두서너 필이 그 문 밖에 있고, 노복은 모두 잠들었는데, 정도전과 남은 등은 등불을 밝히고 모여 앉아 웃으면서 이야기하고 있었다. 소근 등이 지게문을 엿보고 들어가지 않았는데, 갑자기 화살 세 개가 잇달아 지붕 기와에 떨어져서 소리가 났다. 소근 등이 도로 동구로 나와서 화살이 어디서 왔는가를 물으니, 숙번이 말하였다. "내가 쏜 화살이다." 소근 등으로 하여금 도로 들어가 그 집을 포위하고 그 이웃집 세 곳에 불을 지르게 하니, 정도전 등은 모두 도망하여 숨었으나, 심효생·이근·장지화 등은 모두 살해를 당하였다.

도전이 도망하여 그 이웃의 전 판사 민부의 집으로 들어가니, 민부가 아뢰었다.
"배가 불룩한 사람이 내 집에 들어왔습니다." 정안군은 그 사람이 도전인 줄을 알고 이에 소근 등 4인을 시켜 잡게 하였더니, 도전이 침실 안에 숨어 있는지라, 소근 등이 그를 꾸짖어 밖으로 나오게 하니, 도전이 자그만한 칼을 가지고 걸음을 걷지 못하고 엉금엉금 기어서 나왔다. 소근 등이 꾸짖어 칼을 버리게 하니, 도전이 칼을 던지고 문 밖에 나와서 말하였다. "청하건대 죽이지 마시오. 한마디 말하고 죽겠습니다." 소근 등이 끌어내어 정안군의 말 앞으로 가니, 도전이 말하였다. "예전에 공이 이미 나를 살렸으니 지금도 또한 살려 주소서." (예전이란 것은 임신년*을 가리킨 것이다.)

정안군이 말하였다.
"네가 조선의 봉화백이 되었는데도 도리어 부족하게 여기느냐? 어떻게 악한 짓을 한 것이 이 지경에 이를 수 있느냐?" 이에 그를 목 베게 하였다. 임금께서 마침내 영안군 이방과를 책명하여 세자로 삼고 교지를 내리었다.
-1398년(태조 7) 8월 26일《태조실록》

이처럼 1398년 10월 6일 밤, 이방원이 이숙번의 군사들을 거느리고 경복궁 앞에 포진해 쿠데타를 단행하였다. 이 사건으로 인해 정도전, 남은, 심효생 등을 숙청된 것으로 기록돼 있는데, 당시 상황을 다시 한 번 살펴보고자 한다. 정도전은 당시 측근들과 함께 경복궁 근처인 송현 마루(지금의 성루 광화문 광장 동쪽으로 옛 한국일보 사 자리)에 있었다. 그곳에는 정도전의 오른팔이라 할 수 있는 최측근인 남은의 첩이 살고 있었고, 그 집의 정자에서 정도전은 남은 등을 비롯한 자신의 세력들과

★ 임신년
육십간지의 아홉 번째 해를 말함

조선 건국의 개국공신으로 각종 제도의 개혁을 통해
조선왕조의 기틀을 다져놓은 삼봉 정도전(1342~1398) 초상화
(정도전 사당, 경기 평택시 진위면 은산리 189-1 소재)

술잔을 기울이고 있었다. 이를 미리 알고 있었던 이방원과 이숙번은 군
사를 이끌고 이곳을 포위한 다음, 안으로 병력을 투입하였다. 이어서
무차별적인 살육이 자행되는데, 운이 좋게도 정도전을 비롯해 일부는
담을 넘어 옆에 있는 집으로 도망가 몸을 숨겼다. 하지만 곧 발각된다.
태조실록에 의하면 이에 관한 내용이 꽤나 상세하게 기록돼 있는데, 정
도전이 작은 칼을 들고 기어서 나왔다고 돼 있다. 또한 이방원의 부하
들이 정도전에게 칼을 말하자 정도전은 칼을 던지고 이방원에게 살려
달라며 목숨을 구걸하는 행동을 보인 다음, 죽음을 당했다는 것이 태조
실록의 주된 기록이다. 그러나 많은 사람이 정도전이 목숨을 구걸했다
고 묘사한 부분에 의문을 품고 있다. 바로 태조실록에 다음과 같은 기
록이 남아있기 때문이다.

(바로 앞 태조실록 내용에 이어지는 내용임)
이에 그(정도전)를 목 베게 하였다. 처음에 정안군의 부인이 자기
스스로 정안군이 서서 있는 곳까지 이르러 그와 화패를 같이하고
자 하여 걸어서 나오니, 정안군의 휘하사 최광대 등이 극력으로 간
하여 이를 말리었으나, 종 김부개가 도전의 갓과 칼을 가지고 온 것

54

을 보고 부인이 그제야 돌아왔다. 도전이 아들 4인이 있었는데, 정유와 정영은 변고가 났다는 말을 듣고 급함을 구원하러 가다가 유병에게 살해되고, 정담은 집에서 자기의 목을 찔러 죽었다.

처음에 담이 아버지에게 고하였다. "오늘날의 일은 정안군에게 알리지 않을 수 없습니다."

도전이 말하였다.

"내가 이미 고려를 배반했는데 지금 또 이편을 배반하고 저편에 붙는다면, 사람들이 비록 말하지 않더라도 홀로 마음에 부끄러움이 없겠는가?

-1398년(태조 7) 8월 26일《태조실록》

태조실록에 따르면 정도전은 배신과 부끄러움을 스스로 말하는 인물이다. 그런 사람이 죽임을 당하기 전에 이방원에게 정말로 살고 싶으니 목숨만은 살려달라고 애원했을까. 물론 그 누구도 역사의 진실은 알 수 없지만, 다소 앞뒤가 맞지 않음이 여실히 드러난다. 생각할수록 이 부분은 정말로 석연치 않다. 하여 많은 이가 여기에 의문을 제기하는지도 모른다. 또 누군가의 말마따나 정도전이 최후를 지켜본 사람도, 그 최후에 대해 말한 사람도 결국 모두 역사의 승리자인 방원이었기에 더 의구심이 드는 것이 아닐까 싶다. 아무튼 이렇게 이방원의 기습공격으로 정도전은 1398년 8월 26일, 역사 속으로 사라진다. 정도전과 그 측근들이 모조리 사라진 조선은 이방원의 세상이 활짝 열리게된다. 그러나 방원의 질주는 멈추지 않았다. 제1차 왕자의 난이 수습된뒤, 이방원의 형 방간이 왕위에 욕심을 내어 방원과 그 추종 세력을 축출하려다가 실패하면서 제2차 왕자의 난이 일어난 것이다. 이처럼 두 번에 걸친 왕자의 난을 통해 이방원은 마침내 절대 권력을 손에 쥔다. 정종이 보위를 이방원에게 양위하고 상왕으로 물러남으로써 이방원이 조선의 제3대 임금으로 즉위하게 된 것이다. 태종시대가 도래한 그때가 1400년이었다. 왕위에 오른 태종은 강력한 왕권을 행사하면서 조선의 통치 질서를 확립해나갔다.

> "고려 왕조를 무너뜨린 태조의 다섯 째 아들.
> 무장가문에서 유일하게 문과 급제자였던 사나이.
> 서른셋이라는 나이에 왕위에 오른 뒤 조선을 호령한 사나이.
> 그가 바로 태종 이방원(1367-1422)이다.
> 그렇게 그의 시대가 열렸다."

골육상잔의 판을 빌어 조선의 제3대 임금 태종은 어떤 조선을 꿈꿨을까. 두 번의 왕자의 난을 통해 왕위에 오른 만큼, 그는 강한 조선을 소망하였다. 태종 이방원은 강력한 왕권과 안정된 조선의 통치를 이루고자 하였으며, 이를 달성한 뒤 백성을 다스리면 그들의 삶도 향상되는 것이 응당 당연하다고 보았다. 하여 즉위 이후, 왕권강화를 위해 여러 가지 제도를 시행하였다. 대표적인 것으로 호패법 실시다.

호패(號牌)는 오늘 날 주민등록증으로, 16세 이상의 남자는 가지고 다녔던 일종의 신분을 증명하는 패였다. 태종은 호구 파악에 노력을 기울여 조선 전국의 인구동태를 파악하고, 이를 조세 징수와 군역 부과에 활용하였다. 또한 사원의 토지를 몰수하고, 억울한 노비를 조사하여 해방시키기도 하는 등 합리적인 정책을 실시하였다. 이와 관련해 태종이 지평주사 권문의가 건의한 호패법을 의정부에 의논하게 한 뒤 시행하게 했다는 기록이 태종실록에 나와 있다. 그 내용은 다음과 같다.

조선시대 호패

지평주사 권문의가 호패법을 행하도록 청하였다. 글은 이러하였다.

"사람의 마음에는 순박과 야박의 변함이 있는 까닭으로 법을 세움에는 상경과 권도의 다름이 있습니다. 명나라 태조 황제는 법령과 기강을 엄하게 하고 또 밝혀서 군민의 무리에게 모두 호패를 주었습니다. 이 때문에 백성들이 유망할 마음을 근절하여 호구가 증감하는 폐단이 없어졌습니다.

이는 세상의 변함에 따라서 법을 바루는 방법입니다.

삼가 생각하건대, 국가에서 법을 세우고 제도를 마련하는 것은 일체 중화의 제도에 따라 모조리 갖추었는데, 오로지 호패만은 미치지 못하여 유망하는 것이 서로 잇따르고, 호구가 날마다 줄어듭니다.

감사와 수령이 비록 찾아서 잡는 데 정성을 다하나 그 효과를 보지 못하는 것은 진실로 호패로 식별함이 없어서 많은 사람에게 섞이기 쉽기 때문입니다.

원하건대, 향장·사장·이장의 법을 세워서 1백 호에 향장을 두고, 50호에 사장을 두고, 10호에 이장을 두어, 양민과 천례의 액수를 두루 알지 않음이 없게 하고, 중국의 제도에 의하여 모두 호패를 주어 출입할 때에 지니게 할 것입니다.

이와 같이 하면 유이하거나 도망하여 숨는 자가 용납되지 않을 것
입니다.
이 법이 한번 세워지면, 사람들이 모두 토착이 되어 정한 직업이 있
을 뿐 아니라 일정한 마음이 있게 될 것입니다. 실로 군사를 강하게
하고 국가를 굳건히 하는 데 한 가지 도움이 될 것입니다.”
의정부에 내려서 의논하여 시행하게 하였다.
삼부의 대신을 모아 호패의 가부를 의논하니, 하윤이 말하였다.
“행하여야 합니다. 마땅히 하여야 합니다.”
-1406년(태종 6) 3월 24일《태조실록》

호패법 실시 외에도 태종 때에는 실로 많은 제도가 정비되었는데 양
전사업 실시, 신문고 설치, 사간원 독립설치, 사병혁파, 육조직계제 단
행, 창덕궁 건설, 세계지도인 '혼일강리역대국도지도' 제작, 주자소 설
치, 동활자인 계미자 제작, 태조실록 간행 등을 여기에 해당한다. 또 태
종은 국왕 중심의 통치체계를 정비하기 위해 도평의사사를 폐지하고,
승정원과 의금부를 설치하였다. 제도 개편과 더불어 한양에서는 수도
에 걸맞게 대대적인 도시화작업을 진행하였는데, 그 중 하나가 '청계
천 정비 사업'이었다. 당시 한양은 인구밀도가 높아지면서 홍수 때 하
천이 범람할 때마다 사망사고가 끊이지 않았다. 물이 넘칠 때마다 이에
빠져 죽은 백성이 적지 않았기 때문이다. 하여 태종은 이를 방지하고자
1411년 본격적으로 청계천 정비 사업을 시행하기에 이른다. 하천 바
닥을 파서 폭을 넓히고, 흙과 나무로 만들어진 다리를 돌다리로 재축조

지금의 청계천 광통교(서울시 종로구 서린동 소재)

해 홍수 때 떠내려가는 것을 예방하였다. 하천의 상류에는 돌로 제방을 쌓고, 사람들이 많이 지나다니는 곳 역시 돌다리로 바꾼다. 바로 이때 세워진 다리가 현재의 광통교다. 잦은 홍수를 방지하기 위해서 청계천 공사를 단행해 백성들의 생활하는 데 있어 어려움이 없도록 하였다. 이 외에도 태종 이방원은 왕권강화를 위해서 원경왕후 민씨의 외척세력을 제거하는데, 왕자의 난 당시 가장 큰 힘이 된 민무질, 민무구, 민무회 등이 이때 축출된다. 학계에서 민씨의 외척제거는 태종에게 있어서 보다 탄탄한 중앙집권 강화의 기반을 마련하기 위한 밑거름이 된 것으로 평가하고 있다.

그렇다면 태종대에 이르러 왕권이 강화된 것은 어떻게 봐야 할까. 사실상 이는 역사적으로 매우 중요한 의미를 갖고 있다. 조선왕조 500년 역사를 놓고 봤을 때, 왕권 강화와 신권 강화는 그 나라의 흥망을 결정했다고 해도 과언이 아니기 때문이다. 왕권이 강화되면 백성들이 덕을 입었고 이와 반대로 신권이 강화되면 상류층과 같은 귀족들이 덕을 입는 것이 일반적이었다. 과거 왕들은 신권, 즉 귀족 지배층을 견제하기 위해 일반 백성들을 지지기반으로 삼았는데, 이로 인해 백성들을 우군으로 삼기 위해서 백성을 위한 각종 정책을 펼치기도 하였다. 태종 역시 이에 해당한다고 할 수 있겠다. 정리하자면 태종대에 이르러서는 양반 혹은 귀족을 비롯한 지배층을 대표하는 신권세력이 왕권에 비해 상대적으로 약해졌는데, 이는 태종의 강력한 왕권 강화로 인해 벌어진 당연한 결과라고 할 수 있겠다. 더불어 앞서 언급했듯이 이방원이 왕위에 이른 과정을 살펴봤을 때 역시 조선왕조 최대의 갈등구조라 함은, 단언컨대 왕권과 신권의 대립이라는 것을 알 수 있다.

"조선왕조의 최대 갈등,
그것은 왕권과 신권의 대립이었다."

골육상쟁의 비극을 상징하는 왕, 나아가 조선 역사상 가장 무서운 왕이라 평가받고 있는 태종 이방원. 그렇다. 앞서 살펴봤다시피 그는 1398년(태조 7) 1차 왕자의 난을 일으켜 세자이자 이복동생인 방석과 그를 지지하는 정도전을 살해하였다. 1400년(정종 2)에는 자신의 형인 방간이 왕위를 노리자, 이를 묵도하지 않았다. 그저 명목상의 군주임에 불과했던 정종이 재위 2년 만에 왕위를 넘겨주면서 그는 서른셋의 나이로 집권한다. 그러나 조선 역사상 가장 비열한 방법으로 왕위에 올랐음에도 불구하고, 오늘 날 많은 역사학자는 태종 이방원을 가리켜 조선이라는 나라의 기틀을 마련하고 나라경제 기반을 안정시켰다고 평가한다. 나아가 태종의 확고한 개혁정치와 다양한 문화정책이 밑바탕이 돼 세종 시대에 이르러 그 열매를 맺을 수 있었다고 강조한다. 이와 관련해 역사학자 이덕일은 "태종이야말로 오명은 자신이 받고, 영광은 세종에게 물려준 왕이다"라고 평가하였다. 이러한 이덕일의 평가는 우리가 귀담아들을 대목이다. 왜 그런지는 2장 세자의 자리에서 쫓겨난 양녕대군의 이야기를 읽으면서 스스로 깨닫기를 바란다.

2010년 1월 1일
경기전 창건 600주년 기념행사가 열리다

전북 전주시에 있는 경기전(慶基殿)는 사적 제339호로 지정돼 있습니다. 이곳에는 보물 제931호인 태조 이성계의 어진(왕의 초상화)이 있는데요. 경기전은 태종 시대 때 세워진 것으로, 이것은 왕권을 강화하기 위한 하나의 노력으로 봐도 무방합니다. 이처럼 임금의 초상화를 모신 전각 경기전은 태종 시대 이후 계속 이어집니다. 그러나 안타깝게도 경기전은 임진왜란 때 불에 타 없어졌다가 1614년(광해군 6)에 중건되었죠. 한편 이와 관련해 지난 2010년에는 뜻 깊은 행사가 진행되기도 했습니다. 지난 2010년은, 1410년(태종 10) 음력 9월 28일(양력 11월 4일)지어진 경기전이 600주년을 맞게 된 역사적인 해로, 각종 행사가 열렸기 때문입니다. 조선왕조에 관심이 있다면, 이 곳을 방문해 유물전시관까지 둘러보는 것도 참 좋을 것 같습니다. 역사적·문화적으로 의미가 깊은 곳이니까요. 이상 장영실 뉴스였습니다.

태종 시대 왕권강화를 위해 세워진
경기전(사적 제339호)
(전북 전주시 완산구 풍남동 3가 102 소재)

2011년 2월 18일
태종 때 공신 마천목 녹권이 공개되다

태종 시대의 '왕의 남자'라 불리는 남자. 고려 말에서 조선 초 무신인 마
천목(1358~1431)이란 인물에 대해 잠깐 이야기를 하고자 합니다. 그는
태종 이방원의 즉위에 혁혁한 공을 세운 공신인데요. 바로 1381년(태조
7) 1차 왕자의 난 당시 정안군(방원)을 도와 공훈을 세웠답니다. 그게 끝
이 아닙니다. 1400년(정종 2)때에는 태종 이성계의 넷째 아들인 회안군
(방간)이 박포와 결탁해 방원에게 반기를 들고 2차 왕자의 난을 일으키
자, 마천목은 정안군과 함께 방간과 그 무리를 제거합니다. 마천목의 도
움으로 두 차례의 왕자의 난을 정안군이 승리하게 된 것입니다. 이로써
1401년 정종의 양위에 따라 정안군은 조선의 제3대 임금(태종)으로 등극
합니다. 그때 마천목은 태종으로부터 좌명(천명을 보좌한다는 의미로 왕을
세우는 막중한 역할을 말함)공신 3등 녹권(공신에게 지급하는 문서를 말함)을
받게 됩니다. 이 마천목 좌명공신 녹권은 지난 2006년 보물 1496호로
지정된 유물로 조선시대 공신 녹권의 현상을 잘 알려주는 귀한 사료라
할 수 있습니다. 바로 이 마천목 좌명공신 녹권(보물 제1469호)이 지난
2011년 2월 18일부터 4월 10일까지 일반에 공개돼 화제가 된 적이 있습
니다. 학계에서는 당시 태종이 하사한 좌명공신 녹권 가운데 유일하게
현재까지 남아 있는 만큼 역사적 가치가 상당하다고 평가하기도 했었는
데요. 시간이 조금 흐른 지금, 다시 한 번 더 마천목 좌명공신 녹권이 공
개돼 많은 사람이 그것이 지닌 역사적 가치를 되새겨봤으면 좋겠습니
다. 현재 마천목 좌명공신 녹권은 국립고궁박물관에서 보관 중입니다.
이상 장영실 뉴스였습니다.

고려 말 무신이자 조선의 개국공신인
마천목(1358~1431) 초상화
(마천목 장군 사당, 전남 곡성군 석곡면 방주길 135-1 소재)
*사진 제공 : 곡선군청 문화과

62

2장
세자의 자리에서 쫓겨난
양녕대군

태종은 왜
양녕대군을 폐위했을까?

　태조 이성계의 조선 창건을 가장 열성적으로 돕고, 무려 두 번의 왕자의 난을 통해 왕위에 오른 조선의 3대왕 태종. 그에게는 깊은 고민이 하나 있었는데 바로 장차 왕위를 이어가야 할 세자 양녕대군이었다. 조선왕조는 첫째 아들이 아버지의 왕위를 잇는 장자세습을 따르고 있었다. 다시 말해서 왕위 계승권자인 왕세자는 왕과 왕비 사이에서 태어난 맏아들이어야 했다. 따라서 세자는 한 나라의 임금이 되기 위해 엄청난 양의 교육을 받았다. 상황에 따라 대리청정이라는 이름하에 부왕을 대신해 나라의 정사를 돌봐야 하기도 했었다. 그러나 안타깝게도 양녕대군은 왕위를 위한 공부보다도 그저 사냥하고 노는 것을 좋아했었다. 여기까지만 했었어도 다행이련만, 양녕대군은 도무지 왕자로서의 위엄이라곤 찾아볼 수가 없을 정도로 지나치게 호방한 성격이었다. 학계에서는 양녕대군의 이런 성격이 형성된 데에는 아마도 어린 시절 외가인 민제의 집에서 자라면서 어머니의 보살핌을 받지 못해서라는 주장도 있다. 어쨌든 외조모와 외삼촌의 손에서 성장한 양녕대군의 성격을 간단히 표현하자면 굉장히 활발하고 자유분방한 성격이었다. 이처

럼 노는 것을 좋아했던 양녕대군과 달리 충녕대군은 공부하는 재능을
타고 났으며, 효령대군은 제위에는 관심이 없었다. 학문에는 큰 흥미가
없었던 양녕대군. 하루는 태종이 열 살이 된 양녕대군에 묻기를, "내 나
이 거의 마흔이 되어 귀밑털이 희끗희끗하나 아침저녁으로 조금도 게
을리 하지 않고 부지런히 글을 읽는데 네가 그 뜻을 아는가? 내 말에
대답해 보라."고 했다. 양녕대군이 대답을 하지 못하자, 태종이 말하기
를, "딱하다. 저 아이여! 내가 말하여도 깜깜하게 알지 못하는구나. 슬
프다! 언제나 이치를 알 것인가?"라고 말하며 탄식한 일화는 유명하다.
그럼에도 불구하고 태종은 양녕대군을 세자에 책봉하는데, 이때 내린
교서내용이 다음과 같다.

　　　원자 이제를 봉하여 왕세자로 삼았다.
　　　교서를 내려 중외에 포고하고, 경내에 죄인을 사유하였다.
　　　교서는 이러하였다.

　　　"옛부터 제왕이 일찍이 저부*를 세운 것은 나라의 근본을 높이고
　　　백성의 뜻을 정한 것이었다.
　　　내가 부덕한 몸으로서 선조가 쌓아올린 덕을 이어받고, 태상왕이
　　　창업하여 내려주신 대통을 이어받아서, 지워진 중임이 두려워 능히
　　　감내하지 못하겠다. 오로지 왕화는 내조에 반드시 힘입으므로, 이
　　　에 천조하던 처음에 즉시 정비 민씨에게 명하여 중궁에 정위케 하

★ 저부
세자

고, 전례를 따랐던 것이다.

원자 이제는 적장의 지위에 있고 남보다 빼어난 자질이 있다.

그러나, 예의와 겸양을 알지 못하니, 장차 어찌 어진이와 친하겠으며, 고훈을 익히지 못하였으니, 또한 어찌 정치를 보필하겠는가?

그러므로, 배움에 나아가게 한 지가 여러 해가 되었다.

이즈음 종친 · 태보*가 모두 말하기를, '간절히 청하건대, 종묘를 주장하며 제사를 받드는 것은 진실로 비워 둘 수 없고, 국사를 감독하고 군사를 위무하는 일도 마땅히 염려할 것입니다.

그러나, 원자는 타고날 때부터 어질고 효성스러우며,

학문은 날로 이루어지니, 마땅히 저위에 정하여 여러 사람의 마음을 안정시켜야 합니다.' 하므로, 내가 이에 힘써 여정을 따라,

이달 초6일에 옥책과 금인을 주어 왕세자로 삼았다.

-1404년(태종 4) 8월 6일 《태조실록》

일반적으로 책봉 교서에는 우려보다는 칭찬을 늘어놓는다고 한다. 그런데 교서내용을 보면 양녕대군에 대한 태종의 근심이 간접적으로 드러나고 있다. 아마도 태종은 울며 겨자 먹기로 장자인 양녕대군을 세자로 책봉한 것이 아닐까 싶다. 일단 지켜보겠다는 심정으로 말이다. 1,2차 왕자의 난으로 집권한 태종은 누구보다 후계자의 중요성에 대해 알고 있었기에 일단은 마뜩치 않지만 미래에 일어날지도 모르는 골육상쟁을 대비해 양녕대군을 일단 원자로 책봉하지 않았을까 싶다. 그때

★ 태보
삼부의 대신

가 충녕대군이 5살, 효령대군이 6살 되던 해였다. 아무쪼록 원자로 책봉된 양녕대군은 본격적으로 세자교육을 받기 시작한다. 양녕대군은 당대 석학인 이내, 성석린 등으로부터 학문을 배웠다고 전해지는데, 태종실록을 보면 양녕은 학문에는 관심이 별로 없는 인물로 기록돼 있다. 그 내용을 찾아보면 다음과 같다.

> 임금이 세자에게 이르기를, "내가 마땅히 너의 글읽은 바를 강한 뒤에 활쏘기를 익히게 하겠다."
> 하고, 인하여《대학연의》를 강론하니, 세자가 능히 다 대답하지 못하였다.
> -1409년(태종 9) 3월 25일《태조실록》

이 외에도 태종실록에는 양녕대군이 공부를 하지 않고, 매를 가지고 놀거나〈대학연의〉를 6년 만에 겨우 마쳤다는 등의 부정적인 모습으로 기록돼 있다. 이쯤 되면 태종이 양녕대군을 세자로 책봉할 때 내린 교서에 자신의 부덕을 탓한다고 쓴 게 이해가 될 것이다. 그런데 태종실록 내용처럼 정말로 양녕대군은 실제로 놀기 좋아하고, 학문을 게을리했던 인물이었을까. 결론부터 말하자면 꼭 그렇지만은 않았다. 놀랍게도 양녕대군은 어린 시절부터 글을 깨우쳐 문장을 잘하였다고 한다. 그러나 양녕대군은 어찌된 이유에서인지 자신의 진짜 모습을 숨기는 데급급했다고 한다. 급기야 마치 글을 모르는 사람처럼 거짓행동을 하기에 이르는데, 심지어 아버지인 태종도 그 모습에 깜빡 속았다고 한다. 이 모든 게 양녕대군이 연기였다고 전해지는데, 그 진실은 아마도 양녕만이 알고 있으리라. 그러나 양녕이 문장을 잘 지었다는 소문(?)만큼은 타당성이 있어 보인다. 양녕이 비록 천재는 아니었지만, 나름 훌륭한 문장가의 자질을 갖추고 있었다는 말이다. 이는 조선 후기 문신인 이유원이 집필한 〈임하필기〉에 수록된 기록을 보면, 그 까닭을 알 수 있다. 바로 여기에 양녕대군이 지은 오열율시가 등장하기 때문이다. 그 내용을 살펴보면 다음과 같다.

> 안개는 아침에 밥을 짓고 (山霞朝作飯)
> 달로는 밤에 등불을 삼는다. (蘿月夜爲燈)
> 오직 외로운 암자 아래에 있는 것 (獨有孤庵下)
> 탑 한 층만 우뚝 솟아 있을 뿐 (惟存塔一層)

> …(중략)…

> -이유원의 〈임하필기〉 중

이것이 양녕대군이 지은 오연율시라고 한다. 이유원은 〈임하필기〉에 기록하기를, 양녕대군의 오언율시가 그 어떤 대문장가라 하더라도 반드시 이보다 더 훌륭하게는 짓는 것은 불가능할 것이라며 칭송하였다. 이 기록을 토대로 우리는 양녕대군이 공부보다는 노는 것을 좋아한 것은 맞지만, 그렇다고 해서 우리가 생각했던 만큼 최악의 세자는 아니었다는 것이다. 외려 예상 밖의 훌륭한 문장력을 갖춘 인물임을 알 수 있다. 그럼에도 불구하고 양녕대군은 역사 속에서 언제나 충녕대군과 비교대상이었다. 물론 태종의 삼남인 충녕대군이 뛰어날 정도로 다재다능한 재능이 있었던 것은 사실이다. 차남도 아닌 삼남이 왕위를 이어받아야 할 장자보다 모든 면에서 뛰어나다 보니, 실력의 차이가 더 부각될 수밖에 없었다. 다시 말해 충녕대군이 천재적인 면모를 보였다면 이에 반해 양녕대군은 평범한 인물이 아니었을까 싶다. 이를 부정적으로 표현하면, 지나치게 뛰어난 동생으로 인해 양녕이 학문을 하지 않는 게 으른 장자로 비친 것일 수도 있다는 말이다. 다 큰 성인도 비교를 당하면 기분이 나쁜데, 소년에게는 큰 상처가 될 런지도 모른다. 하여 양녕은 태종 앞에서 일부러 글을 잘 모르는 척, 삐뚤어진 행동을 보였는지 모른다. 뭐, 그렇다고 해서 군이 글을 잘 모르는 척 할 필요가 있을까 싶으면서도 역지사지에서 생각해보면, 이해가 쉽게 된다. 세자로 책봉된 자가 차남도 아닌 삼남과 알게 모르게 비교당하고, 것도 모자라 태종 이방원의 가장 큰 걱정거리로 대두된 상황에서 철없는 장난질로 충분히 그렇게 할 수 있을 터. 언제나 자신을 불량세자로만 바라보는 태종 이방원의 따가운 눈총에 양녕은 아예 작정하고 방탕한 생활을 해버린 게 아닐까. 그리고 그런 생활을 너무 길게 하는 바람에 아예 익숙해지고, 결국은 돌이킬 수 없는 길로 들어서게 된 게 아닐. 물론 어디까지 주관적인 상상이고, 패배자(?)대한 연민이 깃든 생각이다.

　　"역사는 제대로 기억해야 한다.
　　양녕대군과 충녕대군의 차이 혹은 다름을."

　양녕에게 연민이 든 까닭은 이러하다. 국내의 한 역사학자에 따르면, 세자 책봉이 된 양녕은 어느 날 부왕의 처소에 문안을 가다가 태종 이방원과 원경왕후의 대화를 엿듣게 됐는데 내용인즉, 충녕이 왜 맏이로 태어나지 않았는지, 충녕이 세자라면 좋았을 거라는 충격적인 얘기였다. 이를 엿듣게 된 양녕은 그 이후로 거짓으로 미친 척을 하며 난행을 일삼기 시작했다고 했다. 이 흥미로운 내용이 사실이라면, 좀 더 구체적으로 이 부분에 대해 알아보면 좋을 것 같다. 물론 다음 기회에 말이다. 어찌됐든 간에 필자가 말하고 싶은 바는, 단언컨대 충녕이 양녕보다 뛰어났다는 것은 두말할 필요도 없다는 것이다. 이와 더불어 양녕대군이 단순히 불량세자였다는 편협한 관점보다는 어쩌면 양녕대군을 둘러싼 환경적 요인이 그를 지배하지는 않았는지 다양한 관점에서 양녕대군을 살펴볼 필요가 있지 않을까 싶다. 아무튼 잠깐 이야기가 샛길로 샐 뻔 했는데, 한 가지 확실한 건 양녕은 세자로서 터무니없이 부족했다는 것이다. 세자 자리에서의 불성실함은 그 어떤 이유로도 합리화될 순 없다. 양녕이 매일같이 놀면서 허송세월 시간을 보내고 있을 때, 동생 충녕은 학문에 매진하였다. 이런 상황에서 제아무리 삼남이라 한들, 어찌 태종의 총애를 받지 않을 수 있겠는가. 누가 봐도 양녕대군이 왕위에 오른다면 태조 이성계가 건국하고 태종 이방원이 터를 닦은 조선이라는 나라가 꽃도 채 피지 못하고 사라질 거라고 생각했을 터. 이런 모두의 기대(?)에 반하지 않고 양녕대군은 유흥과 주색잡기에만 몰두해 아버지인 태종 이방원의 얼굴에 먹칠만 해댔다. 그 대표적인 사건이 세자가 평양기생 소앵과 놀아난 것과 부녀자인 어리와 동침한 것이다. 이는 실록에도 기록돼 있는, 그 내용은 차례대로 살펴보면 다음과 같다.

판내섬시사 김매경, 판예빈시사 박수기를 파직하였다. 처음에 헌부에서 아뢰었다. "동궁 북쪽 담 밑에 작은 지름길이 있으니, 반드시 몰래 숨어서 드나드는 자가 있을 것입니다." 임금이 동궁의 소수를 불러들여 국문하게 하니, 과연 예빈시의 종 조덕중과 내섬시의 종 허원만, 서방색 진포 등이 몰래 평양 기생 소앵을 동궁에 바친 지 여러 날이 되었다.

임금이 대언 등에게 말하였다. "세자가 날마다 내수와 더불어 음희함이 도가 없어 응견이나 기첩으로 풍악을 잡히는 일을 하지 아니함이 없었다. 내가 지난해에 그 사사로이 괴임을 받는 진포에게 장을 쳐 본역으로 돌려보냈더니, 이제 들으니, 진포가 또 동궁에 몰래 들어와 매일같이 밤만 되면 기생 소앵을 받아들여 불의에 빠지게 하여 세자가 아직도 개전하지 아니한다 하니, 내 경승부와 서연의 관직을 혁파하고, 그 공름을 거두고자 한다. 그 장인 김한로로 하여금 이바지하게 하니, 김여지 등이 대답하기를,

"세자가 어린데다가 심지를 정하지 못한 때문이니, 가벼이 관료를 혁파함은 불가합니다."
하므로, 임금이 꾸짖기를 심히 간절히 하였다.

김여지 등이 굳이 청하니, 일은 곧 정침하였으나, 명하여 소앵은 평양으로, 진포는 홍주로, 조덕중은 공주로 잡아 보내고 모두 정역하도록 하며, 진포에게는 장(杖) 1백 대를 치게 하였다. 유독 허원만은 도망 중에 있으므로 명하여 동궁의 북문을 막도록 하고, 드디어 김매경 등의 직책을 파면하니, 조덕중·허원만을 내버려두었기 때문에 일이 이에 이르른 것이었다.

빈객 조용 · 변계량을 불러 심히 책망하였다.

"저부를 교양함이 경들의 직책인데, 불의한 일이 어째서 이 지경에 이르게 하였는가?"세자가 먹지 아니하니, 정비가 환자를 시켜 세자에게 말하였다.

"너는 어리지도 않은데 지금 어째서 부왕 이와 같이 노염을 끼치느냐?
이제부터는 조심하여 효도를 드리고 또 밥을 들도록 하라."
−1413년(태종 13) 3월 27일《태조실록》

위의 태종실록 기록을 읽다보면 머리가 지끈거린다. 기생과 놀아난 것도 모자라서 아예 단식투쟁(?)까지 벌였던 양녕대군. 그때 양녕의 나이가 스무 살이었는데 단식투쟁이라니, 차라리 반찬투쟁이면 모를까 어리석기 그지없다. 설사 태종의 말에 상처를 받아 일부러 글을 잘 모르는 척 하고 난행을 일삼았다 하더라도 그 정도가 지나쳐 선을 넘어버린 것과 같다. 이처럼 양녕의 행실이 도마에 오르면서 궁궐 내부에서는 세자로서 양녕은 자격이 매우 부족하다는 것이 기정사실화되기 시작했다. 이에 양녕은 여봐란 듯이 나날이 비윤리적이며 몰상식한 행동으로 구설에 올랐다. 그야말로 갈수록 태산이었고, 사건은 궁궐 내에서 끊이지 않았다. 태종실록에는 한 연회에서 세자가 기생과 방탕하게 놀았다는 기록이 있는데, 그 내용이 다음과 같다.

여러 대군이 부마 청평군 이백강의 집에서 연회하였다.
이백강이 아비의 상을 끝냈으므로, 여러 대군이 연회를 마련하여 위로한 것이었다. 임금이 명하여 세자도 또한 갔는데, 밤이 깊도록 세자가 기생 초궁장을 끼고 공주의 대청으로 들어가서 즐기고 술을 마시다가, 공주에게 이르기를, "충녕은 보통 사람이 아니다." 하였다.

임금이 이를 듣고 기뻐하지 않으며 말하였다.
"세자는 여러 동생들과 비할 바가 아니다. 성례하고 돌아오는 것이 가한데, 어찌하여 이같이 방종하게 즐기었느냐?"
-1414년(태종 14) 10월 26일 《태조실록》

태종실록의 내용을 읽어보면 세자인 양녕이 기생 초궁장을 끼고 놀았다고 돼 있다. 기생과 시간을 보내는 게 즐비했던 양녕인데 이게 뭐 그리 대단하다고 반문하는 이가 있을지도 모른다. 그러나 초궁장이 누구인가. 바로 태종 이방원의 형이자 조선 제2대 왕인 정종의 여자다. 삼촌의 여자를 탐해 하룻밤을 보냈으니, 궁궐이 발칵 뒤집어지지 않을 수가 없었다. 물불 안 가리고 묻지도 따지지도 않고 주색잡기에만 급급한 양녕이었다. 그러나 뻔뻔하게도 자신은 모르는 일이라고 둘러대는 바람에 결국 초궁장만 궁에서 쫓겨났다고 한다. 이와 관련된 내용이 태조실록에도 나와 있는데, 한 번 살펴보겠다.

기생 초궁장(楚宮粧)을 내쫓았다.
세자가 사사로이 상기인 초궁장을 가까이 하므로, 임금이 알고 내쫓은 것이었다. 상왕이 일찍이 이 기생을 가까이 하였었는데, 세자가 이를 알지 못하고 사통하였기 때문이었다.
-1415년(태종 15) 5월 13일 《태조실록》

상왕의 기생을 내쫓음으로써 양녕은 겨우 위기를 모면한다. 그러나 백부가 되는 사람과 가까이 하는 여자와 놀아난 사건은 양녕에게 타격이 매우 컸다. 하여 이를 덮기 위해 양녕은 외삼촌 되는 형제를 희생양으로 삼는다. 가만히 있으면 중간이라도 갈 텐데 한심한 행동이었다. 이로 인해 이방원의 처남 4형제는 위기에 처하게 된다. 결국 태종의 처남 4형제인 민무질, 민무구, 민무휼, 민무회는 왕자의 난 때 매형 이방원을 도와 정도전과 그 추종 세력을 제거하는 데 큰 공은 세웠지만, 태종의 왕권 강화 정책 맞물려 양녕의 고자질(?)로 인해 사약을 받고 죽음을 맞이하였다. 일각에서는 이를 계속된 비행과 방탕한 생활로 인해 궁지에 몰린 양녕이 외삼촌 되는 사람들을 희생으로 삼고, 끝내 죽임으로써 위기를 벗어난 사건으로 보는 것이 응당 당연하다 싶다.

"삼촌의 여자를 탐하고, 그것도 모자라
외삼촌 되는 형제를 희생양으로 삼았던 세자 양녕."

그 후로도 양녕의 비행은 당연히(?) 멈추지 않았고 급기야는 극악무도한 사건을 일으킨다. 바야흐로 1417년(태종 17) 2월, 지주추부사 곽선의 첩 어리를 납치해 간통한 뒤 궁궐로 끌고 온 일이 그것이다. 조선시대 법률상으로 당시 사대부의 첩은 유부녀였는데, 이를 알고도 양녕은 끔찍한 일을 저지른 것이다. 어리를 알게 된 사정은 이러하다. 어느날, 술자리에서 양녕은 어리에 대해서는 악공 이오방을 통해 듣게 되는데, 이오방이 양녕에게 아뢰기를, 지주추부사 곽선의 첩 어리가 미모가 매우 뛰어나다고 말하였다. 그 말 한마디에 양녕이 어리를 간통해 궁중에 들여온 것이었다. 이 얼마나 한심한 일인가. 제아무리 세자라 한들 국가의 법도와 윤리, 도덕을 무시하고 자신의 욕심을 채우는 데 급급한 인물이 왕위에 오른다면 어떨까. 아마도 조선의 미래는 칠흑과도 같은 어둠일 터.

"유부녀를 강간하는 성범죄를 저지른 세자 양녕.
그런 인물이 조선의 왕이 된다면?
십중팔구 조선의 미래는 깜깜할 터."

자연스레 당시 태종과 대신들은 조선의 미래를 심각하게 걱정하기 시작하였다. 하지만 양녕은 변하지 않았고 그야말로 막무가내였다. 태종이 어리를 궁궐 밖으로 내보내자, 반성하기는커녕 이를 문제 삼고 태종에게 '왜 전하의 첩은 궁중에 머무르게 하면서 제 첩은 밖으로 내보내는지 모르겠다며' 글을 올린다. 적반하장도 유분수지, 양녕의 뻔뻔함은 절정에 다다랐다. 결국 참지 못한 태종은 좌의정 박은과 예조 판서 김여지 등을 부르고, 세자의 글을 보여주는데, 이를 쭉 읽어보면 태종의 근심이 얼마나 깊은지를 알 수 있다. 그러면서도 태종은 최대한 양녕대군에게 아비로서 관용을 베풀려고 한 노력도 엿보인다. 이쯤 되면 조선 역사상 가장 무서운 왕으로 손꼽히는 태종도 결국에는 자식 앞에서만큼은 약한 모습을 보이고 말았음을 알 수 있다. 자, 그럼 태종이 좌의정과 예조 판서를 불러 양녕의 글을 보여주고 논의했음을 알 수 있는 기록을 살펴보자. 그 내용은 다음과 같다.

최한을 한경에 보내어 좌의정 박은 · 옥천 부원군 유창 · 찬성 이원 · 예조 판서 김여지 등을 부르고, 최한에게 명하여 전지하기를,

"내가 세자의 글을 보니, 몸이 송연하여 가르치기가 어렵겠다. 경
등은 이미 사부의 직임을 겸하였으니, 함께 의논하여 잘 가르치도
록 하라. 나는 관용을 베풀어 그 여자를 돌려주려는데, 어떠하겠는
가?"하니,

박은이 아뢰기를, "어찌 돌려 줄 수가 있겠습니까? 일찍이 그 여자
를 제거하여서 그 유혹을 끊어 버리는 것만 같지 못합니다." 하였다.

임금이, "이 아이는 비록 마음을 고친다고 하더라도, 그 언사의 기
세를 본다면 정치를 하게 되는 날에 사람에 대한 화복을 예측하기
가 어려우니, 관용을 베풀어 그 여자를 돌려 주고, 서연관으로 하여
금 간하여 나오게 하여 잘 가르치고 키워야 마땅할 것 같다. 이와
같이 하여도 마음을 고치지 않는다면 고례에 의하여 이를 처리하
겠다."하고, 즉시 최한을 보내어 세자의 글을 가지고 서연관에게 보
이고, 이어서 세자에게 하교하니, 최한이 명을 받들고서 갔다.
-1418년(태종 18) 6월 1일《태조실록》

그리고 다음 날, 의정부 · 삼공신 · 육조 · 삼군 도총제부 · 각사의 신
료들이 세자를 폐하는 것이 마땅하고 그것이 나라를 위한 바른 일이라
며 상소를 올렸다. 아마도 태종 역시 대신들의 마음과 같았을 터. 그도
그럴 것이 무려 두 번에 걸친 왕자의 난으로 집권한 태종인 만큼, 자신
의 장자 양녕 이제가 왕위를 이어받기를 원하였으나 방약무인한 양녕
이 왕위를 계승할 경우 앞서 말했다시피 조선 왕조의 미래에 무슨 일
이 일어날지 예측불가하다고 확신했기 때문이다. 단순한 왕위 세습이

아니었다. 겨우 안정기에 들어선 조선 왕조의 미래가 걸린 일이었다. 결국 태종은 오랜 시간 자신을 괴롭혔던 고민거리에 방점을 찍는다. 학문을 매우 좋아하고, 어질고 총명한 충녕에게 왕위를 물려주기로 한 것이다. 그것은 이 나라, 조선을 위한 결단이었다. 태종의 명으로 장자였던 양녕은 세자 자리에서 쫓겨나고, 그 자리를 셋째 충녕이 채우는데 그가 바로 노비 출신 장영실과 함께 과학시대를 펼쳐나갔던 세종대왕이다. 1418년(태종 18) 6월 3일, 태종은 제멋대로인 양녕대군을 폐세자하면서 충녕대군을 왕세자로 삼으면서 다음과 같이 하교를 내렸는데 그 내용은 다음과 같다.

> "저부를 어진 사람으로 세우는 것은 곧 고금의 대의이요,
> 죄가 있으면 마땅히 폐하는 것은 오로지 국가의 항구한 법식이다.
> 일에는 하나의 대개가 있는 것이 아니므로 사리에 합당하도록 기대할 뿐이다.
>
> 나는 일찍이 적장자 제를 세자로 삼았는데, 나이가 성년에 이르도록 학문을 좋아하지 아니하고 성색에 빠졌었다.
> 나는 그가 나이가 어리기 때문이라 하여 거의 장성하여 허물을 고치고 스스로 새 사람이 되기를 바랐으나, 나이가 20이 넘어도 도리어 군소배와 사통하여 불의한 짓을 자행하였다. 지난해 봄에는 일이 발각되어 죽음을 당한 자가 몇 사람이었다.
>
> 제가 이에 그 허물을 모조리 써서 종묘에 고하고, 나에게 상서하여 스스로 뉘우치고 꾸짖는 듯하였으나, 얼마 가지 아니하여 또 간신

김한로의 음모에 빠져 다시 전철을 밟았다.

내가 부자의 은의로써 다만 김한로만을 내쳤으나, 제는 이에 뉘우치는 마음이 있지 아니하고 도리어 원망하고 노여운 마음을 품어 분연히 상서하였는데, 그 사연이 심히 패만하여 전혀 신자의 뜻이 없었다.

정부 · 훈신 · 육조 · 대간 · 문무 백관이 합사하고 소장에 서명하여 말하기를, '세자의 행동이 종사를 이어받아 제사를 주장하거나 막중한 부탁을 맡을 수가 없습니다. 엎드려 바라건대, 태조의 초창한 어려움을 우러러 생각하고, 또 종사 만세의 대계를 생각하여 대소 신료의 소망에 굽어 따르시어 공의로써 결단하여, 세자를 폐하여 외방으로 내치도록 허락하고, 종실에서 어진 자를 골라서 즉시 저이를 세워서 인심을 정하소서.' 하고,

또 이르기를, '충녕 대군은 영명 공검하고 효우 온인하며, 학문을 좋아하고 게을리 하지 않으니, 진실로 저부의 여망에 부합합니다.' 하였다.

내가 부득이 제를 외방으로 내치고 충녕 대군【휘(諱).】을 세워 왕세자로 삼는다.

아아! 옛 사람이 말하기를, '화와 복은 자기가 구하지 않는 것이 없다.' 하니, 내가 어찌 털끝만큼이라도 애증의 사심이 있었겠느냐? 아아! 중외의 대소 신료는 나의 지극한 생각을 본받으라." 하였다.

외인으로서 만나 뵙기를 원하였으나 만나지 못한 자가 많았다.

한 때에 대군의 덕을 경모하여 사람들이 모두 마음을 돌림이 이와 같았다.

대군이 평상시에 거주할 적에 부인을 경대하여, 그녀가 나아가고 물러갈 때에는 반드시 일어나서 보내고 맞이하였다.

그때 임금이 창덕궁에 임어하니, 대소인이 경복궁을 지나면서 하마하는 자가 적었으나, 대군은 지날 적마다 반드시 내렸는데, 비록 저녁이든 밤이든 비가 오든 눈이 오든 폐하지 않았으니, 그 공경과 신중함이 천성에서 나온 것이 이와 같았다고 한다.

사신 황엄이 대군을 보고 매양 똑똑하고 밝은 것을 칭찬하여 말하기를, "영명하기가 뛰어나 부왕을 닮았다.

동국의 전위는 장차 이 사람에게 돌아갈 것이다."

-1418년(태종 18) 6월 3일 《태조실록》

지나칠 정도로 자유분방한 성격 탓에 여색을 밝히고 잡기를 즐겼던 양녕대군. 결국 태종은 장남 양녕대군을 세자에서 폐위시켰다. 이 모든 게 자업자득이오, 그 누구를 탓하겠는가. 어쩌면 태종은 자신이 겪은 골육상쟁과도 같은 더 큰 재앙을 막으려고 큰 결단을 내렸는지도 모른다. 누구보다 후계자의 중요성을 온몸으로 체험한 태종이었기에, 그 누구보다 조선의 기틀을 확고히 하고자 했던 왕이었기에, 결국 장남 양녕대군을 세자에서 폐위시켰던 것이다. 이로 인해 태종의 셋째 아들인 충녕대군이 세자로 책봉되었다. 책 읽기를 좋아하고 어진 성품의 충녕은 왕위를 물려받기에 더할 나위 없이 적합한 인물로 봤던 것이다. 태종의 판단은 나쁘지 않았다. 훗날 역사의 기록이 이를 말해주고 있다.

세종,
왕위에 오르다

조선의 기틀을 잡기 위해 장자 양녕대군을 폐세자한 태종. 그 빈자리는 충녕대군이 차지하게 되고, 훗날 조선의 제4대 임금(세종)으로 등극한다. 그렇다면 충녕대군은 어떻게 왕위에까지 오를 수 있었을까. 단순히 양녕대군에 비해 어질고 총명하다 해서 후계자가 된 것은 아닐 터. 이에 대해 한 역사학자는 다음과 같이 정리한 바 있다. 세종이 태종의 셋째아들이면서도 세자인 양녕대군과 둘째인 효령대군을 제치고 왕위에 오를 수 있었던 데에는 세종만의 특장점이 있기 때문이라는 거다. 그 첫 번째가 호학불권(好學不倦)이라는 말로 설명할 수 있겠다. 자고로 세종은 세자로 있을 때부터 책 읽기를 게을리 하지 않았다. 유별날 정도로 공부하는 걸 좋아해서 추울 때든 더울 때든 상관없이, 밤이 깊을 때까지 책을 읽었던 것으로 알려졌다. 이와 관련해 조선왕조 오백년실록 극작가인 신봉승 교수가 다음과 같이 말하였다. "세종시대에 황희, 맹사성 등 기라성같은 인재들을 이끌 수 있었던 비결은 세종 대왕의 엄청난 독서량이다." 그렇다. 아마 조선 역사상 그 어느 왕도 세종만큼 글을 많이 읽지는 못했을 것이다. 세종보다 모든 분야에서 박학다식한 왕이 또 있을까 싶은데, 실제로 그 박식함이 그 어떤 신하도 따를 자가 없었다.

> "세종시대에 황희, 맹사성 등 기라성 같은 인재들을 이끌 수 있었던 비결은 세종 대왕의 엄청난 독서량이다.
> -조선왕조 오백년실록 극작가 신봉승"

민생 정치를 펼치고 수많은 업적을 세워, 조선 역사상 가장 위대한 왕으로 꼽히는 세종대왕. 그에게는 독서에 관한 일화도 여러 가지가 있다. 그 중 하나가 세종이 세자 시절 밥을 먹을 때에도 책을 손에서 놓지 않았다는 것이다. 또 세자 시절 눈병이 났는데도 이에 개의치 않고 책을 읽고 있기에, 태종이 모든 책을 강제로 빼앗아갔는데, 우연히 병풍 뒤에 있는 〈구소수간〉이라는 책을 찾아내 무려 1100번이나 읽은 일화는 아주 유명하다. 남은 책이라고는 한 권이니 그것을 반복해서 읽은 것이다. 역대 어느 왕도 이런 왕이 없었다. 물론 실록에는 즉위 전 충녕의 모습을 몸에 종기가 날 때까지 독서만 하고 외부 활동은 좀처럼 하지 않는 다소 소심한 인물로 기록돼있기도 하다. 그러나 세종대왕이 독서량 역시 세종실록에도 기록돼 있는 엄연한 사실이다. 그 내용은 살펴보면 다음과 같다.

> 정사를 보고 경연에 나아갔다.
> 《통감강목》을 강독한 끝에 임금이 동지경연사 윤회에게 이르기를, 진서산(眞西山)*이 말하기를, '《통감강목》은 권질이 많아서, 임금은 다 보기가 쉽지 않다.' 하더니, 내가 경자년부터 강독을 시작하

여 지금까지 이르렀는데, 그 사이에 혹은 30여 번을 읽은 것도 있고, 혹은 20여 번을 읽은 것도 있기는 하나 참으로 다 보기는 어려운 책이라."고 하였다.

임금이 잠저에 있을 때부터 학문을 좋아하고 게을리하지 않아서, 일찍이 경미한 병환이 있을 때에도 오히려 독서를 그치지 아니하므로, 태종께서 작은 환관을 시켜서 그 서책을 다 가져다가 감추게 하고 다만 구소수간(歐蘇手簡)*만을 곁에 두었더니, 드디어 이 책을 다 보시었다. 즉위하심에 이르러서는 손에서 책을 놓지 않아, 비록 수라를 들 때에도 반드시 책을 펼쳐 좌우에 놓았으며, 혹은 밤중이 되도록 힘써 보시고 싫어하지 않으셨다.

일찍이 근신에게 말하기를, "내가 궁중에 있으면서 손을 거두고 한가롭게 앉아 있을 때는 없다."하셨으니, 이러하시기 때문에 경적에 널리 통하시었고, 심지어는 본국 역대의 사대문적(事大文籍)에 이르기까지 보시지 않은 것이 없었고, 또 근신들에게 말하기를, "내가 서적을 본 뒤에는 잊어버리는 것은 없었다."하시었으니,

그 총명하심과 학문을 좋아하시는 것은 천성이 그러하셨던 것이다. 또 주자소로 하여금 한어를 번역한 여러 서적을 인쇄하게 하고, 총

★ 진서산
서산은 진덕수의 호
★ 구소수간
송나라 구양수와 소식의 편지를 추려 뽑아 만든 책

제 원민생과 판승문원사 조숭덕으로 하여금 읽어 올리도록 하여, 한번 들으시면 문득 기억하고는 근신에게 이르기를, "내가 한어의 역서를 배우는 것은 다른 것이 아니다. 명나라의 사신과 서로 접할 때에, 미리 그 말을 알면 그 대답할 말을 혹 빨리 생각하여 준비할 수 있기 때문이다."라고 하시었다.

임금이 특히 서적만을 한번 보고 문득 기억하시는 것만이 아니라. 무릇 수많은 신하들의 성명·내력·세계 등을 비록 미세한 것이라도 한번 들으시면 잊지 않으셨으며, 한번 그 얼굴을 보시면 비록 여러 해를 만나 보시지 못했더라도 다시 보실 때에 반드시 아무라고 성명을 부르셨으며, 사물의 정밀하고, 소략하고, 아름답고, 추악한 것에 이르러서도 한번 눈에 접하시면 반드시 그 호리의 차를 정밀히 분변하셨고, 성음의 청탁과 고하도 한번 귀에 들어가면 그 윤리를 심찰하시었으니, 그 총명과 예지가 이와 같으시었다.

-1423년(세종 5) 12월 23일《세종실록》

이처럼 충녕대군은 태종이 강제로 책들을 빼앗아갈 정도로 독서광이었다. 소위 말해서 책벌레라고나 할까. 눈이 와도, 비가 내려도, 심지어 몸이 아파도 책을 손에서 놓지 않았었다. 그랬기에 왕위에 오른 뒤 수많은 업적을 이룰 수 있었을 터. 이처럼 독서광이었던 세종은 대신들에게도 책 읽기를 권하였다. 이를 위하여 1420년(세종 1) 때 집현전을 설치해 젊고 유능한 인재를 양성하는 데 앞장섰다. 나아가 집현전을 통해 조선의 교육, 서적, 편찬 등의 학문을 진흥하고 본격적으로 유교정치를 실시하였다. 집현전에서는 젊은 신진 학자들을 대거 등용하였다.

이처럼 세종이 즉위 후 다음 해부터 집현전이 설치한 기록으로 보아 당시 세종대왕의 열정이 실로 대단하다는 것을 알 수 있다. 그렇다면 집현전이란 기관의 역할은 무엇일까. 우선 사실 집현전은 본래 우리 고유의 기관은 아니었다. 쉽게 말해서 중국에서 들어온 제도인데, 중국에서는 한나라, 위나라 때 설치돼 당나라 현종 때 비로소 체제가 잡힌 기관이었다. 현종은 당시 이곳에 학자들을 두어 각종 서적의 수집과 분류 등의 작업을 하게끔 하였다. 이 제도는 고려 시대부터 우리나라에 수입돼 영향을 끼치기 시작하는데, 집현전이라는 고유명칭을 사용한 것은 1136년(고려 인종 14)으로 알려진다. 그러나 고려 때와 조선 건국 초기까지 집현전에서 딱히 눈에 띄는 활동이나 업적은 이루어지지 않은 것으로 확인됐다. 그러다 1356년(공민왕 5) 때 공민왕이 집현관과 우문관을 없애고, 수문전·집현전 학사를 두었고, 그 이후에도 폐하고, 다시 설치되곤 했었다. 그러다 1419년(세종 1) 때 와서야 비로소 집현전을 설치해 유사 10여 인을 뽑아서 날마다 강론하게 했다. 1420년(세종 2) 때에는 때 집현전이 본격적으로 확대·개편되었다. 이전까지는 관청도 없고, 직무도 없었으나 이때부터 청사를 가지고, 경전과 역사의 강론과 임금의 자문을 담당하였다. 그들을 통해서 뛰어난 인재양성을 발굴하는 데 박차를 가했던 것이다. 이와 관련된 내용은 세종실록에도 상세한 기록으로 남아 있다. 그 내용은 다음과 같다.

> 좌의정 박은이 계하기를, "문신(文臣)을 선발하여 집현전에 모아 문풍(文風)을 진흥시키시는 동시에, 문과는 어렵고 무과는 쉬운 때문으로, 자제들이 많이 무과로 가니, 지금부터는《사서(四書)》를 통달한 뒤에라야 무과에 응시할 수 있도록 만들어 주시옵소서." 하니,

집현전 자리에 건립한 현재의 수정전 (세종 재위 시절 집현전으로 사용되었음)

임금이 아름답게 여기고 받아들였다.

-1419(세종 1) 2월 16일《세종실록》

정사를 보았다. 사간원에서 상소하여 김양준의 죄를 청하니, 임금이 말하기를, "소장(疏狀)의 말은 옳으나 잠깐 보류하라."하고, 또 말하기를, "일찍이 집현전을 설치하려는 의논이 있었는데, 어찌하여 다시 아뢰지 않는가. 유사(儒士) 10여 인을 뽑아 날마다 모여서 강론하게 하라."하였다.

-1419(세종 1) 12월 12일《세종실록》

이처럼 세종대왕은 문신을 선발해 집현전에 모으고, 무과 응시도 사서를 통달한 뒤에 하게끔 하였다. 나아가 1420년(세종 2) 3월에는 아예 궁중에 집현전을 두고, 겸임관으로 영전사·대제학·제학을 두고, 그 아래에는 모두 전임학사(10명 임명)에서 뽑았다. 그 후에도 집현전의 기능을 강화하고, 운영하는 데 지장이 없도록 만전을 가하였다. 그러다가 1436년(세종 18)에는 집현전 인원을 20명으로 증원하기도 하였다. 자료에 따르면 이들의 임무는 학사 20명 중 10명은 경연(慶筵)을 담당하고 나머지 10명은 서연(書筵)을 담당했다고 한다. 이 외에도 일부 학사들은 문필에 능하다는 이유로서 그 일부가 사관(史官)의 일을 맡았으며, 사령의 제찬을 담당하였다. 그러던 중 문신을 집현전에 모아 문풍을 진흥시키자는 신하들의 건의가 올라왔다. 그동안 고려 이래로 유명무실하였던 수문전·집현전·보문각 중에서 집현전 하나만을 남기는 대신 그 규모를 대폭적으로 확장시켰다. 그러니까 원래 전대에는 수문전·집현전·보문각이 같이 업무를 맡아보았으나 수문전·보문각이 폐지되면서 아예 집현전에서 도맡게 된 것이었다. 그 밖에 중국의 옛 제도를 다각적으로 분석하고 연구하는 일도 동시다발적으로 진행되었다. 조선 왕조 그리고 조선 사회의 근본이념으로 유교를 삼으려면 무엇보다 유교적인 의식과 제도에 관한 철저한 검토가 필요하였기 때문이다.

"1420년(세종 2) 3월, 세종대왕은 집현전의 기능은 강화하였다."

또 세종은 학사의 설치와 아울러 서리·노비들까지도 배속시켜 집현전의 운영에 지장이 없도록 하였다. 바쁜 와중에도 학사들의 연구에 편의를 주기 위해 많은 도서를 구입해 집현전에 보관토록 하는 한편, 휴가를 주어 산 속에 있는 절에서 휴식을 취하면서 학문을 연구하게 하였으며, 그와 관련된 경비는 모두 나라에서 부담하였다. 환경이 인재를 만든다는 말이 여기서 나온 게 아닐까 싶을 정도로 그 결과 우수한 학자들이 집현전을 통하여 많이 나오게 되었다. 학자들이 연구하는 분야는 다양하였고, 그 결과 수많은 서적을 편찬하게 되면서 조선

왕조 역사상 으뜸가는 황금시대를 이룬다. 집현전의 재설치와 기능 강화야말로, 조선 왕조의 기틀을 더욱 확고하게 하는 데 결정적인 디딤돌이 되었다고 할 수 있겠다. 다시 말해 집현전은 세종시대 조선의 정책을 논의하고 결정하는 참모기관이자, 우수한 인재들이 모여 마음껏 공부할 수 있었던 학문연구기관이었던 것이다.

"고려 인종 이후 유명무실화돼 있었던 집현전.
세종은 즉위 이후 집현전의 기능을 강화하였다. 그저 이름만 부활시킨 게 아니었다.
그 결과 실질적으로 정책을 결정하는 참모기관 겸 학문연구기관으로 성장하였다."

집현전은 단순히 왕의 실적을 치대하기 위한 작업이 아니었다. 그것은 세종대왕이 가고자 하는 길에 힘을 실어주었다. 한글창제 뿐만 아니라 집현전에서는 어떻게 하면 백성들이 농사를 잘 지을 수 있는지 고민해 학자들로 하여금 우리나라 최초의 농서를 편찬하도록 한다. 그 결과 집현전의 기능을 강화한 지 약 9년 만에 〈농사직설〉이라는 책이 발간된다. 이 책에는 보리, 콩, 조 따위를 돌려짓는 2년 3작 등과 같은 새로운 농법에 관한 내용이 들어 있었다. 집현전에서 이루어진 세종의 업적은 숫제 엄청났다. 그 후 1456년(세조 2) 단종 복위 운동을 한 사육신을 비롯한 반대파 인물이 집현전에서 많이 나왔으므로 음력 6월 6일에 집현전을 파하고 경연을 정지시키면서, 집현전에 소장한 책을 예문관에서 관장하게 하였다. 그러나 문신들이 벼슬에만 욕심을 내고 공부를 게을리 하는 폐단이 생겨서 1459년(세조 5) 이후 3품 이하의 문신으로

조선 세종 때 편찬한
우리나라 최초의 농서인 '농사직설'

서 젊고 총명한 사람을 뽑아 예문관의 관직을 겸임시켜 연구하게 하였
으나 안타깝게도 별 효과를 거두지 못하였다.

한편 1460년(세조 6) 음력 5월 22일에는 이조에서 사관 선임 규정을
강화하고, 경연 · 집현전 · 보문각 등은 직함이 비고 직임이 없으니 혁
파하기를 청하였으므로 이를 허락하였다. 지하에 있는 세종이 이를 알
면 탄식하고도 남을 터. 어찌됐든 간에 이로써 세종시대 집현전은 완전
히 폐하게 되었다. 그 후 1478년(성종 9년) 음력 3월 19일 집현전에 의
거해서 예문관 부제학 이하의 각원을 홍문관의 관직으로 옮겨 임명하
게 하여 예문관을 분리 · 개편하는 작업이 진행되었다. 다행히도 그 대
우를 극진히 하였으나 세종 때의 집현전 상황에 비해서는 상대적으로
크게 따르지 못하였던 것으로 파악된다. 간략하게나마 집현전이라는
기관이 어떻게 변모해왔는지 살펴보았다. 세종시대 때 화려하게 부활
하였지만 집현전은 점차 그 기능이 쇠퇴하였다. 많은 학자가 아버지 태
종(이방원)이 조선의 기틀을 확고히 다졌다면, 세종은 학문을 진흥해 조
선의 유교정치 기반을 다졌다고 주장한다. 맞는 말이다. 이를 바탕으로
세종시대 가장 큰 업적이라 할 수 있는 '훈민정음'을 창제하였고, 민족
문화의 큰 번영을 가져와 조선 왕조의 기틀을 보다 튼튼히 하는 데 힘

쓸 수 있었기 때문이다.

> "백성이 자신의 생각을 문자로 표현할 줄 모르는 것을 안타깝게 여
> 긴 세종.
> 하여 그는 어려운 한문 대신 사용할 수 있는 한글을 직접 만든다."

훈민정음 얘기를 잠깐 하고 가겠다. 훈민정음 얘기야 대한민국 사람
이라면 모르는 사람이 없을 터. 그런데 훈민정음 서문을 읽어본 이는
적을 터. 백성을 위하는 세종의 마음이 여실히 드러나는 훈민정음 서문
을 이 자리를 통해 소개하고자 한다. 서문의 내용인즉 '나라의 말씀이
중국과 달라 문자로 서로 통하지 못하기 때문에 어리석은 백성이 말하
고자 해도 끝내 그 뜻을 펴지 못하는 자가 많다. 내가 이를 불쌍히 여겨
새로 28자를 만들어 사람마다 쉽게 익혀 일상생활에 편리하게 쓰도록
하노라.'이다. 아무리 위민정치를 실현하고자 한들, 그 실현방법을 모
른다면 아무 짝에도 쓸모없을 터. 또한 시혜를 베풀겠다는 입장이라면
좀처럼 일반 백성들의 마음을 헤아리기 힘들 것이다. 그러나 세종은 세
자 시절부터 학문을 가까이해 방대한 독서량으로 지도자로서 자신의
역할이 무엇인지 제대로 파악하고 있었던 것으로 추측된다. 비록 자식
농사(?)에는 큰 성공은 거두지 못하였지만, 재위 시절만큼은 자신이 가
진 능력을 십분 활용하였다. 이런 배경에는 엄청난 독서량이 원동력이
되었다.

시대가 변해도 독서의 중요성은 몇 번 강조해도 부족하지 않다. 어느
분야에서든 성공한 사람들이라면 누구나 꼭 중요하게 생각하는 게 이
독서다. 세종 역시 그러하였고, 다독을 통해 지식을 쌓음과 동시에 견

문을 넓혀 지적인 지도력을 갖추게 됐다는 것이다. 왕이 이러한데, 어찌 학자들이 그러지 않을 수 있었을까 싶다. 그래서 그런지 경연 횟수만 살펴봐도 태종 때에는 약 60회에 그쳤던 것이 세종 때에 이르러 무려 2,000회에 이른다. 세종대왕의 재위기간이 약 32년이므로 계단해 보면 한해에는 약 60회, 30일 즉 한 달에는 약 5회에 이르는 경연이 이루어진 것이다. 이를 통해 여러 대신들과 학자들이 자유로운 토론을 할 수 있었다.

> "자유로운 토론 분위기를 중시했던 세종.
> 세종 시대 때 열린 경연 횟수만 해도 무려 2,000회에 이른다."

이어서 한 역사학자는 세종만의 특장점을 호학불권 다음으로, 다스림의 본질을 알기 때문이라고 했다. 역사학자가 말하기를, 세종이야말로 어떤 사안에 대해 의견을 개진할 때도 사람들이 예상을 뛰어넘는 내용을 말할 정도로 사물의 본말을 꿰고 있었던 창의적인 아이디어의 소유자였다는 것이다. 이 또한 첫째 호학불권과 연관이 있는데, 그도 그럴 것이 다독을 하면 지식 함양과 논리적 사고를 갖게 될 뿐만 아니라 창의력을 높여주기 때문이다. 역사학자는 마지막으로 세종은 언제 과하지 않고 적당한 때에 멈출 줄 아는 '적중이지(適中而止)'의 능력도 겸비했다고 평하였다. 나아가 이 세 가지가 국왕이 갖추어야 할 바람직한 조건이라고도 했는데, 필자 역시 이에 동의하다. 그래서 그런지, 오늘날까지도 세종의 리더십에 대해 활발한 연구가 일어나고 있다. 세종이라는 인물로 하여금 조선 왕조가 안정기에 접어들고, 태종 시대에 세운 기틀을 더 확고히 하는 징검다리 역할을 한 것은 분명하다. 뿐만 아니라 세종대왕은 '실용주의자'였다. 그는 발명가라는 적성을 매우 중요하게 생각했고, 이로 인해 장영실이라는 인물이 세종 시대에 꽃처럼 만개할 수 있었다. 지금까지 고려 말부터 세종 시대 역사까지 간략하게 살펴보았다. 결혼식을 앞두고 (어마어마하게 치열하고도 가혹한) 다이어트를 하는 예비신부의 마음으로 여기까지 달려왔다. 자세하게 다루지 않은 내용이 적지 않지만 분명히 말하건대, 그 중요성이 낮아서가 아니다. 예비신부가 내장지방보다는 허리와 등 라인에 신경을 쓰듯이 나 역시 그러하였다. 영실이라는 인물을 보다 쉽게 접근하기 위해서는 수면 위로 드러난 객관적인 자료를 중심으로 서술하는 방법이 나쁘지 않다고 생각하였다. 지금부터는 식장에 입장하는 마음으로 장영실이라는 인물에 대하여 알아보고자 한다. 물론 그 전에 할 일이 있다. 예비신부가 호흡을 가다듬고, 마지막 화장 상태를 체크하듯이 우리 역시 세종대왕에 대하여 확인하고 넘어갈 게 있다. 그런 의미에서 세종대왕의 연대기를 간단하게나마 살펴보겠다.

〈세종대왕 연대기〉

1397년	정안군 이방원(태종)과 여흥민씨(원경왕후)의 셋째 아들로 출생
1412년	16세. 충녕군에서 충녕대군이 됨
1418년	22세. 조선 제4대 임금으로 즉위
1419년	23세. 대마도 정벌
1420년	24세. 집현전 설치, 경자자 제작 시작했음
1421년	25세. 경자전을 완성, 사좌삼복계의 법을 정했음
1422년	26세. 새로 개조한 정밀한 저울 반포했음

1423년	27세. 조선통보라는 화폐 주조했음
1424년	28세. 악기도감에서 악기 제작, 악보 편성 정리했음
1425년	29세. 처음으로 동전을 사용했음
1426년	30세. 법전인 속육전 편찬했음
1429년	33세. 농사직설 편찬, 편종 제작했음
1430년	34세. 공처노비 산아 휴가법 개정했음
1431년	35세. 광화문 이룩했음
1432년	36세. 신찬팔도지리지, 수신서 삼강행실도 편찬했음
1433년	37세. 천체 관측기구 혼천의 제작했음 천문도 천상열차분야지도 석각본 제작, 국악의 기초를 확립했음
1434년	38세. 금속활자 갑인자, 해시계 앙부일구, 물시계 자격루 제작했음
1435년	39세. 화약제조, 화약고 설치, 주자소를 경북궁으로 이전했음
1436년	40세. 대형 활자주조를 위해 병진자를 만듦
1437년	41세. 천체관측기구 일성성시의 제작 , 6진 개척했음
1438년	42세. 신주무원록음주 발간했음
1439년	43세. 경상도 성주, 전주에 사고를 지었음
1441년	45세. 최초의 우량계인 측우기와 하천수위 측정기구 수표 제작했음
1442년	46세. 고려사를 찬술했음
1443년	47세. 훈민정음 창제했음
1444년	48세. 전분육등,영분구등의 제도 정비했음
1445년	49세. 역서 칠정산 편집, 용비어천가 지음, 천자포 등 화포 개

매년 한글날 기념식이 열리는 세종대왕릉 정자각 (경기도 여주시 능서면 영릉로 269-50 소재)
세종대왕릉(영릉, 英陵)은 조선 제4대 임금인 세종대왕과 소헌왕후를 합장해 모신 능으로 조선 제17대
효종대왕과 인선왕후의 능이 위·아래로 자리한 영릉(寧陵)과 함께 유네스코 세계문화유산으로 지정
돼 있다.

	량, 유량악보 정간보 창안했음
1446년	50세. 훈민정음 반포, 훈민정음 해례본 완성했음
1447년	51세. 석보상절, 월인천강지곡 편찬, 동국정운 6권 편찬했음
1448년	52세. 화기신기전 제작, 병기기술서 총통등록 편찬했음
1450년	54세. 승하

1418년 8월 11일 조선의 4대 임금으로 즉위한 세종. 오늘 날 많은
이가 세종대왕을 조선 왕조를 통틀어 역사상 가장 많은 업적을 남긴
것으로 평가하고 있다. 또한 이것이 가능했던 데에는 신분을 막론해 재
능이 뛰어난 인재를 등용했던 특별한 인재경영 방식 때문이라고 지적
한다. 그런 의미에서 장영실이라는 인물이 관노라는 신분을 벗어나 천
문학자 겸 과학자로 맹활약을 펼칠 수 있었던 데에는 세종의 인재관이
가장 큰 디딤돌 역할을 했다고 볼 수 있다. 지금에야 그게 뭐 그리 대수

냐고 말하는 사람도 있을 수 있겠지만 당시 조선은 신분제 사회였음을 기억해두기를 바란다. 참고로 조선시대 노예제도에 대해서는 본 책의 4장에서 좀 더 자세히 살펴볼 예정이다. 자, 지금까지 장영실이라는 인물을 말하기에 앞서, 고려 말부터 시작해 여기까지 와보았다. 응당 그를 알려면 조선의 건국시기를 전후해 짧게나마 살펴볼 필요가 있다고 판단했기 때문이다. 나아가 이어지는 다음 3장에서는 장영실의 출생과 더불어 세종과의 만남 그리고 1421년(세종 3) 관노의 신분으로 어떻게 중국으로까지 파견돼 각종 천문관측기기를 읽히고 돌아올 수 있었는지, 알아보겠다.

장영실 뉴스

2009년 8월 1일
광화문 광장이 대한민국 시민의 품으로 돌아오다!

지금은 시민들이 자유롭게 오고가는 서울의 심장부라 일컫는 광화문광장. 이곳은 과거 조선시대 육조거리로, 600여 년 동안 대한민국의 상징이라고 할 수 있습니다. 그런데 이 소중한 공간이 불과 몇 년 전만 해도 수많은 차들이 오고가는 단순한 차량중심거리에 머물렀다는 사실을 알고 계십니까? 일제 식민지 치하 때 본 모습을 잃어버린 채 물 2009년까지 쭉 방치된 채로 있었습니다. 그러다 서울시에서 1년 3개월에 걸친 공사 끝에 2009년 8월 1일 광화문 광장을 새롭게 개장하였습니다. 조선시대부터 경제, 역사, 정치, 문화의 중심인 육조거리를 그 역사의 명성에 걸맞게 바로 세운 것입니다. 대규모 광화문광장은 광화문 · 경복궁 · 북악산 · 북한산을 연결하는 자연경관으로 조성돼 있는데요. 이처럼 북악산을 향해 확 트인 아름다운 조망을 회복하는 데 그치지 않고, 조선시대 육조거리의 모습을 재현해 서울 한복판에 역사체험공간을 마련했습니다. 또한 경복궁과 청계천을 연결했고, 청계천을 잇는 폭은 약 34m로 세종로 차로를 기존 16개에서 10개로 줄여 조성했습니다. 이 외에도 서울 500년 역사를 617개 돌판에 기록한 역사물길도 들어서며, 이순신 장군의 기상을 스토리텔링으로 묘사한 이순신 장군 분수도 세워졌습니다.

또한 2009년 10월 9일 한글날에 맞춰 세종대왕 동상이 개막돼 시민들의 큰 호응을 받았는데요. 세종대왕 동상은 북악산을 배경으로 펼쳐지는 광화문 광장의 이순신 장군 동상을 지나서 경복궁 쪽으로 300m가량 올라가면 광장 중심부에 들어섰습니다. 서울시는 세종대왕 동상을 한글날에 제막함으로써 우리 민족의 고유의 문자인 한글을 창제함으로써 오늘 날까지도 시민들의 존경을 한 몸에 받는 세종대왕의 업적을 앞으로도 계속 기릴 예정이라고 포부를 밝혔습니다. 그런 점에서 세종대왕 동상 전면부에는 세종 때 대표적인 발명품인 해시계와 물시계 그리고 세계 최초의 우량계인 측우기를 전시가 됐는데요. 이처럼 조선시대의 성군인 세종대왕의 대표 업적만 놓고 보더라도 장영실이라는 인물을 빼놓고 결코 이야기할 수 없음을 알 수 있습니다. 조선시대의 성군인 세종대왕과 세종이 가장 아꼈던 과학자 장영실! 수백 년이 흐른 지금도 두 사람은 뗄 수 없는 단짝과도 같은 존재임이 느껴집니다. 이상 장영실 뉴스였습니다.

3장
손재주가 좋았던 소년, 장영실

동래현의
노비로 태어나다

 노비제도와 같은 비합리적인 신분제도가 존재했던 조선시대. 그런 시대적인 한계성이 명확했던 조선시대 때 노비라는 신분으로 태어났던 장영실. 그는 누구일까. 이는 너무나 쉬운 질문이 아닐 수 없다. 그도 그럴 것이 많은 사람들이 장영실을 가리켜 조선 최고의 과학자로 알고 있기 때문이다. 하지만 최고의 과학자로 되기까지 그의 여정은 험난했고 또 험난했다. 그의 업적을 살펴보고 있노라면 그저 단순히 조선 최고의 과학자라고 설명하기엔 어쩐지 송구한 마음이 들 정도다. 물론 그 모든 것이 장영실 혼자의 힘으로 해낸 건 아니다. 그의 곁에 훌륭한 동지들이 있었기에 가능했을 터이고, 나아가 서로 소통했기에 가능했을 터이다. 21세기에 이르러 장영실이란 인물에 대해 티끌만큼이라도 알고 싶다면, 지금 당장 부산으로 떠날 것을 권한다. 장영실이 태어난 곳으로 알려진 부산 동래 내성 북문 앞에는 지금도 장영실의 흔적을 만날 수 있기 때문이다. 이곳은 부산 동래구청에서 장영실의 업적들을 재현해 교육용으로 이용가능토록 해 놨다. 그와 관련된 발명품을 살펴보면 눈이 절로 휘둥그레진다. 그도 그럴 것이 한 분야에 국한된 발명품이 아니기 때문이다. 도대체 그는 어떤 인물이었을까. 비록 머리가 아주 비상한 천재 과학자 겸 발명가였던 걸까. 그렇다면 그의 가족은 누구이며, 그는 언제 어디서 태어난 걸까. 궁금한 게 한두 가지가 아니다. 그런데 정작 우리에게 알려진 건 장영실은 그저 뛰어난 과학자라는 것뿐. 조선왕조실록을 쥐 잡듯이 뒤져봐도 그의 업적에 관한 기록은 많지만 정작 그의 출생에 관한 기록은 없다. 다만, 실록에 기록된 내용을 토대로 그의 출생연도를 1390년도로 추측할 따름이다.

"많은 학자들이 장영실 출생연도를 그저 짐작할 뿐이다.
조선왕조실록에 기록된 내용을 토대로 말이다."

유명한 인물치고, 어디서 언제 출생했는지에 대해서 정확하게 알려진 바가 없는 경우도 드물다. 바로 장영실의 경우가 그러한데, 많은 역사학자가 장영실의 출생연도는 최소한 1385년에서 1390년 경 사이로 추측하고 있다. 사정이 이러해서 몇 년 전부터 대부분 장영실의 출생연도를 1390년이라고 암묵적으로 표기하고 있다. 그러나 공식기록만 없을 뿐 아산 장씨 종친회에 따르면 장영실이 1383년에 태어나서 어머니와 함께 노비가 되었다고 주장하고 있으니, 이에 맞게 생몰연도를 미상으로 하기 보다는 1383년도로 하는 게 맞지 않을까 싶다. 또한 아산 장씨 종친회에서는 장영실의 출생지역은 고려시대 경상도 동래현(지금의 부산)이라고 한다. 그렇다면 장영실의 부모는 어떤 사람이었을까. 다행스럽게 장영실의 부친과 모친에 대한 내용만큼은 세종실록에 기록돼 있다. 그 내용이 제법 구체적이어서 놀라울 정도. 그 내용은 살펴보면 다음과 같다.

안숭선에게 명하여 영의정 황희와 좌의정 맹사성에게 의논하기를,
"행사직 장영실은 그 아비가 본래 원나라의 소주·항주 사람이고,
어미는 기생이었는데, 공교한 솜씨가 보통 사람에 뛰어나므로 태종
께서 보호하시었고, 나도 역시 이를 아낀다.

-1433년(세종 15) 9월 16일《세종실록》

참으로 중요한 기록이다. 단 몇 줄이 우리에게 많은 것을 알려주고
있다. 첫째로, 장영실의 부친은 원나라 유민의 소주와 항주 사람이고
모친은 기생이라는 거다. 또 장영실에 관한 각종 연구를 살펴보면 장
영실의 부친 이름은 장성휘로, 고려시대 전서(지금의 장관)로, 아산 장씨
시조인 '장서'의 8대 혹은 9대 손으로 추정된다고 한다. 다시 말해서
장영실 부친은 중국계 귀화인으로 고려 시대 때 높은 관직에 몸담고
있었던 것으로 추정된다. 원나라가 1368년에 없어졌으므로 대략 연대
가 맞지 않으므로 장영실 부친이 원나라 사람이라고는 할 수 없는 것
이다. 또한 모친은 앞에서 언급한 동래현(지금의 부산)에 살던 기생인 것
으로 추정된다. 당시 조선사회는 부모 중 한쪽이 천민(백정 계층도 있었
으나 당시 노비가 대부분이었음)일 때 그 아들이나 딸도 자연히 노비가 되
는 제도가 시행되고 있었다. 따라서 동래현 관기의 아들로 태어난 장영
실은 노비가 됐고, 어린 나이에도 불구하고 동래현의 관청에서 일하는
노비로 살 수밖에 없었다.

"부모 중 한쪽이 노비이면 자녀 역시 노비로 살아야 했다. 하여 동
래현 관기의 아들로 태어난 장영실은 동래현 관청의 노비로 살아
간다."

둘째로 장영실은 어려서부터 매우 영특했음을 알 수 있다. 장영실은 비록 동래현 관청에서 일하는 노비였지만 고장 난 물건을 잘 고치는 재능이 뛰어났던 것으로 추정된다. 그렇지 않으면 당시 태종이 수많은 노비 중 하나인 장영실의 존재를 알 턱이 없다. 그렇다. 장영실은 어린 소년임에도 불구하고, 매우 특별한 재능을 지녔음에 틀림없다. 그 특별한 재능이라 함은 아마도 손재주 일 터. 어린 시절부터 관청에서 각종 허드렛일을 하면서도 물건을 만들고 고치면서 자신의 손재주를 활용했던 것이다. 태종이 장영실의 존재를 알 정도였다면 아마도 고장 난 물건은 그 자리에서 금세 뚝딱하고 잘 고쳤을 것으로 생각된다. 그 걸 지켜보는 상대가 무릎을 탁- 하고 칠 정도로 말이다. 추측건대, 어린 영실은 관청에서 못 쓰게 된 것은 다시 사용할 수 있게끔 하고, 관천 사람들이 필요한 것이 있으면 재료를 구해서 뚝딱뚝딱 만들어냈을 것이다. 오늘 날로 따지면 DIY(do it yourself의 줄임말) 제작자라고나 할까. 불편한 것이 있으면 계속 쓰지 않고, 왜 불편한 지 생각하고 개선점을 찾아 고쳤던 것이다. 어린 아이의 영특함과 특별함은 금세 눈에 띄듯이 장영실 역시 그러했을 것이다. 사정이 그러한데 동래현 관청에서 화젯거리가 되는 건 시간문제일 터. 그렇게 소문은 흘러서 태종의 귀까지 들어가게 됐을 것이다.

"비록 노비일지라도, 어린 아이의 영특함은 금세 사람들 눈에 띄기 마련. 그렇다. 될성부른 잎은 달랐다. 영실이 그러하였다."

어느새 유명인사가 된 영실. 비록 어린 나이에 신분 또한 노비일지언정, 그의 재능은 금세 두각을 드러냈다. 태종의 눈 안에 들 정도로 '될

장영실 초상화
(장영실 과학관, 충남 아산시 소재)

성부른 잎'이었다. 그러나 거기까지였다. 제아무리 뛰어난 장영실이라
한들, 노비는 노비였다. 신분 앞에서 재능이 출세의 디딤돌이 되기엔
그야말로 계란으로 바위치기인 셈. 설사 장영실이 출세에 눈이 멀어 노
비출신을 극복하기 위해 간신 편으로 가담해 충신을 처단하는 나쁜 마
음을 갖더라도 쉽지 않았을 터. 모름지기 장영실이 살던 곳은 조선. 그
땅은 양반의 나라이면서 노비의 나라였다. 거짓말 조금 보태서 돈만
있는 양반이라면 귀신도 부릴 수 있는 나라였던 것이다. 반상의 구분
이 뚜렷했던 당시 제아무리 영특하고 손재주가 뛰어나 발명가로서 재
능이 돋보이더라도 출세는 물론이거니와 그것을 펼치기에는 뛰어넘을
수 없는 신분의 벽이 존재하였다. 조선시대 때 노비는 매매와 상속의
대상이었기 때문이다. 이는 조선사회의 봉건제적인 모습을 나타내는
대표적인 잣대라 할 수 있겠다. 그렇다면 장영실은 노비라는 신분적 한
계를 극복하고 최고의 과학자가 될 수 있었을까.

"조선은 양반의 나라이면서 노비의 나라. 제아무리 영특한 재능이 있다 한들, 노비는 노비였다. 누가 됐든 간에, 철옹성 같은 신분의 벽은 넘기 힘든 장애물이었다."

장영실은 노력파로 추정된다. 그가 물시계, 해시계를 발명하는 과정만 살펴봐도 이를 잘 알 수 있다. 자고로 노력이 기회를 만나면 운이 된다는 말이 있다. 감히 말하건대, 장영실은 운이 좋았다. 운칠기삼이라는 말이 있다. 운이 7할이고, 재주가 3할이라는 뜻으로 세상만사가 재주나 노력보다는 운적인 요소가 더 크다는 말이다. 그렇다고 해서 장영실의 성공요인이 전적으로 운 때문이라고 주장하는 것은 아니다. 그만큼 운이라는 요소는 결코 무시할 수 없는 존재라는 것을 알려주고 싶을 따름이다. 장영실에게 운이란 세종의 인재경영 방식이라고 할 수 있겠다. 실제로 세종대왕은 득인위최(得人爲最)의 중요성을 자주 강조했다. 득인위최란 인재를 얻는 것이 최고로 중요하다는 의미다. 이처럼 세종은 즉위 이후, 항상 인재에 목말라 했고, 조선이라는 나라가 건설적으로 흥하기 위해서는 인재가 있어야 하며, 이것이 가장 중요하다고 여러 번 강조했다. 세종대왕은 그것을 입으로 말하는 데 그치지 않고, 즉각 행동으로 보여준다. 하여 세종의 인재정치는 왕위에 오른 이후 빛을 발하기 시작했는데 그 첫 신호탄이 장영실의 등용이라 할 수 있겠다.

"운칠기삼이라는 말이 있다.
운이 7할이고, 재주가 3할이라는 뜻이다.
장영실에게 세종과의 만남이 가장 큰 행운이었다."

다시 말해서 장영실이 조선 최고의 과학자가 될 수 있었던 데에는 신분을 가리지 않고 널리 인재를 찾던 세종대왕의 덕이 가장 크다. 사실 아무리 인재등용에 열린자세를 가졌다 한들, 노비가 궁궐 안으로 들어가기란 사막에서 바늘구멍을 찾는 일과 같을 터. 그러나 장영실은 세종대왕이 있었기에 반상(班常)의 구분이 뚜렷했던 당시 천한 노비의 신분에서 벗어나 일약 종3품의 높은 벼슬에까지 올랐던 입지전적인 인물이 될 수 있었다. 장영실은 낮은 신분임에도 불구하고 과학적 재능이 뛰어남을 인지한 세종대왕은 그를 발탁해 궁으로 불러들인다. 그렇다면 장영실이 세종과의 만나게 된 계기는 무엇이었을까. 그 구체적인 내용은 다음 챕터 '과학대왕 세종과의 만남'편에서 살펴보겠다.

과학 대왕
세종과의 만남

출신은 비천했다. 그러나 뛰어난 손재주와 세상을 향한 호기심과 긍정적인 성격 덕분이었을까. 동래현 소년 관로로 있던 시절, 영실은 누구보다 부지런하게 생활했던 것으로 추측된다. 하루 일과를 마치면 병기 창고에 들어가 각종 공구가 병장기를 정리하지 않았을까 싶다. 남들에게는 따분한 일거리에 불과한 게 영실에게만큼은 큰 재미였을지도 모른다. 매사 최선을 다하는 그의 마음가짐에 하늘이 감동했었던 걸까. 그런 그에게 기회가 찾아온다. 그야말로 천재일우(千載一遇)의 기회가 왔던 것이다. 여기서 천재일우라는 말이 의미를 잠깐 되새겨보자. 이 말은 중국 동진시대의 학자 원굉이 쓴 〈삼국명신서찬〉에 나오는 말이다. 원굉은 위나라의 순문약을 찬양하며 '천재일우 현지지가회'라 했다. 바로 지혜로운 군주와 지모가 재능이 뛰어난 신하가 만나는 기회라는 것은 자고로 천 년에 한 번쯤이라는 뜻이다. 그런 점에서 조선 역사상 최고의 성군으로 칭송받고 있는 세종대왕과의 만남은 드라마틱하다고도 할 수 있다.

조선의 제4대 왕인 세종대왕 어진
(경기도 여주시 능서면 영릉로 269-50 소재)

"훌륭한 임금과 신하가 서로 만나기 쉽지 않다.
그런데 세종대왕과 장영실과 만났다."

사적으론 더할 나위 없이 좋은 만남이라고 할 수 있지만 당시 시대적 상황은 썩 좋지 않았다. 바로 극심한 가뭄 때문이었다. 1400년대부터 긴 가뭄이 시작되었는데, 벼농사를 근간으로 하는 농업근간인 조선에서 긴 가뭄은 최고의 재앙이었다. 모든 국민이 농업에 의지했다고 봐도 무방했던 그때, 물 문제가 해결되지 않으면 자칫 국가의 존폐까지 논하게 될 수도 있었다. 이처럼 물 문제는 생존과 직결된 것이었다. 풍년이 들고, 백성이 잘 살아야 왕으로서는 마음껏 국정을 펼칠 수 있을 텐데 당시 가뭄은 좀처럼 해결될 기미가 안 보였다. 하여 세종은 직접 여러 차례 기우제를 지시하기도 했는데 그 내용이 세종실록에도 상세하게 기록돼 있다.

임금이 말하기를, "이토록 가무니 정사하기 어렵구나." 하였다.
가뭄이 심하므로 변계량이 하늘에 제사지낼 것을 건의하다
-1419년(세종 1) 6월 3일《세종실록》

정사를 보았다. 변계량이 가뭄이 심하므로 원단에서 하늘에 제사 드리는 예(禮)를 다시 하자고 청하니, 임금이 말하기를, "참람한 예는 행함이 불가하다."고 하였다.

변계량이 답하여 아뢰기를, "제후가 하늘에 제사하는 것이 불가한 것은 예에 그러하옵고, 성인의 가르치심으로도 또한 불가하다 하였습니다.

그런데 근래에 중국 사신 주탁이 와서 우리나라 사람에게 묻기를, '들으니, 그대들의 나라가 하늘에 제사한다 하니, 과연 그러한가.' 하니, 대답하기를, '그러하오.' 하였습니다. 탁이 말하기를, '인사를 가지고 말하면, 그대의 나라가 향례를 베풀어서 조정 재상에게 청한다면, 혹 허락할 수는 있는 것이겠으나, 천자를 청한다면, 비록 정성을 다한다 하더라도 어찌 네 나라에 내려오기를 즐겨하겠는가.' 하므로, 여기에 비로소 하늘에 제사하는 의식을 폐하였습니다.

그러나 저의 소견으로서는 제사하는 것이 낫겠사오니, 전조 2천 년 동안 계속해서 하늘에 제사하였으니 이제 와서 폐함이 불가하나이다. 하물며 본국은 지방이 수천 리로서 옛날의 백리 제후의 나라에 비할 수 없으니, 하늘에 제사한들 무슨 혐의가 있겠습니까." 하니,

임금이 말하기를,
"제후가 하늘에 제사함이 옳지 않음은 예에 있어 마땅한 것이니, 어찌 감히 지방이 수천 리가 된다 해서 천자의 예를 분수없이 행하리오."하였다.

세종대왕이 왕위에 오른 이후 조선에는 긴 가뭄이 계속됐다. 그 정도가 어느 정도였냐면, 농사를 지을 물이 부족해 끝내 모내기를 하지 못하는 논이 매우 많았다.

계량이 다시 아뢰기를,

"하늘에 제사하는 것이 비록 제후의 예가 아니라 하오나, 신은 행하는 것이 옳을까 하옵니다. 왜 그런가 하면, 기수 가에 하늘에 제사하여 비를 비는 곳이 있으니, 이같은 예는 옛적에도 있었습니다. 평상시에 늘 제사함은 불가하다 하겠으나, 일의 경우에 따라 행사함이 오히려 옳을까 하오니, 이제 막심한 한재를 당하여 행함이 또한 무방하오니, 하늘에 제사함이 무슨 혐의가 되겠습니까." 하니, 임금이 그렇게 여기고, 명하여 하늘에 제사할 날짜를 선택하라 하였다.

가뭄이 심하므로 변계량이 하늘에 제사지낼 것을 건의하다

-1419년(세종 1) 6월 7일《세종실록》

이처럼 세종대왕이 왕위에 오른 후로는 긴 가뭄이 계속됐다. 가뭄이 지속되면 농사를 지을 물이 부족해 끝내 모내기를 못하는 논이 늘어나게 된다. 상황이 계속되면 최악의 경우 한해 농사를 포기해야 할 상황에 이르게 된다. 이로 인해 세종의 근심은 깊어만 갔다. 쩍쩍 갈라지는

논바닥과 타들어가는 민심 앞에서 세종대왕은 상황의 심각성을 절실히 깨닫는다. 옛말에 가뭄을 잡으면 농사를 다 짓는다는 말이 있다. 논농사에서 가장 중요한 것은 물을 충분히 확보하는 것이다. 따라서 농사철에 내리는 비의 양은 중요한 관심사였다. 오늘 날에야 각종 과학기술이 발달하고 각종 기상데이터가 축적돼 있어 사전에 최악의 가뭄만은 예방할 수 있지만 당연히 조선시대 때에는 그런 게 없었다. 하여 극심한 가뭄이나 홍수가 나면 속수무책으로 당할 수밖에 없었다. 사실상 날씨를 미리 예측하고 대비하는 일은 과학기술이 발달한 오늘 날에도 힘든 일인데, 그땐 그것마저 없었으니 오죽했을까 싶다.

시시각각 날씨의 변화를 예측할 수 있는 21세기에도 손 쓸 수 없는 가뭄. 예나 지금이나 하늘에서 내리는 빗물이 유일한 용수인 것이다. 이처럼 비는 백성이 생존하는 데 가장 기본적인 것이었다. 하여 비는 국운과도 밀접하게 연결되는 문제라고 할 수 있었다. 때문에 여러 해 가뭄이 심어지자, 세종대왕은 민심을 다스리기 위해 죄인들까지 풀어주는 등 적극적으로 나섰다. 궁여지책으로 궁녀들을 집으로 돌려보내기도 했고 사헌부에 거듭 명을 내려 금주령을 실시하게끔 했다. 그러나 세종의 바람과 달리 가뭄은 심해져만 갔다. 수리시설이 발달하지 않은 조선시대 농사는 거의 자연에 의존해기에 여러 해 가뭄이 지속되자, 손 쓸 방법이 없었다.

매년 반복되는 가뭄을 미리 예측해 대처할 방법이 필요했지만 그것을 알 수가 없었다. 그런데 아이러니컬하게도 나라의 위기가 영실에게는 기회였다. 그렇다. 영실의 능력을 발휘할 수 있는 상황이 눈앞에 펼쳐진 것이다.

"아이러니컬하게도
조선의 위기가 영실에게는 기회였다."

　1400년경, 영남지방에 극심한 가뭄이 들었다. 보다 못한 장영실이
드디어 나섰다. 강물을 끌어 들이자는 생각을 행동으로 선보인 것. 임
시방편으로나마 장영실이 강물을 끌어들여 해갈함으로써 최악의 상
황은 면하게 됐다. 누구나 생각할 수 있는 아이디어였다. 그러나 생각
을 실천으로 옮겨 주도적으로 선도적인 솔루션을 제공한 이는 장영실
이라는 인물이었다. 영실은 자신이 갖고 있는 기술력과 재능을 바탕으
로 강물을 논바닥으로 끌어 들였고, 그 공로를 인정받게 된다. 이를 계
기로 영실은 동래 현감으로부터 상을 받게 된다. 그 후 세종이 전국적
으로 인재를 모으는데, 바로 그때 동래 현감의 추천으로 입궐하게 된
다. 신분을 초월한 세종의 인재등용 방식이 적재적소에 빛나는 탁월한
선택이었다. 앞에서 말했다시피, 당시 세종시대의 농지는 지하수를 이
용할 수 있는 시설이나 저수지나 강으로부터 물을 끌어댈 수 있는 시
설이 전혀 없었다. 그래서 농부들은 물론이거니와 조정에서도 해결책
을 내놓지 못하였다. 기껏 할 수 있는 거라곤 쟁기나 호미 따위로 논밭
의 물기가 어느 정도인지 관찰하는 것뿐이었다. 혁신이 필요한 시점이
었다. 조선에게 필요한 것은 합리적이고 과학적인 영농법과 수리시설
개발이었다. 세종대왕은 그 적임자를 아마도 영실이라고 생각했는지도
모른다. 그렇게 노비 출신 영실은 궁궐로 들어가게 된다.

"신분을 초월한 세종의 파격적인 인재등용.
상왕(태종)을 비롯한 여러 대신들이 영실을 반대했다.

그러나 세종은 결심을 바꾸지 않았다.
그의 판단은 틀리지 않았다."

세종과의 만남이 장영실에게 신의 한수였다. 그러나 노비 출신인 장영실을 두고 대신들의 반대가 대단했다. 세종의 아버지 태종 또한 그러했다. 물론 태종이 영실의 영특함을 알고는 있었으나, 그것이 노비라는 신분의 벽을 뛰어넘을 순 없다고 생각했다. 상상조차 할 수 없던 시절이었다. 그러나 세종은 자신만의 특별한 인재등용방식을 고수했다. 그 누구보다 영실은 조선에 필요한 인재라고 판단했던 세종은 영실의 지원자가 되기로 한 것이다. 비록 노비 신분에서 벗어난 것은 아니지만, 적성을 중요하게 생각하는 실용주의자인 세종대왕을 만나면서 장영실은 제2의 인생을 살아가게 된다. 바야흐로 1421년(세종 3) 때 일이다. 세종은 장영실에게 실로 엄청난 제안을 한다. 중국으로 유학을 보내줄 테니, 중국의 천문기기의 모양과 원리 등을 배워오라고 명령한 것이다. 지금도 해외 유학을 가는 데다 엄청난 경비가 든다. 그런데 그 옛날, 조선의 왕 세종이 노비에 불과한 영실에게 국비로 유학을 보내주겠다고 한 것이니 이보다 더 파격적인 제안이 어디 있을까.

"노비이자 궁중 기술자에 불과한 영실에게 또 한 번의 기회가 찾아온다.
바로 중국 유학. 모든 게 세종의 든든한 지원 덕분이었다.
1421년(세종 3), 영실은 중국 유학길에 오른다."

거절할 이유가 없었다. 주저할 필요도 없었다. 자칫 조선에만 있다가는 우물 안의 개구리가 되기 쉬울뿐더러 선진국으로 가서 견식을 넓혀 와서 이를 우리 땅에서 활용해야 하는 시점에서, 때마침 왕께서 명을 내리자, 기꺼이 받아들이는 영실. 그렇게 장영실은 최천구, 윤사웅 등과 함께 중국 땅에 첫 발을 내딛게 된다. 각종 천문관측기기를 보고 와서 내 땅 조선에서 그것을 발명하리라는 커다란 꿈을 가슴에 안고서. 그때 영실의 나이 약 32세였다(추정). 당시 중국 천문기기 발달은 상당한 수준이었다. 영실뿐만 아니라 함께 중국 유학길에 오른 학자들에게는 놀람과 동시에 커다란 동기부여가 됐을 것으로 추측된다.

2013년 2월 27일
세종대왕 모자로 추정되는 유물을 공개하다!

조선 역사상 최고의 성군으로 칭송받고 있는 세종대왕! 그래서 그런지 세종과 관련된 뉴스라면 늘 화제가 되곤 합니다. 특히 지난 2013년 2월 경에는 세종이 정무를 볼 때 쓰던 모자로 추정되는 유물이 발견돼 크게 화제가 되기도 하였습니다. 학계에 따르면 모자의 정식명칭은 '익선관((翼善冠)'으로 일제 때 약탈당했던 것으로 추정하고 있습니다. 이것의 높이는 27㎝이고, 둘레는 57㎝의 크기로 황토색 명주에 모란과 넝쿨 무늬가 금실로 새겨져 있습니다. 모자의 외피는 짙은 황색 바탕이며 임금 왕(王)자와 모란 문양을 곳곳에 수놓아진 게 특징입니다. 또 모자의 이마 부분을 살펴보면, 장수를 기원하는 의미의 만(卍)자를 비롯해 각종 용 문양이 수놓아져 있습니다. 얇은 붉은색 천으로 제작된 모자 내피는 약간 닳아 헤져 있는 상태인데요. 천에는 한글 자모가 적혀 있어, 훈민정음의 초·중·성을 만든 원리를 밝히는 데 크게 도움이 될 것으로 알려졌습니다. 한편 학계에서는 익선관에 새겨진 네 개의 용의 발가락과 익선관 내부 훈민정음 해례본과 유사한 제자해가 새겨져 있다는 점을 토대로 모자의 주인이 세종대왕일 가능성이 굉장히 높다고 발표한 바 있습니다. 사료적 가치가 매우 큰 유물인 만큼 국가 차원에서 제대로 보전·관리되기를 기원해봅니다. 이상 장영실 뉴스였습니다.

4장
동래현의 노비,
날개를 얻다

세종대왕은 왜 장영실을
상의원 별좌에 임명했을까?

1421년(세종 3)에 중국 유학길에 오른 영실. 그로부터 2년 후인 1423년(세종 5)에 조선으로 돌아온다. 중국은 물론이거니와 이슬람의 앞선 천문기술까지 공부하고 온 영실은 귀국 후에도 학문에만 열중한다. 조선 땅에 필요한 기술이 무엇인지, 다른 나라의 경우는 어떻게 기술을 실생활에 활용하는지 살펴보고, 철저하게 비교분석했다. 각종 천문기기를 익히고 조선으로 돌아온 영실은 아마도 자신이 해야 할 일이 너무나 많다는 것을 그때 깨달았는지도 모른다. 하지만 영실은 그때까지만 해도 여전히 노비였다. 태생적인 신분적 한계의 벽이 여전히 존재하고 있었다. 이를 세종대왕이 모를 리가 없었다. 힘든 유학길을 마치고 오자마자 학문에 열중하는 영실에게 세종대왕은 또 한 번의 엄청난 선물을 선사한다. 그것은 면천이었다. 그렇게 왕의 특명으로 영실은 비로소 관노의 신분을 벗게 된다. 파격 그 자체였다. 세종의 총애는 거기에 그치지 않았다. 영실이 면천되던 그 해, 세종은 여러 대신들과 의논해 영실에게 벼슬을 내리면 어떨지 묻는다. 여러 대신들은 웬 노비에게 벼슬이라며, 당치 않다고 거세게 반대하였다. 고민에 빠진 세종대왕은 결국 합의점(?)을 찾기 위해 영실에게 정5품 벼슬인 상의원 별좌를 임명한다.

상의원이란, 당시 왕의 의복과 궁중의 재물을 관리하는 관청인데, 이 일을 책임지는 상의원 별좌 벼슬을 영실에게 내린 것이다. 쉽게 말해서 궁궐의 일용품을 관리하는 벼슬을 내린 것은, 영실을 가까이 두기 위한 세종대왕의 묘책이었다. 이에 관한 기록은 세종실록에도 나와 있는데, 그 내용은 다음과 같다.

> 임인·계묘년 무렵에 상의원 별좌를 시키고자 하여 이조 판서 허조와 병조 판서 조말생에게 의논하였더니, 허조는, '기생의 소생을 상의원에 임용할 수 없다.'고 하고, 말생은 '이런 무리는 상의원에 더욱 적합하다.'고 하여, 두 의논이 일치되지 아니하므로, 내가 굳이 하지 못하였다가 그 뒤에 다시 대신들에게 의논한즉, 유정현 등이 '상의원에 임명할 수 있다.'고 하기에, 내가 그대로 따라서 별좌에 임명하였었다.

> 영실의 사람됨이 비단 공교한 솜씨만 있는 것이 아니라 성질이 똑똑하기가 보통에 뛰어나서, 매양 강무할 때에는 나의 곁에 가까이 모시어서 내시를 대신하여 명령을 전하기도 하였다.
> -1433년(세종 15) 9월 16일 《세종실록》

상의원 별좌로 임명된 장영실은 아마도 이때부터 물시계에 관한 연구를 시작한 것으로 추정된다. 세종대왕의 곁에 가까이 머물면서 아마도 앞으로 만들어야 할 각종 기구에 대해 세종과 직접적으로 대화

를 나누었을 것이다. 노비 출신인 자신에게 중국 유학
의 기회를 주고 면천에 벼슬까지 내려준 세종은 그야
말로 장영실에게 든든한 지원군이었다. 영실은 자신
의 재능을 인정해준 세종에게 말로 형용할 수 없는
깊은 고마움을 느꼈을 터. 아마도 평
생을 세종 곁에서 일만 하다 세상과
하직하게 되더라도 괜찮다고 생
각했을지도 모른다. 그래서 그
런 걸까. 영실의 업적은 실로 어
마어마하다. 한 분야가 아닌, 다
양한 분야에 참여했기에 그것이
가능했다. 대부분 조선 백성들의
실생활과 농업에 직접적인 도움을 주는 각종 과학
기기였다. 영실은 처음에는 중국 유학의 경험을 바
탕으로 중국의 것을 모방했다. 단순히 중국의 것을 모방해 발명하는 것
에 그치지 않았다. 자신이 갖고 있는 기술력과 접목해 거기에서 한 단
계 더 나아갔다.

장영실 조각상
(장영실 과학관, 충남 아산시 소재)

　　"조선 백성들의 실생활과 농업에 직접적인 도움을 주는 과학기기.
　　그것을 조선의 실정에 맞게 발명하는 것이 장영실의 주된 임무
　　였다."

　어명에 의해 상의원 별좌로 등용된 장영실은 그 다음해인 1424년
에 물시계를 완성해낸다. 그것은 중국의 것을 참고해 만들었다고 세종

실록에도 기록돼 있는데 이처럼 장영실에게 중국 유학의 경험은 지대한 영향을 준 것으로 추정된다. 이후 장영실은 수많은 기기를 제작했다. 이에 세종대왕은 직접 장영실의 재능이 뛰어나다고 극찬하였으며 때마다 공로를 치하하고자 적절한 보상으로 장영실을 대우했다. 하여 영실은 종3품관 대호군(大護軍)에서 정3품관 상호군(上護軍) 이라는 벼슬을 받는 데까지 이르렀다. 이후 새종대왕은 1433년(세종 15)에는 정4품 벼슬인 호군(護軍)의 관직을 영실에게 내려주었다.

노비 출신 장영실이 이렇게까지 세종대왕의 총애를 받을 수 있었던 것은 무엇일까. 그건 바로 모두가 불가능할 것이라고 말했던 것을 포기하지 않고 연구한 끝에 결과물로 내놓았기 때문이다. 비록 동래현의 노비였지만, 발명가와 학자로서 타고난 능력을 알아본 세종대왕은 그를 발탁해 조선 최고의 발명가의 길을 걷게 해 주었던 것이다. 천민의 신분으로 세종대왕의 은혜를 입은 것을 감사하게 생각했던 장영실은 조선의 과학기술이 발전하는 데 있어서 온 힘을 쏟은 것이다.

지금까지 알려진 장영실의 발명품은 실로 어마어마하다. 천문관측기구인 간의, 간의를 발전시킨 혼천의, 우리나라 최초의 자동 물시계인 자격루, 자격루를 발전시킨 옥루, 비의 양을 재는 기구인 측우기, 강물의 수위를 재는 수표 등이 장영실이 밤낮 연구를 마다하지 않고 고민한 끝에 만든 발명품이다. 이어지는 챕터에서 간단하게나마 조선의 노비제도에 관해 알아보고, 5장 이후부터는 장영실이 여타 과학자들과 발명해낸 다양한 천문관측기구를 본격적으로 살펴볼 예정이다.

양반의 나라인가,
노비의 나라인가?
- 조선의 신분제도

플라톤이 말했다. '인간은 세 종류로 나눌 수 있다. 지혜를 사랑하는 자, 영예를 사랑하는 자, 이익을 사랑하는 자이다.' 장영실은 아마도 지혜를 사랑하는 자였을 터. 그러나 영실이 살았던 시대는 계급이 존재했다. 마치 지금의 한국사회에서 경제적 상황이 곧 계급을 나타내듯이 말이다. 철저하게 신분제 사회였던 조선이 장영실이 살았던 나라다. 니체가 말했다. '자유란, 자기의 책임에 대한 의지를 갖는 것이다.' 그러나 조선시대 노비에게는 자유도, 책임도, 의지도 마음대로 가질 수 없었다. 자유의지가 없는 인간이라니. 그건 노예와 같은 삶이리라. 그런데 놀랍게도 조선시대에는 노비의 수가 양반의 수보다 훨씬 많았다고 한다. 그야말로 조선은 양반의 나라이자, 노비의 나라였다. 당시 양반은 노비가 있어야 제대로 된 양반이라고 할 수 있었는데, 노비들의 삶은 비인간적이며 비상식적이었다.

"니체가 말했다.
자유란 자기의 책임에 대한 의지를 갖는 것이다.

그러나 조선시대 노비는 자유도, 의지도 가질 수가 없었다."

조선시대 노비는 가혹할 정도로 차별받았다. 우선 노비는 성씨(姓氏)
가 없었다. 아니 갖지 못했다고 해야 정확하다. 성씨가 없었기에 족보
도 없었다. 노비에게는 그저 쉽게 부를 수 있는 이름만 있었다. 사실 성
씨와 족보는 고려시대 이후 지배계층의 전유물이었다. 중국의 성씨제
도를 수용한 한국에서는 고려 초기부터 지배층에게 성이 보급되면서
성은 부계혈통을 표시하고 명은 개인의 이름을 가리키게 되었던 것이
다. 그러나 철저하게 노비에게는 예외였다. 자료에 의하면 조선 후기
신분제가 폐지되기 전가지, 인구 절반은 성씨 없이 지냈다고 한다.

"노비에게는
성씨도, 족보도 없었다.
그저 부르기 쉬운 단순한 이름만을 가질 수 있었다."

노비의 외모도 남달랐다. 양인과는 달리 남자는 머리를 깎고, 여자
는 아주 짧은 치마를 입었다. 노비는 상전이 모반음모가 아닌 이상 범
죄를 저질렀다 하더라도 관청에 고발할 수 없었다. 왜냐하면 어떤 노비
를 고발하는 것은, 노비의 상전을 고발하는 것과 같은 행위로 봤기 때
문이다. 하여 상전을 관청에 고발하는 것 자체가 조선시대에는 중죄였
다. 한편, 본디 노비는 아니었지만, 여러 사정에 의해 노비가 되는 사람
도 있었다. 이 경우는 주로 반역이나 모반에 연루됐을 때였다. 또 음모
에 의해 노비가 되는 이들도 많았다. 왜냐하면 고려 때부터 조선 시대
에 이르기까지 권세가들이 재산증식의 한 방법으로 양민을 강제로 자

신의 노비로 만드는 행위, 즉 압량위천(押良爲賤)의 경우다 굉장히 많았기 때문이다. 당시 양인에 비해 노비는 나라에 대한 조세와 역부담이 면제됐기에, 권세가 입장에서는 양인에게 자신의 토지를 경작·관리하는 일을 맡기느니, 노비를 부리는 게 훨씬 이득이었다.

"노비는 국가에 대한 조세, 역부담이 면제됐다.
이로 인해 권세가들의 재산증식 방법의 하나로 노비 늘리기가 악용됐다."

이처럼 사람이 아닌, 일종의 재산으로 취급된 노비. 고려 시대부터 노비는 매매, 상속, 증여의 대상이었기에, 인격적 대우를 받지 못했다. 또 부모 중 한쪽이 노비이면, 그 자식도 노비가 되도록 법이 만들어져 있었다. 이를 일천즉천이라 하는데 이 역시 고려 시대부터 존재했다. 조선 후기에는 노비종모법을 따랐는데, 이 역시 크게 다르지 않았다. 이는 어머니의 신분을 따르는 것인데 아버지 신분과 무관하게 어머니가 양인인 경우 자녀도 양인이 되었고, 어머니가 노비라면 자녀도 노비가 되었다. 다시 말해서, 아버지가 양반이라고 하더라도 어머니가 노비라면, 자식은 노비가 될 수밖에 없었다. 영실처럼 말이다.

"부모 중 한 사람이 노비이면 그 자식도 노비가 됐다.
또한 노비는 매매, 상속, 증여의 대상이었다."

그렇다면 한 번 노비는 영원한 노비일까. 대부분 그랬다. 그러나 노비 신분에서 벗어나는 방법이 아예 없던 것은 아니었다. 다만 그 상황이 매우 특수해 노비를 면하는 경우는 매우 적었다. 그 특수한 상황이라는 건, 노비가 야인으로 면천하는 것인데 자연재해나 전쟁과 같은 상황에서 활약했을 경우에 면천이 가능했다. 영실의 경우가 이에 해당된다. 그러나 영실에게 일어난 일은 지극히 사적인 행운이나 다름없다. 실제로 영실과 비슷한 일을 겪은 이는 거의 없었다고 봐도 무방하기 때문이다. 그렇기에 사실상 한 번 노비는 죽을 때가지 노비, 죽어서도 노비였다. 그러나 임진왜란이 일어났을 때는 상황이 조금 달랐다. 당시 나라에서는 군인을 모집했는데, 임진왜란을 계기로 신설된 군대인 '속오군'에 지원하는 노비들에게는 대대적인 면천이 행해졌다. 부자 2대에 걸쳐서 평생을 군대에 복무해야 양인이 될 수 있다는 조건이 달려 있었다.. 그럼에도 불구하고 이때 많은 노비가 속오군에 지원했다. 속오군 군인은 위급한 상황이 아닐 때에는 농사를 짓고 훈련을 받다가, 나라 위급 시에는 소집 되었다. 또한 다로 월급도 나오지 않았고 심지어 각자 스스로 훈련 경비까지 사비로 해결해야만 했다. 나쁜 조건임에도 불구하고, 당시 속오군에는 엄청난 숫자의 노비가 지원했다.

　　"조선에서 노비는 살아서도 노비,
　　죽어서도 노비, 영원한 노비였다."

　조선 시대 사람들은 노비가 절반이라는 말이 있다. 타당성이 있다. 이와 관련된 자료는 꽤 많다. 우선 각종 자료에 의하면 1606년의 단성(지금의 경남 산청)은 무려 64%가 노비였고, 광해군 때는 울산지역 인구의 무려 47%가 노비였다고 한다. 특히 울산지역의 비율은 한영국 교수가 직접 울산부 호적에 확인한 것인데, 이를 통해 전체 인구의 40%

가 노비였다고 추측해도 무방할 것이다. 그러니까, 노비가 십중팔구라는 말까지 생기게 된 게 아닐까 싶다. 이처럼 조선은 양반의 나라이자 노비의 나라였다. 노비의 수가 늘어날수록 이득은 모두 노비를 소유하고 있는 자들에게 갔다. 비인간적인 대우를 견디지 못하고, 수많은 노비가 학대를 견디지 못하고 도망을 치는 경우도 허다했다. 그러나 도망간 노비가 잡혀서 돌아올 경우, 그 형벌은 몹시 가혹했다. 주인의 혹사에 견디지 못하고 도망했다 하더라도, 벌을 받았고, 그 후에 주인에게 돌려줬다. 또한 도망간 노비를 잡지 못할 경우, 관청의 관리에게는 그 책임을 물었다. 설령 도망간 노비라 한들 100% 안전하다고 할 수 없었다. 도망가서 불교에 귀의, 승려가 된 노비의 경우에는 발각되면 그 즉시 형장을 때렸다. 그게 다가 아니었다. 벌을 내린 후에는 가까운 읍의 노비로 삼았다.

"도망간 노비가 잡히면, 벌을 받고 또다시 노비가 됐다.
또한 도망간 노비를 잡지 못하면,
관청 관리에게 그 죄를 엄중하게 묻기도 했다."

　노비의 신분상승. 하늘이 두 쪽 나도 일어나기 힘든 일이었다. 성씨도 없고, 족보도 없고, 게다가 한 번 노비는 영원한 노비였으며, 당연히 과거 시험에 응시할 자격조차 없었다. 물론 노비로 태어났으나 양반으로 신분을 위조, 과거에 급제하는 일도 있었는데, 이 경우 발각되자마자 해당 인물은 크게 처벌당한 것으로 알려졌다. 물론 조선 후기에 가서는 신분제가 요동치면서 다수의 실학자가 신분제 개혁론을 들고 나왔다. 그들은 봉건적인 사회를 해체해야 하며, 사회구조적인 면에서 불평등을 초래하는 신분제도의 모순점을 지적했다. 그 대표적인 학자가 반계 유형원(1622~1673)이다. 조선 시대 후기 실학자인 유형원은 훌륭한 인재를 광범위하게 등용하고, 하위 신분층의 사람들의 불만을 해소하고자, 조선사회를 개혁하고자 했다. 특히 그의 저서 〈반계수록〉 속편에서는 노비를 바라보는 그의 관점이 잘 나타나 있는데, 그 내용은 다음과 같다.

> "우리나라는 노비를 재물로 여기는데, 대저 같은 사람이면서 어찌 사람을 재물로 삼을 이치가 있겠는가?"
> – 반계수록 속편

유형원은 노비제도를 단계적으로 철폐할 것을 주장했다. 갑자기 모든 노비를 없애는 것이 현실적으로 불가능했다고 판단했기 때문이다. 고로 우선적으로 노비종모법을 시행해, 노비 신분의 세습을 줄이는 게 급선무라고 주장했다. 나아가 여러 관청의 노비가 입역을 하면, 급료를 지불할 것을 요청했다. 실학자다운 그의 생각은 대다수 현실에서도 이루어졌다. 사실 아무리 불합리한 제도라 하더라도 당장 그 제도를 없애기란 만만치 않다. 그러나 유형원은 조선에서 노비제도 자체를 없애기보다는 당장의 불합리한 관행부터 하나 둘 개선해나가며, 점진적으로 조선의 신분제습 제도를 철폐하기 위해 노력했던 것이다. 이 외에도 홍대용, 박지원, 박제가 등의 북학파 실학자들 역시 당시 신분 세습에 대해 매우 부정적인 입장을 취했다. 다산 정약용(1762~1836) 역시 이러한 입장과 같은 선상에서 신분제 폐지를 주장했다. 정약용은 사람으로 태어난 모든 이는 기본적으로 평등한 관계임을 강조했고, 나아가 조선

양반에게는 지나칠 정도로 특혜가 주어져서 이로 인해 사회적 문제가 발생한다고 주장했다. 이를 잘 알 수 있도록 정약용이 남긴 말을 인용해보면 다음과 같다.

"하늘이
그 신분이 사대부인가, 서민인지를, 묻지 않는다."

그러나 실학자들이 신분제도의 불합리성에서 생기는 여러 가지 현실적인 모순을 개혁하고자 했던 움직임이 본격적으로 등장한 것은 조선 후기였다. 늦은 감이 있었다. 또한 그들에게는 유교적 이념이 아직 남아 있었기에, 끝까지 신분제의 전면 철폐를 주장하진 않았다. 이런 부분에 대해 조준호 실학박물관 학예연구사는 〈실학 조선의 르네상스를 열다〉라는 주제로 다음과 같은 글을 남긴 바 있다. '실학자들은 신분제의 전면적인 철폐를 주장하는 데 이르지 못했다. 사회 신분제도 자체를 인습적 관념에서 바라보는 데는 반대 입장을 가지고 있었지만, 만민평등의 원리를 이론화하는 데 이르지는 못했다. 그들에게는 유교적 계층 관념이 아직 남아 있었고, 또한 자신들이 모두 양반사족 출신이라는 한계도 드러내고 있었다. 하지만 그들의 주장은 조선의 신분제가 완전히 철폐되어 가는 역사적 흐름 속에서 당시의 시대상을 반영했던 주장이었다고 할 수 있다.' 이에 다분히 동감한다. 그렇다면 애민정신의 대표주자로 칭송받는 세종의 경우, 노비제도를 어떻게 바라봤을까. 다음의 세종실록에 기록된 노비 관련 내용을 보고 스스로 판단해보기를 바란다.

형조에 전지하기를,

"우리 나라의 노비의 법은 상하의 구분을 엄격하게 하기 위한 것이다. 강상이 이것으로 말미암아 의지할 바를 더하는 까닭에, 노비가 죄가 있어서 그 주인이 그를 죽인 경우에 논의하는 사람들은 상례처럼 다 그 주인을 치켜올리고 그 노비를 억누르면서, 이것은 진실로 좋은 법이고 아름다운 뜻이라고 한다.

그러나,

상주고 벌주는 것은 임금 된 자의 대권이건만, 임금 된 자라도 한 사람의 죄 없는 자를 죽여서, 선한 것을 복 주고 지나친 것을 화 주는 하늘의 법칙을 오히려 함부로 하지 못하는 것이다.

더욱이

노비는 비록 천민이나 하늘이 낸 백성 아님이 없으니, 신하된 자로서 하늘이 낳은 백성을 부리는 것만도 만족하다고 할 것인데, 그 어찌 제멋대로 형벌을 행하여 무고한 사람을 함부로 죽일 수 있단 말인가. 임금된 자의 덕은 살리기를 좋아해야 할 뿐인데, 무고한 백성이 많이 죽는 것을 보고 앉아서 아무렇지도 않은 듯이 금지도 않고 그 주인을 치켜올리는 것이 옳다고 할 수 있겠는가.

나는 매우 옳지 않게 여긴다.

율문을 참고하여 보니, 노비구가장조에 이르기를, '만약 노비가 죄가 있는 것을 그의 가장이나 기복친, 혹은 외조부모가 관에 고발하지 않고 구타하여 죽인 자는 장(杖) 1백 대의 형에 처하고, 죄 없는 노비를 죽인 자는 장 60대에, 도(徒) 1년의 형에 처하며 당해 노비의 처자는 모두 석방하여 양민이 되게 한다.

만약 노비가 주인의 시키는 명령을 위범하였으므로 법에 의거하여 형벌을 결행하다가 우연히 죽게 만든 것과 과실치사한 자는 모두 논죄하지 아니한다.'고 하였은즉, 주인으로 노비를 함부로 죽인 자는 일체 율문에 따라 시행해야 옳을 것이다.

-1444년(세종 26) 7월 24일《세종실록》

이처럼 세종대왕은 노비를 함부로 구타하거나 죽이지 말 것을 형조에 전했다. 주인이 혹형을 가하지 못하도록 했고, 실수로라도 노비를 죽인 주인을 처벌하도록 했다. 또한 세종은 백성들에게 자주 은전을 베풀었고, 빈번하게 사면령을 내렸으며, 징발된 군사들은 늘 기한 전에 돌려보냈다. 비록 노비제도 철폐에 대한 세종의 태도는 어디에서도 찾아볼 수 없지만, 그럼에도 불구하고 세종이 위대한 성군으로 칭송받는 이유가 이런 이유 때문이 아닐까 싶다.

세종은 은혜로운 임금이었다. 이전에는 관가의 노비가 아이를 낳으면, 관비의 출산휴가가 겨우 7일에 불과했다. 그러니까 아이를 낳고 7일 이후에 꼭 복귀를 해야만 했다. 그러나 세종 시대 때 실시된 노비출산제도는 여자 노비에게 상당히 많은 출산휴가를 주었다.

고작 7일에 불과하던 관비의 출산휴가를 100일로 늘렸고, 남편에게도 휴가를 주었으며 출산 1개월 전에도 쉴 수 있도록 배려했다. 총 130일의 출산휴가를 준 것이다. 이처럼 세종 시대에 실시된 노비출산휴가제도는 파격적이었다. 그게 다가 아니다. 이어서 4년 뒤에는 노비의 남편에게도 휴가를 주었는데, 그 기간이 한 달이었다.

"세종은
노비출산제도를 개선했다.
기존의 출산휴가는 고작 7일이었으나,
세종 시대 때에는 총 130일의 출산휴가가 노비에게 주어졌다."

　이런 세종의 정책에 대해서는 많은 신하들이 반대했다. 왕이 너무 관대하면 백성들이 요행수를 바라게 된다는 게 그 까닭이었다. 그러나 세종은 굴하지 않고, 왕으로서 백성을 위한 다양한 정책을 펼쳤다. 불합리한 노비의 처우를 완전히 모른 척 하진 않았던 것이다. 세종은 노비들이 처한 비상식적인 환경을 개선하고자 노력했다. 세종의 유명한 어록 중에 이런 말이 있다. '노비는 비록 천민이나 하늘이 낸 백성이다.' 그렇다. 세종은 노비를 누구보다 인간답게 대우하려는 어진 왕이었다. 그렇다고 해서 세종이 무턱대고, 아무 계산 없이 이를 시행한 것은 아니다. 무슨 말이냐고? 이어지는 내용을 읽어보면 안다. 그렇다면 세종 시대의 노비정책은 어땠는지 알아보자.

세종대왕의
노비정책

아이러니컬하게도 세종대왕은 아버지 태종의 노비정책을 거스른다. 태종이 시행했던, 노비종부법(태어날 노비의 신분을 아버지를 따라 정한다)을 없애고 도로 일천즉천(부모 중 하나라도 노비면 노비가 되는 정책)을 펼쳤다. 또한 앞서 살펴봤듯이 여자 노비에게 상당히 많은 출산휴가를 가질 수 있게끔 했다. 그렇다면 그 이유와 배경이 무엇일까. 그러니까 진짜 배경 말이다. 자고로 어떤 정책이라는 게 한쪽에만 이득이 된다면 오래 유지되기 힘들다. 그런 면에서 세종대왕이 시행한 노비정책은 온전히 세종이 어진 임금이어서, 단순히 백성을 사랑해서 실시한 제도가 아니다. 그것은 그저 체제유지를 위해 시행한 정책일 뿐이라고 해도 과언이 아니다. 태종의 노비종부법을 도로 일천즉천 법으로 바꾼 뒤, 파격적인 노비출산제도를 시행하게 한 건, 양반층 지지도 얻고, 노비들의 불만을 잠재우면서 체제유지까지 할 수 있는 일석이조의 방법이었다.

"세종의 노비출산제도는
체제를 유지하기 위한 하나의 방법이었다."

한편, 노가양부(비+양부) 소생에 대한 종부종량법은 태조 제위기간부터 있어왔던 것이다. 세종 대에 변화한 점은 노치양녀(노+양녀) 소생에 대한 종부종천법이다. 이에 대해 학자들은 사노와 양녀 간의 혼인을 지속시킴으로 인해, 소유가능한 노비의 수를 늘리려는 사대부들의 입김이 작용한 것이라고 평가한다. 물론 당시 시대상을 살펴보면 충분히 그럴 수밖에 없었을 터. 조선시대는 인본주의 시대가 아니었고 철저한 신분제 사회였기 때문이다. 또한 앞에서 살펴봤듯이 노비 해방의 역사는 조선 후기, 그러니까 18세기 이후가 돼서야 등장했기 때문이다. 당시 양반가문은 대다수가 지주농이라 세종에게는 그들의 지지가 반드시 필요했기에, 왕권을 통해 그들을 보호함과 동시에 통제하는 것이 당연했다. 하여 세종은 사대부들의 권익을 보호함과 동시에 노비들이 처한 상황을 최대한으로 개선하며 체제를 유지하려 애썼던 것이다. 그러나 한 가지 확실한 건, 당시 인구 비율에서 노비가 차지하는 비율이 과할 정도로 높았다는 것이다. 제아무리 세종이 성군이라 한들, 당시 신분의 높은 벽을 넘기에는 계란으로 바위치기라고 생각했을지도 모른다. 하여 현실적으로나마 가능한 방법을 강구책으로 내놓은 게 아닐까 싶다.

2010년 9월 10일
550년 전 추노문서를 발견하다!

1460년(세종 6)에 작성된 노비 추쇄(추쇄란, 추척하여 원래 주인에게 돌려준다는 의미) 문서가 세상의 빛을 보게 돼 화제가 된 적이 있습니다. 내용인즉, 전라북도 남원시 금지면 택내리에 세거하는 순흥안씨 안처순(安處順) 종가에서 오래된 문서를 정리하던 중 이러한 추노 문서를 발견하게 됐다는 겁니다. 이 문서를 살펴보면, 내용은 이렇습니다. 세종 시대 당시, 서울에 살면서 경기도 광주에서 농장을 둔 양반 가문인 순흥안씨 집안의 안호라는 사람이 무려 24년 전 전라도 영광으로 도망간 노비(이름: 몰개) 일가족을 잡아달라고, 전라도관찰출척사(지금의 전남도지사 정도에 대항)에게 도움을 요청하는 일종의 탄원서인 겁니다. 고문서에는 당시 노비 몰개가 순흥안씨 집안의 농장에서 노비로 있다가 1436년에 가족을 데리고 도망쳤다는 내용이 상세하게 기록돼 있습니다. 무려 24년이 지났는데도 불구하고 노비 몰개가 영광에서 살고 있다는 첩보(?)를 입수한 양반가문에서는 노비를 잡으려는 강한 의지가 엿보이는데요. 이처럼 조선시대 초기 부터 양반가에서는 도망간 노비를 찾기 위해 무려 관청의 힘까지 빌릴 정도로, 철저한 양반 중심의 사회였다는 것을 알 수 있습니다. 과연 몰개는 잡혔을까요? 안타깝게도 그 결말은 알 수 없습니다. 고문서에는 그 내용이 안 나오기 때문입니다. 이상 장영실 뉴스입니다.

세종 시대의
과학기구

　앞서 경기도 여주시 있는 세종대왕릉을 살펴본 바 있다. 조선 제4대 임금인 세종과 그의 비 소헌왕후 능이 있는 세종대왕릉은 사적 제195호로 그 가치를 인정받아 유네스코 세계문화유산으로 지정돼 있다. 세종대왕의 업적을 기리기 위하여 1977년 건립한 유물전시관인 세종전으로 한 번 가보자. 세종 시대 그 찬란한 역사의 현장으로 발을 내딛으면, 백성을 사랑한 어진 성덕을 간직한 세종대왕의 과학정책을 한눈에 볼 수 있기 때문이다. 세종전 앞 유물전시장에는 혼상, 관천대, 측우기, 자격루, 혼천의, 간의, 해시계, 천상열차분야지도 등의 각종 복원유물이 전시되어 있다. 그야말로 이곳에서 조선 왕조 역사상 과학의 르세상스 시대라 할 수 있는, 세종 시대의 과학기구를 한눈에 볼 수 있다. 그 중 일부분만을 추려 소개하고, 나머지는 책의 후반부에 수록하고자 한다.

　우선 그 첫 번째로 혼상이라는 과학기구를 살펴보자. 혼상은 하늘의 별들을 별자리로 묶어서 둥근 구면에 각 위치에 따라 그려놓음으로써 별자리 위치를 살펴볼 수 있도록 한 천문기기다. 일반적으로 천구의라고 부르기도 한다. 별자리 위치는 하늘의 별자리를 적도와 황도좌

세종대왕릉.
세종대왕릉 내부에 위치한 세종전에는 세종 시대 때 만들어진 다양한 과학기구를 복원, 제작해 전시돼
있다. (경기도 여주시 능서면 영릉로 269-50 소재)

표의 각도로 둥근 구면 위에 표기함으로써
확인할 수 있다. 이것이 가능한 원리는 다
음과 같다. 둥근 혼상을 회전시키는 축은
지구의 자전축인 북극과 남극 방향이 일치
하도록 설치돼 있어 혼상에 그려진 별자리
도 시간에 따라 지평환(地坪還)의 동쪽에서
떠오르며 천체가 남중(자오선을 통과)할 때
는 자오환(子午還)을 지나도록 하였고 서쪽
으로 이동하여 지평환 밑으로 지는 모습이
재현되어 하루 밤 동안 별들의 운행을 살
펴볼 수 있도록 만든 것이다. 세종 때의 혼
상은 1437년(세종 19)에 제작됐으며, 물의
흘러내리는 힘을 이용하여 자동적으로 하
루에 한 번씩 회전시킴으로써 하루 동안 하

혼상
(경기도 여주시 능서면 영릉로 269-50 소재)

늘의 움직임과 같게 하여 밤의 시간과 1년 동안의 절기 변화를 측정할
수 있었다. 매우 실용적인 천문기구여서 조선시대 관상감은 이 혼상을

적도의
(경기도 여주시 능서면 영릉로 269-50 소재)

정남일구
(경기도 여주시 능서면 영릉로 269-50 소재)

하루 밤의 시간과 1년의 계절을 측정하는 기구로 이용했다. 그 외에도 많은 서원에서는 우주 구조와 5행성의 운동 그리고 시간 측정의 원리를 설명하는 교육용으로 활용한 것으로 알려졌다. 혼상 복원작업 시에는 실제 크기인 지름 71.6cm보다 더 큰 지름 120cm의 청동으로 제작하여 1,464개의 별을 새겨서 마무리를 했으며, 구를 회전시키는 축은 지평환과 자오환에 잘 연결시켜서 무게를 지탱하게 하였다. 4개이 받침 다리 아래의 석대에는 4신을 새겨서 동북서남을 알아볼 수 있게 하였다. 다음은 적도의다.

적도의는 조선 후기에 제작된 천문관측기구다. 장영실 등이 발명한 간의와 혼천의의 천체관측 부분만 따로 떼어서 제작한 통합형 관측기구인 셈이다. 적도의는 남병철을 비롯한 과학자들이 발명했는데, 이는 세종 시대로부터 꾸준히 변화 발전해 온 혼천의와 간의를 연구한 끝에 나온 결과였다. 그야말로 사용자로 하여금 가장 편리하게 관측할 수 있도록 고안된 것이기에 그 가치가 매우 높다고 할 수 있겠다. 다음은 정남일구다.

정남일구는 1437년(세종 19)에 제작한 해시계의 하나다. 지남침이 없이도 남쪽 방향을 결정해 동서로 움직일 수 있게끔 만들어졌다. 축의 끝에는 추를 달아 놓아서 전체 수평을 잡도록 하였다. 지평환에는 24방위와 24절기가 표기되어 있고, 사유환 양 측면에는 눈금이 새겨져 있다. 바로 이 눈금으로 태양의 남중고도 측정이 가능하다. 한편, 유환 안쪽에는 직거와 남북방향으로 움직이는 규형이 있는데, 이를 통하여 24절기와 해가 뜨고 질 때까지의 하루 시각을 통틀어 알 수 있다. 시각 확인은 사유

관천대
(경기도 여주시 능서면 영릉로 269-50 소재)

환을 좌우로 움직이면서 규형을 남북방향으로 움직여서 규형의 남쪽 구멍을 통과한 태양광선이 시각선과 절기선이 그려져 있는 시반면에 닿을 때 정사각형으로 뚫린 구멍의 중앙에 나타난 시각을 보면 된다. 다음은 관천대다.

관천대는 조선시대 천문관측대로 일명 간의대 또는 첨성대라고 부르기도 했다. 조선 초기에는 왕립 천문기상대인 서운관을 2곳을 두었는데, 특히 세종대왕은 경궁궁 안 서운관에 대간의대, 북부 광화방 서운관에 소간의대를 설치하고, 관원들로 하여금 하늘에서 일어나는 모든 현상을 끊임없이 관측하도록 하였다. 그러나 불행하게도 임진왜란 때 모든 관측시설이 불타버렸다. 그 후 1688년(숙종 14)에 관측대 두 개를 다시 세웠다. 다음은 천상열차분야지도다.

천상열차분야지도는 세계에서 두 번째로 오래된 전천석각천문도로

천상열차분야지도(국보 제228호)
(경기도 여주시 능서면 영릉로 269-50 소재)

서 고구려에서 유래된 것으로 알려져 있다. 1395년(태조 4)에 제작됐으며 1,467개의 별을 그 밝기에 따라 크기를 다르게 새겨 넣었다는 점에서 중국의 석각천문도와는 차이점이 있다. 천상열차분야지도는 천문학자 유방택(1320~1402)의 계산에 기초해 권근(1352~1409)과 서운관 직원 등 11명의 학자에 의해 만들어졌다. 크게 세 부분으로 나누어 내용을 배치하고 있는데, 천문도의 윗부분에는 해와 달에 대한 설명이 있다. 또한 하늘의 형체를 본떠 적도와 황도 부근을 12지역으로 나눈 12차와 이에 대응하는 지상의 분야에 맞추어 별자리의 위치와 크기를 설명하고 있다. 가운데에는 은하수와 1,467개의 별이 원안에 표시되어 있으며, 천문도의 아래에는 고대 우주론과 28수의 별자리 설명 그리고 천문도를 만들게 된 경위, 제작에 참여한 사람들이 적혀 있다.

규표는 24절기와 일 년의 길이가 정확히 며칠인지를 알아내기 위한 천문관측기구다. 측정 방식은 수직으로 똑바로 세운 막대표가 정오에 만드는 해의 그림자 길이를 수평으로 높인 눈금이 있는 규로 재는 것이다. 이때 규로 재서 가장 긴 때는 동지라 정하였고 반대로 가장 짧은 때를 하지로 정하였다. 여기서 동지와 하지 사이에 해당되는 계절을

봄과 가을에는 각각 춘분, 추분이라 했으며 이와 같은 4절기를 제외한 20절기는 그 사이마다 대략 15일 간격으로 배열하였다. 고로 하루 중 그림자의 길이가 가장 짧은 때는 정오이며, 규를 설치한 방향은 정확하게 그 지점의 남북방향이다.

소간의는 세종 시대 때 만들어진 세계 유일의 천체기구다. 천체의 위치를 관측하고 낮과 밤의 시각을 측정할 수 있도록 만든 천체관측기기다. 1434년(세종 16)에 이천과 정인지 등이 제작해 경복궁 천추전과 서운관에 설치하였다. 소간의는 간의보다 크기가 작고 이동이 편리하도록 더욱 간편하게 만든 것으로 눈금이 새겨진 둥근 고리 모양의 환, 즉 사유환, 적도환, 백각환, 규형, 기둥과 밑받침으로 구성돼 있으며, 적도좌표계와 지평좌표계로 변형, 사용할 수 있는 다목적 천체관측기기다. 소간의를 통해 해, 달, 오행성과 별의 위치, 고도와 방위를 측정할 수 있다.

규표
(경기도 여주시 능서면 영릉로 269-50 소재)

풍기대는 바람의 방향과 세기를 측정하는 기구다. 다시 말해서 풍기대는 바람의 방향과 세기를 측정하기 위해 깃발을 세운 풍향기의 대이다. 세종 시대에는 농업기상

소간의
(경기도 여주시 능서면 영릉로 269-50 소재)

학이 발달해 기상관측이 활발히 이루어졌다. 특히 강우량의 측정과 함께 풍향과 풍속의 관측은 중요시되었는데 풍기대는 우리 손으로 만든 독특한 기상관측기라 그 가치가 매우 높다. 이 풍향기의 석대는 맨 위에 구멍이 파여 있어서 깃대를 꽂을 수 있다. 좁고 긴 깃발이 달린 깃대를 세워 깃발이 날리는 방향과 세기관측이 가능한 풍기대는 세종 시대 전통을 이어받아 18세기에 만든 팡경궁의 풍기대를 본떠 제작, 세종대왕릉에서 전시하고 있다.

풍기대
(경기도 여주시 능서면 영릉로 269-50 소재)

우리나라 역대 최고의 성군으로 꼽히는 세종대왕. 여주에 있는 영릉으로 어서 가보자. 세종대왕상 건너에는 방금 소개한 여러 과학기구가 전시되어 있다. 직접 눈으로 성군 세종대왕의 업적을 보고, 나아가 세종의 과학정책까지 가늠해보는 시간을 가져보면 어떨까 싶다. 그럼 다음 장에서는 세종대왕과 최고의 궁합을 선보인 장영실의 업적에 대해 구체적으로 살펴보자.

142

5장

장영실은 왜
자격루를 발명했을까?

한자를 모르는
백성을 위한
해시계, 앙부일구

　최근 한 취업포털회사에서 조사한 내용이 매우 흥미롭다. 전체 응답
자의 37%가 '직장 안에서 전혀 소통이 되지 않는다'라고 응답했고 '어
느 정도 소통이 이뤄지지만 만족할 만큼은 아니다'라는 응답도 무려
39.8%를 차지했다. 이 말인즉슨, 직장인 10명 중 8명 정도가 직장 내
소통이 어렵다는 것인데, 이 조사는 응당 그에 따른 문제점도 많이 발
생하리라는 것을 말해준다. 그렇다면 소통이란 무엇일까. 전문가가 말
하기를, 소통이란 자신의 의견을 주장하기보다는 상대방의 의견을 충
분히 들은 다음, 최선을 다해 이해하는 거라고 했다. 〈성공하는 사람들
의 7가지 습관〉의 저자인 스티븐 코비박사는 주장했다. '성공하는 사
람과 그렇지 못한 사람의 대화 습관에 가장 뚜렷한 차이야말로 타인의
의견을 경청하는 습관이라고 말이다. 이어서 그는 소통을 위한 성공습
관 중 하나로 '먼저 이해하고 다음에 이해시켜라'라고도 했다. 아나나
다를까, 이가 현대사회의 가장 커다란 문제로 소통의 부재를 일컫는다.
또 이에 대한 해결책으로 '경청'을 손꼽는다. 모름지기 말이 쉽지, 이를
실생활에서 실천하기란 여간 어려운 게 아니다. 아니, 무척 어려운 일

이다. 그런데, 지금처럼 스마트 폰도 없던 그 옛날 옛적에 이를 실천한 이가 있다. 감히 말하건대, 그가 장영실이다.

> "장영실이 한국의 과학기술 역사에서 위대한 업적을 남길 수 있었 던 것은 다른 이의 의견을 경청했기 때문이다.
> 그것이야말로 진정한 소통이 아니면 무엇이겠는가."

물론 장영실의 천재적인 발명품들은 끝을 보고야 말겠다는 그의 강한 집념과 엄청난 노력이 있었기에 탄생할 수 있었다. 알다시피 조선은 신분주의 사회였다. 그런 사회에서 기생(관기) 어머니에게서 태어난 노예의 신분이었던 장영실이 소위 말해서 입신양명할 수 있었던 것은 타고난 천재성과 노력 때문이었을 터. 그러나 단순히 그것 때문만은 아니다. 출세의 사다리를 타고 올라간 시대의 영웅에게는 반드시 무언가가 있기 마련(미화하려는 게 아님을 밝혀둔다.). 생각하건대, 아마도 장영실이 세종과 함께 15세기 조선의 과학기술을 세계적 수준으로 끌어올린 데에는 자신의 의견을 피력하기보다는 남의 말에 귀를 기울였기 때문에 그것이 가능했던 게 아닐까 싶다. 그렇다. 지금처럼 스마트폰도 PC도 존재하지 않았던 시대에, 하물며 제대로 된 전문서적도 없었던 그 당시에 그 누구보다도 장영실은 남의 말에 집중해서 듣고, 또 들었던 것이다. 물론 장영실이 반드시 그러했다는 기록이나 증거(?)따위는 없다. 하지만 오늘 날 전해지는 장영실의 업적이 말해준다. 그가 어떤 인물이었고, 그가 무엇을 중시했는지를 말이다. 과학자 윌리엄 오슬러가 말했다. "세상의 모든 쓸모 있고, 감동적이며, 고무적인 업적은 25세에서 40세 사이의 사람들이 이룬 것이다." 장영실도 여기에 해당된다. 그가 남긴 위대한 업적들을 차근차근 살펴본다면 말이다. 그러기 위해서는 당연히 장영실이 살았던 시대를 객관적으로 바라볼 수 있어야 한다. 자, 타임머신을 타고 그 옛날 조선으로 가보자. 믿기지 않겠지만, 당시 조선시대에는 시간 체계가 엉망이었다. 정확한 시계가 없었다. 사람들은 그저 해가 뜨면 아침이라고 여겼고, 반대로 해가 지면 저녁이라 생각했었다.

"조선시대에는 시간을 알 수 없었다.
그저 해가 가장 높이 떴을 때, 그때를 정오로 정했을 뿐."

지금으로는 상상조차 할 수 없는 시대다. 하여 누군가와 만나기 위해 약속을 정할 때 여간 불편한 게 아니었다. 지금처럼 정확한 시간을 알 수 없기에 생활의 불편함은 대단히 컸었다. 그러나 양반들의 생활은 달랐다. 왜 달랐을까. 그들은 지식이 있었기 때문이다. 내용인즉 조선에는 오래 전부터 한자로 쓰여 있는 해시계가 있었는데, 말 그대로 한자로 쓰여 있기에, 한자를 아는 양반들만 알아볼 수 있었다. 참고로 이때는 세종대왕이 한글을 창제하기 훨씬 전이었다. 따라서 한자로 시각표시를 한 해시계는 한자를 모르는 백성들한테는 무용지물이었다. 장영실은 백성들에게 귀를 기울였다. 백성들은 말했다. 한자를 모르는 게 죄는 아니지 않느냐, 비록 천한 신분일지라도 우리는 조선의 백성인데, 시간을 알고 생활하면 더 나은 삶을 살 수 있을 거라고 말이다. 제아무리 한자로 쓰여 있는 해시계를 볼 수 있는 두 눈이 있어도 그것을 이용할 수 없었다. 그야말로 화중지병이었던 것이다. 양반을 위한 사회나 다름없었던 그 당시, 장영실은 신분고하를 막론하고 백성들의 이야기를 경청하고 또 경청했다. 그러고 나서 한자로 쓰여 있는 해시계를 바라보면서, 깊은 생각에 빠진다. 그의 머릿속에는 오직 단 하나의 생각만이 존재했다. 그건 바로 한자를 모르는 백성들한테는 '그림의 떡'과도 같은 해시계의 단점을 어떻게 보완할 수 있을까, 그 방법이 무엇일까라는 거였다.

"조선시대에는 한자로 쓰여 있는 해시계가 존재했었다.
그러나 안타깝게도 그것은 무용지물이었다.
대다수 백성은 한자를 몰랐기 때문이다."

장영실은 고민을 했고, 고민을 하였으며, 고민으로 시간을 보냈다. 그 사이 시간은 정처 없이 흘러만 갔다. 장영실은 동료 이천과 함께 밤을 지새우며 연구에 매달렸다. 어떻게 하면 백성들이 시간을 알아볼 수 있을지 고민한 끝에 마침내 그 결실을 맺게 되는데, 그것이 바로 오목해시계인 '앙부일구'다. 장영실은 한자를 모르는 백성들 알아볼 수 있도록, 시간을 나타내는 십이지동물들을 새겨 넣었다. 앙부일구는 2시간 단위로 쪼개서 시각표시를 열두 띠(자축인묘진사오미신유술해)로 나타냈었다. 그러니까 오전 5시부터 아침 7시까지는 토끼 그림, 그 다음으로는 '용, 뱀, 말, 양, 원숭이, 닭' 순으로 나타낸 것이었다. 오목한 모양으로 제작된 앙부일구의 주요 구성은 시각선, 절기선, 영침, 지평면, 수영면이다. 해의 그림자가 맺히는 오목한 반구 위에 그림자를 맺혀주는 영침이 있고 이를 지지하는 다리 4개와 십자 모양 물받이가 있는데, 여기서 물받이 역할이 특히 중요하다. 그도 그럴 것이 시반과 영침을 지지하는 다리 4개를 받쳐줌과 동시에 물을 채워서 시반을 수평모양으로 자리를 잡을 수 있게끔 하기 때문이다. 얼핏 복잡하게 느껴질지도 모르지만, 따기조 보면 원리가 의외로 간단하다.

"앙부일구의 아이디어는 이러하다.
시간을 2시간 단위로 쪼개서 12간지 동물그림으로 시간을 나타내기!"

또 두 종류의 호(시각선, 절기선)가 앙부일구 시반에 새겨져 있는데, 이것을 이용해 시간을 확인함과 동시에 절기를 알려주는 달력으로서의 역할도 톡톡히 해냈다. 원리는 이러하다. 시반면에 24절기를 13개의 절기선(계절선)으로 나타내고 여기에 7개의 시각선을 수직으로 1시간 간격으로 그었다. 해가 뜨고 질 때 나타나는 그림자가 시각선에 비추어 시간을 백성들이 확인할 수 있었다. 또한 해의 고도가 달라지면서 절기에 비춘느 그림자의 길이를 확인하고, 절기를 확인했다. 정말 기막힌 발명품이 아닐 수 없다. 솥 모양으로 된 반구에 영침을 세워 둔 다음에 해가 뜨고 질 때 빛을 받은 영침의 그림자가 바닥에 비친 위치와 길이만으로 시간과 계절을 알 수 있으니 말이다. 이처럼 앙부일구는 해 뜨는 시간과 해가 지는 시간을 이용한 과학적인 해시계다. 나아가 일반 서민들이 잘 알 수 있게끔 한자 대신에 그림을 이용함으로써 실용성에 정점을 찍었다.

"12간지 동물그림을 통해 시각 표시를 한 게 앙부일구다.
그것은 우리나라 최초의 공중시계다."

앙부일구
(보물 제845호,
경기도 여주시 능서면 영릉로 269-50 소재)

장영실이 중심이 돼 연구한 결과 탄생한 앙부일구. 이로 인해 한자를 모르는 조선의 수많은 백성도 시간을 알아볼 수 있는 새 시대가 시작됐다. 그야말로 장영실이 만들어낸 걸작이었다. 하층민과의 소통이 없었더라면, 결코 탄생할 수 없었던 해시계가 바로 앙부일구다. 이를 두고 오늘 날 학자들은 한글을 창제한 세종대왕의 애민정신과도 일맥상통하는 시대의 상징물이라고 평가했다. 그도 그럴 것이 실제로 세종대왕은 장영실이 발명한 해시계를 사람들이 지나가는 길목에 설치했었기 때문이다. 오목해시계인 앙부일구를 설치한 곳이 현재 서울 혜정교와 정묘 앞이다. 당시 처음에는 마냥 신기해하면서 구경만 하던 사람들이 차츰 오며 가며 시간을 보기 시작했는데, 그때가 바로 1434년(세종 16)이다. 이와 관련 1098년에 간행된 백과사전격인 〈증보문헌비고〉에는 '앙부일구를 구리를 부어서 그릇을 만들었는데 모양이 솥과 같다. 안에 둥근 송곳을 설치하여 북에서 남으로 마주 대하게 했으며 움푹 패인 곳에서 휘어서 돌게 했고 선을 새겨 태양이 움직이는 궤적을 그렸다. 12지신을 그린 것은 글을 모르는 백성을 위한 것으로 길가에 놓아두니 구경꾼이 모여든다. 이로부터 백성도 이것을 만들 줄 알게 되었다'고 기록돼 있다. 15세기에 한자를 모르는 백성들이 시간을 정확히 알 수 있도록 앙부일구를 발명해낸 장영실. 그리고 그 시간을 백성이 볼 수 있도록 물심양면으로 지원을 아끼지 않았던 임금

150

세종. 앙부일구야말로 애민정신을 바탕으로 한 백성중심의 실용과학을 실현한 세종시대 크나큰 결실이라 할 수 있다.

"앙부일구는
세종시대 최고의 과학기구다.
또한 당대 최고의 과학기술과 세종의 민본주의 정치이념이 반영된
결정체다."
-김슬옹(세종대왕나신곳성역화국민위원회 사무총장)

문득 세종과 장영실을 생각하니 두 사람이 뇌리를 스친다. 바로 세계 최대 소프트웨어 업체인 마이크로소프트 사의 공동 창업자인 빌 게이츠와 친구 폴 엘런이다. 비록 훗날 그 둘은 등을 돌렸지만, 한때나마 정말 소중한 벗이자 동료였기 때문이다. 세종과 장영실처럼 말이다. 세종이 없었다면 장영실도 역사가 기억하지 못했을 것이다. 바꿔 말해서 장영실이 없었더라면 세종의 민본정치가 다양한 분야에서 실현되기란 쉽지 않았을 것이다. 역사가 이를 말해주고 있다. 앞서 언급했다시피, 장영실은 태종 때 서울로 올라와 활동했지만, 본격적으로 발탁이 된 것은 세종 때다. 장영실을 중국으로 유학을 보내 발달한 천문 관측기를 보고 오라고 한 이도 세종이다. 장영실이 중국에서 돌아오자 많은 신하들의 반대에도 불구하고 그에게 벼슬을 내린 이도 역시 세종이다. 노비신분에서 해방되는 그 순간 아마도 장영실은 자신의 천재적인 재능을 가감 없이 펼치리라 다짐했을 터. 그것은 단순히 세종과 자신을 위한 것이 아닌, 조선을 위한 거대한 포부나 마찬가지였을 것이다.

그런데 매우 안타깝게도 세종 때 장영실이 발명한 앙부일구는 현재 남아 있지 않다. 임진왜란 때 유실됐기 때문이다. 현재 남아 있는 앙부일구는, 장영실이 만들어낸 앙부일구 시대에서 2내지 3세기 이후(즉 17~18세기가 되겠다.)에 제작된 해시계로, 장영실이 만든 앙부일구과 동일한 제작기법으로 만들어진 것으로 알려져 있다. 청동제로 검게 칠을 한 다음에 그 위에 선과 글은 은상감으로 새겨 넣어 실용적인 과학기기의 한계를 벗어나 예술적 가치로서의 그 의의가 깊다. 한편 세종 때에는 오목해시계인 앙부일구 이외에 현주일구, 정남일구, 천평일구 등의 해시계도 제작되었는데 이에 대해서도 살펴볼 예정이다. 한편, 경기 여주 영릉전시관과 서울 국립중앙박물관에서 소장하고 있는 앙부일구는 1985년 8월 9일 보물 제845호로 지정됐다. 한편 강원도 양구군 중앙로에는 조선시대 제작된 실제 해시계보다 무려 20배 이상 큰 양부일구를 복원한 청동구조물이 설치돼 있다. 당시 이는 국내 최대 해시계 조형물로 인정받으면서 국내에서 크게 화제가 된 바 있다.

2009년 10월 30일

한국의 해시계 앙부일구, 기네스북에 오르다!

조선 태조 때 지금의 강원도라는 지명을 갖게 되었고, 인삼, 녹용 등의 특산물과 감자, 옥수수로 유명한 강원도를 아시나요? 바로 이 지역 중심가에 조선시대 해시계를 재현한 '앙부일구'가 존재한답니다. 정확한 위치는 강원도 양구군 도심 중앙로 거리인데요. 이곳에는 조선시대 1434년(세종 16년)에 제작된 해시계를 재현한 앙부일구가 설치돼 있습니다. 실제 해시계보다 약 20배 정도 큰 지름(4m)과 높이(2m)로 제작돼 있으며, 그림자를 만드는 영침은 2kg의 순금과 2.3kg의 금도금으로 이루어져 있답니다. 또한 이를 떠받치는 네 개의 청동 구조물은 청룡이 승천하는 모습을 하고 있어 그야말로 웅장합니다. 놀랍게도 바로 이것이 과거 2009년 10월 30일, 세계에서 가장 큰 해시계로 인정하는 기네스북에 오르게 되었답니다. 연인끼리 혹은 가족끼리 강원도 양구군 중앙로에 있는 앙부일구, 직접 가서 눈으로 확인해보시면 어떨까요. 즐거운 역사여행이 될 것 같습니다. 이상 장영실 뉴스였습니다.

새로운 물시계,
자격루의 탄생

　해시계에 십이지 동물을 새겨 넣은 앙부일구로 등장하자, 일반 백성들도 시간을 알아보기 시작했다. 더불어 앙부일구에는 계절에 따라 달라지는 해의 그림자를 보정하기 위해 선을 12개에 1개를 더 그어 13개를 그려져 있기에 매우 정밀하고 적확한 과학기구임에 틀림없었다. 그러나 여기에도 단점이 있었으니, 바로 햇빛이 없는 날에는 쓸모가 없었다. 그림자가 생기지 않았기 때문이다. 특히 긴 장마철이 시작되면 해가 뜰 때까지 시간을 볼 수 없었는데, 흐린 날에도 사정은 마찬가지였다. 이렇게 장영실은 또 고민에 빠진다. 하나를 이뤘으나 기쁨도 잠시, 산 너머 산이었다. 세종의 마음 역시 마찬가지였다. 세종대왕이 누구더냐. 장영실과 나머지 인재들을 그냥 가만히 놔둘 리가 없었다. 세종은 궁궐 내의 경점(更點)을 알리는 기구는 중국 기구의 체제를 상고하여 구리로 주조해서 바치도록 명하였는데, 이에 관한 내용은 《세종실록》에도 나와 있는데, 다음과 같다.

　"궐내의 경점을 알리는 기구를 중국의 체제를 상고하여 구리로 주조하도록 명하다."
-1424년(세종 6) 5월 6일《세종실록》

　당시 중국은 송(宋)나라였는데, 송나라에는 자동시보장치 물시계가
존재했고, 이로 인해 정확한 시간을 알 수 있었다. 그러나 안타깝게도
조선에는 이런 과학기기가 없었고 세종은 이 부분을 늘 아쉬워했었다.
그러나 장영실이라면, 아마도 조선의 첫 물시계를 발명내리라는 확신
이 있었는지, 위의 내용처럼 장영실에게 중국의 것을 참고해 만들라고
지시한다. 어명이 내려지자, 장영실은 동료들과 함께 전보다 더 머리를
맞대어 논의한다. 고민과 토론을 수없이 반복한 끝에 물이 차오른 높
이를 보고서 시간을 확인할 수 있는 물시계를 만들어내는데, 그것이 바
로 첫 물시계라 할 수 있는 '갱점지기(更点之器)'다. 어명이 내려진 그 해
에 세종대왕이 만족할 만한 물시계를 발명해낸 것이니 그의 집중력과
추진력이 얼마나 대단한지 또 한 번 우리는 알 수 있다. 세종대왕은 장
영실에게 조선 최초의 물시계를 만들어낸 공로를 높이 사고 충분한 보
상을 내리기로 한다. 바야흐로 1424년 5월, 장영실은 갱점지기를 만든
공로로 정5품인 행사직으로 승진한다.

　　"그림자가 생기지 않으면 시간을 확인할 수 없었던 해시계.
　　하여 장영실은 '갱점지기'를 만들어내는데, 이것이 조선 최초의 물
　　시계다."

　그러나 제아무리 좋은 것이라도 그 안을 들여다보면 분명히 단점이
보이는 법. 장영실이 만들어낸 첫 물시계 갱점지기도 그러했다. 그것은

자동 시계가 아니었다. 사람이 늘 곁에 있어야 했다. 무슨 말이냐면, 갱점지기는 그저 단순히 물방울이 떨어지는 양을 측정해 시간에 따른 부피 증가와 함께 시간을 알 수 있었던 장치였다. 따라서 이 물시계는 물이 차오르는 걸 사람이 언제나 지켜보고 있어야만 했었다. 여간 불편한 게 아니었다. 생각해보시라. 오늘 날처럼 CCTV가 설치돼 있는 것도 아니었기에 오롯이 사람이 두 눈 부릅뜨고 지켜봐야 했다. 어쩔 수 없이 물시계 지킴이를 늘 뒀지만, 아주 잠깐이라도 한눈을 팔거나 잠들어 종을 치지 못하는 일이 발생하는 날이면, 어김없이 성 주변은 아수라장이 됐다. 더 나은 과학기구가 필요했다. 이런 상황에서 세종대왕이 가만히 있을 리가 없었다. 세종의 기존의 물시계는 사람이 반드시 물시계 옆에 있어야 할 뿐만 아니라, 사람이 하나하나 눈금을 읽어 시간을 확인해야 해서 불편하다며 보완·개량할 것을 지시했다. 오늘 날로 따지면 기업의 회장님이 유능한 직원에게 큰 프로젝트를 시킨 후 곧바로 또 다른 것을 시킨 것이나 마찬가지. 결코 거부할 수 없는 위치다.

"세종대왕, 장영실에게 지시한다.
물시계의 불편함을 즉시 개량해라!"

이쯤 되면 제아무리 성격 좋은 사람도 지치기 마련. 그러나 장영실은 달랐다. 포기할 법도 한데, 그는 쉼 없이 나아갔다. 아마도 신분적 제한이 엄격했던 조선 사회에서 가장 천대받던 노비의 신분을 벗어나게 해준 은인, 즉 세종대왕에 대한 고마움을 갚기 위한 것일지도 모른다. 세종의 특명으로 1423년 상의원 별좌가 되면서 완전하게 노예의 신분을 벗은 장영실. 세종을 만나기 전까지는, 과학적 재능이 뛰어났지만 마음껏 펼칠 수 없었고, 기생의 소생으로 태어난 관노 출신일 뿐이었다. 역사에 만약이란 없다는 것을 알지만, 만약 세종대왕이 없었더라면 장영실은 관노 출신이라는 올가미에 갇혀 꿈을 펼쳐보기도 전에 좌절해야 했을 것은 자명하다. 나아가 우리 역사를 통틀어 과학문화의 르네상스 혹은 황금기로 세종대왕의 재위기간(1418년 8월 · 1450년 2월)이 손꼽히는 데, 여기서 장영실의 역할은 실로 작지 않다. 이처럼 장영실은 왕의 총애에 보답하고자 최선을 다했고 그 결과 방대한 과학사업을 진행해 위대한 업적을 많이 남겼다.

> "세종대왕 때는 조선 과학문화의 황금기였다.
> 그 중심에는 언제나 그가 있었다.
> 장. 영. 실."

장영실은 왕명대로 물시계의 단점을 보완하기 위해 밤낮으로 연구에 매달렸다. 혁신적이고도 새로운, 단 하나의 물시계가 필요했었다. 간의와 혼천의와 같은 천문기기를 발명해내면서도 물시계에 대한 고민을 결코 게을리 않았는지, 마침내 세종대왕이 무릎을 탁하고 치며 만족할 만한 새로운 물시계를 발명한다. 단순한 아이디어로 이룬 성과가 아니었다. 긴 시간 동안 생각하고 또 생각한 끝에 나온 결과물이오, 그야말로 세상을 바꿀 수 있는 완벽한 혁신의 신호탄이나 마찬가지였다. 그렇게 장영실은 조선의 과학역사뿐만 아니라 세계 과학사에 한 획을 긋는 새로운 물시계를 만들어낸다. 오늘 날 많은 이가 장영실이 이룩한 가장 훌륭한 업적이라고 일컫는 이것은 무엇일까. 당시 세종을 비롯해 사람들을 깜짝 놀라게 한 발명품은 바로 자동적으로 시간을 알려주는 장치가 창작된 물시계였다. 1433년, 장영실은 김조, 이천 등과 함께 물의 흐름을 이용하여 자동으로 시간을 알려주는 물시계를 만들어 세종대왕에게 보여주는데, 그것이 바로 자격루다.

"장영실은 이천, 김조 등과
자동시보시계 자격궁루를 발명해낸다. 그때가 1433년이었다."

이로서 더는 사람이 일일이 시간을 확인할 필요가 없게 됐고, 설령 확인하더라도 제때 시간을 알리지 못할 수도 있을 거라는 불안감이 사라졌다. 왜냐하면 자동 물시계인 자격루는 기존 물시계와 달리 매 시간과 경에 맞추어 자동적으로 북과 종 그리고 징을 쳐서 시간을 알렸기 때문이다. 대단한 업적이 아닐 수 없었다. 그야말로 세종대왕 입장에서 자신이 지시한 대로 장영실이 뚝딱뚝딱 발명해내자, 그 기쁨을 감추지 않고 만천하에 드러냈다. 이에 관한 기록이 실록에도 상세하게 기록돼 있는데, 추측컨대 아마도 이때 장영실을 시기하는 자들이 많이 생겼을 것 같다. 사촌이 땅을 사도 배가 아프다는 말이 있는데, 천민 출신인 장영실이 당대 최고의 권력자인 세종을 등에 업고 승승장구하는데, 필히 이런 상황이 달갑지 않은 자들이 없을 리 없었다. 게다가 세종대왕이 입에 침이 마를 정도로 장영실을 칭찬하는 것도 모자라 그가 없었더라면 결코 자격루는 만들어지지 않았을 거라고 호언장담까지 하니, 아마도 부글부글 속이 끓어 오르는 자들이 있었을 터. 이 부분이 중요한 게 바로 많은 이들이 장영실이 소위 가마사건으로 귀양을 가게 되는 일과 어떤 연결고리가 있을 것으로 추측하고 있다는 것이다. 아무튼 이 부분은 뒤에서 더 자세하게 다루기로 하자. 다시 업그레이드 된 물시계 이야기로 돌아가서, 그것에 대한 세종실록 기록을 찾아보면, 이러하다.

> "이제 자격궁루(自擊宮漏)를 만들었는데
> 비록 나의 가르침을 받아서 하였지마는, 만약 이 사람이 아니더라
> 면 암만해도 만들어 내지 못했을 것이다.
> 내가 들으니 원나라 순제 때에 저절로 치는 물시계가 있었다 하나,
> 그러나 만듦새의 정교함이 아마도 영실의 정밀함에는 미치지 못하
> 였을 것이다. 만대에 이어 전할 기물을 능히 만들었으니 그 공이 작
> 지 아니하므로 호군의 관직을 더해 주고자 한다."
> -1433년(세종 15) 9월 16일《세종실록》

《세종실록》에 나오는 자격궁루(自擊宮漏)란 바로 자격루를 줄인 말
이고, 자격루는 물시계 갱점지기를 다시 고쳐 개량한 것이다. 9년 만
에 두 번째 물시계인 자격루를 만든 것이었다. 이것은 오늘 날 조선 역
사상 가장 정교하고 치밀한 과학기구로 평가받고 있다. 어떤 점에서 그
러한지 자격루의 원리에 대해 알아보자. 자격루는 말 대로 스스로 종
을 쳐서 사람들에게 시간을 알려주는 자동 물시계다. 자격루는 4개의
파수호와 2개의 수수호, 12개의 살대, 그리고 동력전달장치와 시보장
치로 구성돼 있다. 이때 수조에 흘러들어온 물의 양에 따라 부력이 달
라지는 원리를 이용한 게 핵심이다. 물항아리에 물이 피스톤 모양으로
된 잣대가 서서히 올라가서 정해진 눈금에 닿으면, 그것으로 하여금 지
렛대 장치를 건드리게 되면서, 그 끝에 있는 쇠구슬이 굴러가 종과 북
을 울리게 한다. 다시 말해 시(時)·경(更)·점(點)에 맞추어 종과 북이
울리고, 인형이 나타나 시각을 알렸던 것이다. 이때 2시간 마다 울리는

종소리는 자시, 축시 등의 12지시를 알렸으며, 나머지 밤 시간은 북소리로 알린 것으로 전해지고 있다. 이쯤해서 우리는 장영실의 아이디어 세 가지를 엿볼 수 있다. 첫째는 시간이 적혀 있는 팻말이오, 둘째는 시간을 알려주는 종, 징, 북소리이며, 마지막은 시간을 알려주는 동물인형이었다.

> "시간이 적혀 있는 팻말,
> 시간을 알려주는 동물인형과 소리!
> 자동시보장치 자격루는 종, 북, 징의 소리와 12지신의 동작을 통해 왕을 비롯해서 조선 백성들에게 보다 정확한 시간을 쉽게 알려주었다."

덕수궁 소재에 자격루(국보 제299호)는 536년에 제작된 보루각 자격루다. 1434년(세종 16) 장영실이 발명한 자격루는 현재 남아 있지 않으며, 1536년 (중종 31)에 다시 제작한 자격루의 그 일부가 덕수궁에 설치돼 있다. 사진 속 윗부분의 대, 중소 항아리가 파수호를 의미하고, 수수호는 하단의 두 개의 기다란 원기둥형 물항아리를 뜻한다. 자격루 이전의 물시계는 지킴이(사람)이 언제나 물통의 눈금을 확인해야 했다면 자격루는 기계시스템을 통해 종이나 징·북이 자동으로 울려 시간을 알려준 혁신적인 자동시보장치였다. 다시 말해 일정한 시간이 되면, 스스로 종을 울려 시간을 알려주었다. 원리는 아주 간단하면서도 복잡했다. 장영실이 발명해낸 자격루는 물을 흘러내리게 하는 그릇 4개(파수호:물을 공급하는 역할을 하며, 항아리 숫자가 많다는 것은 물의 흐름이 안정적이라는 것을 의미)와 물받이 그릇 2개(수수호: 물을 받는 항아리로,

항아리 두 개를 번갈아서 사용), 12개의 잣대, 톱니바퀴, 자동 시보 장치들로 이루어져 있다. 자격루의 이러한 장치는 아주 정교하게 이어져 흘러든 물의 양에 따라 연쇄적으로 작동되도록 제작됐다.

> "자격루는 물을 공급하는 역할을 하는
> 4개의 파수호와 물을 받는 역할을 하는 2개의 수수로
> 그리고 12개의 잣대, 톱니바퀴, 자동 시보 장치로 이루어져있다."

대단한 업적이 아닐 수 없었다. 이에 세종대왕은 크게 만족해 1434년 경복궁 안에 자격루를 설치할 전각 '보루각'을 세우고, 장영실이 만든 궁중자동시보시계 자격루를 설치한다. 그해 음력 7월 1일, 세종대왕은 이를 조선의 표준시계로 반포하기에 이른다. 그렇게 자격루는 경복궁 경회루 남쪽에 만들어진 보루각에 보관돼 사용된다. 훗날 업그레이드된 자격루의 원조가 바로 이 보루각 자격루인 것이다. 보루각에서는 다양한 시보신호가 있었는데, 새벽을 알리는 33회의 종소리는 임금의 하루는 물론이거니와 조선 백성의 일상이 시작되는 신호였다. 그 신호가 들리면, 곧 성문이 열렸고 사람들의 왕래가 시작되었다. 반면에 저녁을 알리는 신호는 28회의 종소리였는데, 이게 들리면 성문이 닫혀졌다. 보루각에 보관된 자격루는 서운관생이 교대로 지켰는데, 그곳에서 소리가 자동적으로 울리면 경복궁 내부에서 동일한 신호를 받게 되고, 이를 도성 내 사람들에게 알려주었던 것이다. 하여 오늘 날 많은 학자들이 자격루를 가리켜 단순한 자동시보장치가 아님을 확신한다. 그것은 사회, 경제, 정치, 군사 활동의 기준을 제시하는 조선의 표준시계임과 동시에 임금에게는 질서를 유지시키는 국가통치의 수단의 하나

였던 것이다. 이와 관련해 1434년 세종이 보루각에 자격루를 설치, 표준시계로 선포하기 직전 여러 대신에게 의견을 묻는 기록이 남아 있다. 실제로 그 내용을 찾아보면 다음과 같다.

임금이 말하기를,
"이 앞서 누각*의 경점을 마련한 것은 본래 근거한 바가 없었다. 이제 수시력법을 상고하여 누기(漏器)를 새로 만들었는데 털끝만큼도 틀리지 아니하므로, 영을 내려 이것을 쓰고자 한다. 그러나, 이 앞서의 누각(漏刻)은, 인정*은 늦어서 밤이 깊고, 파루*는 너무 일렀는데, 이제 새로 만든 누각은, 전에 비하면 인정이 약간 이르고 파루는 약간 늦다.

또 사람들이 말하기를,
'만일 지금 만든 누각을 따르면, 사람이 출입함에 있어 조만이 때를 잃게 되고, 전에 있던 누각을 따르면, 인정은 늦고 파루는 이르기 때문에, 도적이 틈을 타서 많아질 것이라.' 하니, 위의 두 가지 중 어느 것을 취하고 어느 것을 버릴 것인가. 만일에 수시력을 따를 경우 사람의 출입에 방해가 있다고 한다면, 이 앞서와 같이 경점을 편

★ 누각
누수에 의하여 보는 시각
★ 인정
통행금지를 알리는 28번의 종을 치는 것
★ 파루
통행금지 해제를 알리는 33번 종을 치는 것

의에 따라 올리고 내리되, 전례에 따라 올리고 내리게 할 것인가.
비록 조만이 약간 전보다는 어긋난다 하더라도 이것으로써 그냥
쓸 것인가. 여럿이 의논하여 아뢰라. 하니,

도승지 안숭선이 아뢰기를,
"봄·여름철에는 인정은 이르되 파루는 늦을 것이요,
가을·겨울철에는 인정은 늦되 파루는 이르게 될 것이오니, 이 같
은 때에는 오히려 출입의 어려움이 없을 것이오며, 또한 도적이 불
어 일어날 근심도 없을 것이옵니다. 더욱이 이제 만든 누각의 제조
가 정밀하옴은 털끝만큼의 오차가 없사온데, 어찌 다른 의논이 있
겠나이까. 신의 어리석은 생각으로는 한결같이 지금 만든 누각을
따르겠습니다."하니, 임금이 말하기를, "경의 말이 옳다." 하였다."
-1434년(세종 16) 6월 24일 《세종실록》

참고로 위의 내용에서 인정과 파루는 조선시대 때의 통행금지제도
다. 인정은 통행을 금지하기 위해 종을 스물여덟 번 치던 일이고, 반면
파루는 통행금지를 해제하기 위해 종을 서른 세 번 치던 일이다. 위 내
용에 다르면 세종대왕은 자격루를 표준시계로 이용할 경우, 전에 비해
통행을 금지하기 위한 종소리는 약간 앞당겨질 것이고, 통행금지를 해
제하는 파루는 약간 늦어질 것을 염려하고 있다. 이에 여러 대신들의
의견을 물었고, 도승지 안숭선은 새로 만들어진 물시계 자격루를 조선
의 표준시계로 정한다면 그대로 따르겠다고 답했다. 이렇게 여러 대신
들의 동의하에 세종대왕은 자격루는 조선의 표준시계로 확정한다. 그
러고 나서 앞서 언급했다시피 1434년 음력 7월 1일 조선의 표준시계

로 자격루를 선포하는데, 이날 실록의 기록에는 새로 만든 물시계(자격루)의 구조와 원리 그리고 보관 장소와 관리 담당자에 대한 내용이 대단히 상세하게 나와 있다. 그 내용을 읽어보면 자격루의 원리뿐 아니라 당대 조선의 과학기술의 높은 수준임을 알 수 있다. 이에 전문을 수록한다.

이날부터 비로소 새 누기*를 썼다.
임금이 예전 누기가 정밀하지 못한 까닭으로 누기를 고쳐 만들기를 명하였다. 파수용호는 넷인데, 크고 작은 차이가 있고, 수수용호는 둘인데, 물을 바꿀 때에 갈아 쓴다. 길이는 11척 2촌이고, 둘레의 직경은 1척 8촌이다.

살대가 둘인데, 길이가 10척 2촌이고, 앞 면에는 12시로 나누고, 매 시는 8각인데, 초와 정의 여분이 아울러 1백 각이 된다. 각은 12분으로 나눈다. 밤의 살대는 예전에는 21개가 있었는데, 한갓 바꾸어 쓰기에만 번거로우므로, 다시 수시력에 의거하여 낮과 밤에 오르고 내리는 것으로 구분하여, 이기*로 요약하여 살대 한 개를 당하게 하니, 무릇 살대가 12개이다. 간의와 참고하면 털끝만치도 틀리지 아니한다.

★ 누기 ————————————————
물시계
★ 이기
음양

164

임금이 또 시간을 알리는 자가 차착됨을 면치 못할까 염려하여, 호군 장영실에게 명하여 사신 목인을 만들어 시간에 따라 스스로 알리게 하고, 사람의 힘을 빌리지 아니하도록 하였으니, 그 제도는 아래와 같다.

먼저 각 3간을 세우고, 동쪽 간 자리를 두 층으로 마련하여, 윗 층에는 세 신을 세우되, 하나는 시를 맡아 종을 울리고, 하나는 경을 맡아 북을 울리며, 하나는 점을 맡아 징을 울린다. 중간 층의 밑에는 평륜*과 순륜*을 설치하고 12신을 벌여 세워서, 각각 굵은 철사로서 줄기를 만들어 능히 오르내리게 하며, 각각 시패를 들고서 번갈아 시간을 알린다. 그 기계의 운행하는 술법은, 가운데 간에 다락을 설치하여, 위에는 파수호*를 벌여 놓고, 아래에는 수수호*를 놓는다. 병 위에는 네모진 나무를 꽂되, 속이 비고, 면도 허하게 하여, 길이는 11척 4촌이고, 나비는 6촌, 두께는 8푼, 깊이는 4촌이다.

빈 속에는 간격이 있고, 겉에서 한 치 가량 들어가게 한다.

왼쪽에는 동판을 설치하여, 길이는 살대에 준하고, 넓이는 2촌인데,

★ 평륜
편평한 바퀴

★ 순륜
돌아가는 바퀴

★ 파수호
물을 담은 병인데, 밑에 작은 구멍이 있어 일정한 시간에 일정한 분량의 물방울이 똑똑 떨어지도록 만든 것

★ 수수호
위의 물병에서 떨어지는 물방울을 받는 병

판면에는 구멍 열 둘을 뚫어서 구리로 만든 작은 구슬을 받도록 하되, 구슬의 크기는 탄알만 하며, 12구멍에 모두 기계가 있어서 여닫을 수 있도록 하여, 12시간을 주장하게 하고, 오른쪽에도 동판을 설치하되, 길이는 살대에 준하고, 나비는 2촌 5푼인데, 판면에는 25개의 구멍을 뚫어, 또한 작은 구리 구슬을 왼쪽과 같이 받게 한다.

판은 12살대에 준하여 모두 12판인데, 절기에 따라 갈아 쓰며, 경과 점을 주장하게 한다. 물을 받는 병에 살대를 띄우고, 살대 머리에 받드는 가로쇠가 젓가락과 같은 것이 있는데, 길이는 4촌 5푼이고, 병 앞에 오목한 자리가 있고, 오목한 가운데 넓은 판을 비스듬히 놓아, 머리는 네모지고, 속이 빈 나무 밑에 닿고, 꼬리는 동쪽 간자리 밑에 이른다.

간막이 넷을 설치하여 용도의 모양과 같이 하고, 간막이 위에는 큰 철환을 놓되, 크기는 계란만 하게 한다.
왼쪽의 12개는 시를 주장하고, 중간 5개는 경과 매경의 초점을 주장하며, 오른쪽 20개는 점을 주장한다. 그 철환을 놓아 둔 곳에는 모두 철환이 드나드는 데 열고 닫히는 것이 있고, 또 가로된 기계가 있어 설치하였는데, 그 기계의 모양은 숟가락과 같고, 한쪽 끝은 굽게 하여 고리처럼 걸리게 하고, 한쪽 끝은 둥글게 하여 구리 구슬을 받도록 되었다.

중간 허리에는 둥근 축이 있어서 내리고 올리도록 되었으며, 그 둥근 끝은 구리통의 구멍에 닿는다. 구리통은 둘이 있어, 간막이 위에 비스듬이 설치하였는데, 왼쪽 것은 길이가 4척 5촌이고, 둘레의 직경은 1촌 5푼인데, 시를 주장하게 하며, 아랫쪽에는 12구멍을 뚫었다.

오른쪽 것은 길이가 8척이고, 둘레의 직경은 왼쪽 통과 같은데, 경점을 주장하며, 아랫쪽에 25개의 구멍을 뚫고, 구멍마다 모두 기계가 있다.

처음에는 구멍을 모두 열리게 하여, 동판의 작은 구리 구슬이 내려져서 기계를 움직이면, 그 기계가 스스로 구멍을 덮어 막아서 다음 구리 구슬이 굴러 지나가는 길이 되게 하여, 차례차례로 모두 그렇게 된다.

동쪽 간의 자리 웃층의 밑에 왼쪽에는 짧은 통 둘을 달았는데, 하나는 구리 구슬을 받고, 하나는 안에 숟가락 같은 기계를 설치하여, 숟가락의 둥근 끝이 반쯤 나와서 구리 구슬을 받는 통 밑에 닿는다.

오른쪽에는 둥근 기둥과 네모진 기둥을 각각 둘씩 세우고, 둥근 기둥은 속이 비게 하여 안에 기계를 설치하였는데, 모양이 역시 숟가락과 같고, 반은 나오고 반은 들어가게 하며, 왼쪽 기둥은 다섯이고, 오른쪽 기둥은 열이다. 네모진 기둥은 작은 통을 비스듬히 꿰어서 기둥마다 각각 네 개씩으로 되었다.

한 끝은 연잎 모양으로 되고, 한 끝은 용의 입 모양으로 되어, 연잎은 구리 구슬을 받고, 용의 입은 구리 구슬을 뱉는다. 용의 입과 연잎은 위와 아래가 서로 닿고, 그 위에 별도로 짧은 통 두 개를 달아 놓았는데, 하나는 경을 가리키는 구슬을 받고, 하나는 점을 가리키는 구슬을 받는다.

오른쪽 네모진 기둥은 연잎마다 아래에 곧은 짧은 통 두 개와 가로 된 짧은 통 한 개를 붙이고, 그 가로된 통의 한쪽 끝을 왼쪽 기둥 네모진 기둥의 연잎 아래에 닿게 한다.

왼쪽 둥근 기둥의 다섯 숟가락과 오른쪽 둥근 기둥의 다섯 숟가락은 그 둥근 끝이 각각 용의 입과 연잎의 사이에 닿는다. 오른쪽 둥근 기둥의 다섯 숟가락은 그 둥근 끝이 반은 직통 안으로 들어갔는데, 파수호의 누수가 수수호에 내려서 모이면, 떠 있던 살대가 점점 올라와서 시간에 응하여, 왼쪽 동판 구멍의 기계를 건드리고, 작은 구리 구슬이 떨어져 내려서 구리 통에 굴러 들어가, 구멍으로 좇아 떨어져서 그 기계를 건드리면, 기계가 열리고, 큰 구슬이 떨어져 자리 밑에 달린 짧은 통에 굴러 들어가서 떨어지면서 숟가락 같은 기계를 움직이면, 기계의 한 끝이 통 안으로부터 스스로 시간을 맡은 신의 팔을 치받으면, 곧 종이 울린다.

경점도 그렇게 하되, 다만 경을 울리는 구슬은 달려 있는 짧은 통에 들어가서 떨어지면서 숟가락 같은 기계를 돌리면, 왼쪽 둥근 기둥 가운데로부터 경을 맡은 신의 팔을 치받아서 북을 울리고, 점통에 굴러들어가서 다시 초점의 기계를 돌리면, 오른쪽 기둥 가운데로부터 점을 맡은 신의 팔을 치받아서 징을 울리고, 연잎 밑에 곧은 작은 통에 들어가 그친다.

그 굴러들어가는 곳에는 기계를 설치하여, 처음에는 경을 알리는 구슬의 길이 막혔다가, 굴러들어감에 미쳐서는 들어간 길이 닫히고, 경의 길이 열린다. 나머지 경에도 모두 그렇다.

5경이 마치기를 기다려서 빗장을 뽑고 나온다.

매경 2점 이하의 구리 구슬은 달려 있는 짧은 통에 떨어져 들어갔다가, 연잎으로 굴러들어가서 그 점의 기계를 건드리고 그친다.

다음 점의 구리 구슬이 굴러 지나가면서 또 그 점의 기계를 건드리고 그친다.

그 구리 구슬이 그치는 통에는 구멍이 있고, 빗장을 질러서, 닫혔다가 점의 구리 구슬이 떨어지면서 그 맨 아래의 기계를 건드리면, 기계에 이은 쇠줄이 차례로 모든 빗장을 뽑고, 앞서 3점의 구리 구슬과 더불어 일시에 함께 내려온다.

그 시간을 주장하는 큰 구슬이 달려 있는 짧은 통에 떨어져 둥근 기둥에 붙은 통에 굴러들어가 떨어지면서 가로나무의 북쪽 끝을 밟는다.

나무의 길이는 6척 6촌이고, 나비는 1촌 5푼이며, 두께는 1촌 7푼인데, 가로나무의 가운데 허리의 주가 되는 짧은 기둥이 좁은 가로나무에 닿돌고 원축을 붙여서 오르내리게 하도록 되었다. 가로나무의 남쪽 끝에는 손가락같은 둥근 나무를 세웠는데, 길이는 2척 2촌이고, 시간을 알리는 신의 발 밑에 닿는다. 발 끝에는 작은 윤축이 있는데, 큰 구슬이 떨어지면서 북쪽 끝을 누르면, 남쪽 끝이 올라가면서 신의 발을 받들어 자리 중간층의 위에 오른다.

가로나무의 북쪽 끝의 북쪽에 작은 판을 세워서 여닫게 하였는데,

판에는 쇠줄이 있어서, 위로는 시간을 주장하는 매달린 통의 숟가락 같은 기계에 연하여, 숟가락이 움직이면, 판이 열려서 앞에 구리 구슬이 나오게 한다. 가로나무의 남쪽 끝이 낮아지면서 시간을 알리는 신이 윤면에 돌아오고, 다음 시간의 신이 곧 대신하여 올라온다.

그 바퀴가 도는 제도는 바퀴 밖에 작은 판을 가로 놓되, 길이는 1척 가량으로 하고, 그 가운데에 4, 5촌 가량 깊이의 구덩이를 파서 동판을 그 위에 가로 올려 놓되, 그 세를 순하게 기울게 하며, 한쪽 끝에 축을 설치하여 열리고 닫히게 한다. 시간을 알리는 발이 처음은 동판아래로 반 치쯤 들어갔다가 올라가면, 동판이 열려서 올라오고, 올라오면 도로 닫힌다. 그 시간이 다하여 윤면에 돌아오면, 발 끝에 쇠바퀴가 순하게 동판을 굴리면서 내려와서 잠시도 멈추지 아니한다. 다음 시간의 신도 그러하다.
무릇 모든 기계가 다 숨겨져 있고 드러나지 아니하여, 보이는 것은 관대를 갖춘 목인뿐이다.
이것이 그 대략의 모양이다.

김빈에게 명하여 명과 아울러 서를 짓게 하니, 그 글에 이르기를, "제왕의 정치는 때를 조화하게 하고, 날을 바르게 하는 것보다 중함이 없고, 상고해 실험하는 법칙은 의상과 귀루에 있으니, 대저 의상이 아니면 천지의 운행을 살필 수 없고, 귀루가 아니면 밤낮의 한계를 표준할 수 없다.
천년의 긴 세월은 일각의 틀리지 아니함에서 비롯하고, 모든 공적의 빛남은 촌음을 헛되게 하지 아니하는 데에 말미암는 까닭으로,

역대의 성신들이 하늘에 순응하여 나와서 다스리되, 여기에 삼가지 않음이 없었다. 공경히 생각하건대, 우리 주상 전하께서는 요 임금의 하늘을 공경하는 마음을 두시고, 대순의 선기옥형을 만드는 뜻을 본받으시어, 이에 유사에게 명하여 의상을 제작하여 측후의 근거를 삼고, 인해 누기를 새로 만들어 시각을 바르게 하여, 궁궐 안 서쪽에 각 세 간을 세우고, 호군 장영실에게 명하여 시간을 맡는 목인 3신과 12신을 만들어 닭과 사람의 직책을 대신하게 하였다. 동쪽 간에는 좌 두 층을 마련하여 삼신을 윗층에 두되, 하나는 앞에 놓인 종을 쳐서 시간을 알리고, 하나는 앞에 놓인 북을 쳐서 경을 알리고, 하나는 앞에 놓인 징을 쳐서 점을 알리게 하였다.

12신은 각각 신패를 잡고 둘러서며,
평륜이 중간 층의 밑에 숨겨져서 때에 따라 번갈아 올라온다.
가운데 간의 중간에는 병을 놓고 기계를 설치하여, 철환을 써서 그 기계를 돌린다. 시간이 이를 때마다 여러 신이 문득 응한다. 의상을 참고 연구하매 하늘과 어긋나지 아니하여, 참으로 귀신이 있어 지키는 것 같았으니, 보는 자가 놀라고 감탄하지 않는 자가 없었다.
실로 우리 동방(東方)의 전고에 없는 거룩한 제도이다.
드디어 그 집을 보루각이라 이름하고, 신 빈에게 명하여 장차 후래에 밝게 보이게 하시니, 신이 절하고 명을 지어 드립니다." 하고, 명(銘)에 이르기를,

"음양이 번갈아서 밤과 낮이 바뀌어지고, 하늘도 말 없이 돌아 신공이 자취 없네.

이루시고 보필하여 귀루를 지었도다. 황제의 창작이나, 역대로 법은 달라, 우리 동쪽 나라도 옛 제도가 허술하더니, 크나큰 이 제도를 비로소 만드셨네. 우리 임금 밝으시어 선기옥형 만들고서, 누기도 새로 하니, 파수호가 네 개이고, 수수호가 두 개인데, 밤과 낮이 바뀜이 각에서 차츰 비롯하여 산법을 세우시되, 이륙*으로 보였도다. 조두를 치는 것은 시간이 어긋날까, 목인을 만들어서 수직을 아니 쓰네.

여러 신을 만들어서 누수를 맡게 하고, 높은 집을 이룩하여 상하 좌석 마련하고, 저기 있는 동편 간에는 3신이 위에 있어, 종과 북과 징 하나씩을 나누어 가지고서 닭의 울음 대신하니, 그 소리 질서 있네. 아래에는 12신이 신패를 가지고서 평륜면에 둘러 있어, 번갈아 오르면서 시간을 알리도다. 그 기계 연구하니 가운데 간이 징험일세. 층루를 막았는데, 잇대어 병을 놓고, 두 개의 동판에다 구멍 뚫고, 살대를 꽂아 기계를 더하고서 철환을 받게 하여, 호면에 세웠도다.

살대가 올라가면 기계가 움직이고, 철환이 떨어져 굴러가는 길이 비꼈는데, 신의 밑에 닿았도다. 두 갈래가 넷으로 나뉘어서 골목길과 같았도다.
통을 좌우로 운전하여 철환을 받게 하고, 통에는 기계 구멍이 동판의 수와 같도다. 별도로 큰 철환이 통 가에 벌여 있어, 번갈아 기계가 발동하여 번개처럼 빠르도다.

★ 이륙
12를 말함

기계가 닿는 곳에 사신 직책 다하여서, 보는 이가 감탄하네.
거룩할사, 이 제도는 하늘 따라 법 만드니, 천지조화 짝지어서 범위
가 틀림없네. 적은 시각 아껴 써서 모든 공적 빛났도다.
그 나라에 사는 백성 스스로 감화하여 어기지 아니하네.
표준을 세우고서 무궁토록 보이도다.” 하였다.

보루각에 새 누기를 놓고 서운관생으로 하여금 번갈아 입직하여
감독하게 하였다. 경회루의 남문과 월화문·근정문에 각각 금고를
설치하고, 광화문에 대종고를 세워서, 당일 밤에 각 문의 쇠북을 맡
은 자가 목인의 금고 소리를 듣고는 차례로 전하여 친다. 영추문에
도 큰 북을 세우고, 오시에 목인의 북소리를 듣고 또한 북을 치고,
광화문의 북을 맡은 자도 전하여 북을 친다.
경회루 남문과 영추문·광화문은 서운관생이 맡고, 나머지 문은 각
각 그 문에 숙직하는 갑사들이 맡았다. 영실은 동래현 관노인데, 성
품이 정교하여 항상 궐내의 공장 일을 맡았었다.
-1434년(세종 16) 7월 1일《세종실록》

　자격루를 발명해냄으로써 그 공로로 대호군으로 승진하는 장영실.
그렇다면 장영실은 어떻게 자격루를 발명해낼 수 있었던 걸까. 단순한
노력만으로는 결코 완성해낼 수 있는 게 아니었다. 열린 사고방식과 지
식이 있었기에, 자격루가 탄생할 수 있었다. 또한 장영실이 아니었으
면 그렇게 빨리 세상의 빛을 보기는 힘들었을 것이다. 그도 그럴 것이
본디 자격루는 중국과 아라비아에서 만든 자동물시계를 관찰한 장영
실의 머리에서 나왔기 때문이다. 장영실은 중국과 서양의 뛰어난 문물

자격루
(경기도 여주시 능서면 영릉로 269-50 소재)

을 눈으로 직접 보는 데 그치지 않고 그 원리를 스스로 깨우치는 데 몰두했다. 아마도 넌덜머리가 날 정도로 반복해서 보고 느꼈을 것이다. 그렇게 하지 않으면 새로운 형태의 물시계가 나올 리가 없기 때문이다. 이처럼 장영실이 만들어낸 자격루는 중국과 아라비아의 자동 물시계를 수없이 비교하고 잇따른 실패 끝에 이룬 쾌거였다. 자격루가 궐 안에서 잘 사용됐는데, 얼마나 잘 쓰였는지에 대해서는 실록에도 잘 나와 있다. 그 내용은 다음과 같다.

의정부에서 아뢰기를, "국초에는 사방으로 통하는 거리에 종루를 두고 의금부의 누기를 맡은 사람으로 하여금 시각을 맞추어 밤과 새벽으로 종을 쳐서, 만백성의 집에서 밤에 자고 새벽에 일어나는 시기를 조절하게 하였으나, 그 누기가 맞지 아니하고, 또 맡은 사람의 착오로 인하여 공사간의 출입할 때에 이르고 늦은 실수가 매우 많으므로 심히 불편하오니, 원컨대, 병조 장문과 월차소 행랑과 수진방 동구의 병문에 집을 짓고 모두 금고를 설치하여 궁중의 자격루 소리를 듣고, 이것을 전하여 종을 쳐서 의금부까지 이르게 하여 영구히 항식으로 삼게 하옵소서."하니, 그대로 따랐다.
-1437년(세종 19) 6월 28일《세종실록》

많은 이가 자격루는 장영실이 아니면 결코 제작할 수 없었을 시계라

174

현재 경복궁 안 경회루가 보루가 터가 있었던 자리다. 바로 경회루 남쪽의 보루각 안에가 조선 세종시
대 때 만들어진 조선 최고의 자동 물시계인 자격루가 설치돼 있었다.
(경복궁, 서울시 종로구 사직동 161 소재)

고 주장한다. 이는 타당성이 매우 커 사실이라 해도 과언이 아니다. 왜
냐하면 장영실이 사망한 이후 자격루가 망가졌어도 고칠 만한 인재가
없어 제대로 사용하지 못했기 때문이다. 3신과 12신이 시간을 알리는
자격루! 때가 되면 나무로 나들어진 세 개의 보시인형 곧 3신이 사람
을 대신해 종, 북, 징을 울리고 12개의 보시신은 차례로 시패를 들어 저
절로 시간을 알렸었다. 남문현 자격루 연구회 이사장 겸 건국대 교수가
말하기를, 자격루는 그야말로 혁신과 창의성의 산물인 것이다. 그러나
안타깝게도 조선 세종 때 만들어졌던 경복궁 보루각 자격루는 현재 남
아 있지 않다. 임진왜란 때 소실됐기 때문이다. 참으로 안타까운 일이
아닐 수 없다. 이를 두고 역사학계에서는 경복궁 보루각 자격루의 복원
움직임이 일어났다. 그리고 마침내 2007년 11월 21일 조선 첨단과학
의 결정인 자격루가 573년 만에 복원돼 큰 화제가 된 바 있다.

2007년 11월 21일
장영실의 경복궁 보루각 자격루가 573년 만에 복원되다!

조선 최고의 자동물시계 자격루가 573년 만에 복원됐다는 뉴스가 지난 2007년 11월 21일 등장해 세상 사람들을 놀라게 했습니다. 그도 그럴 것이 자격루는 조선 첨단과학의 결정체라고 할 수 있으니까요. 당시 문화재청 관계자의 말에 의하면 조선 세종시대 때 만들어졌던 경복궁 경회루 남쪽의 보루각 안에 설치돼 있던 자격루를 복원해 최대한으로 물시계의 원형을 구현했다고 합니다. 자격루는 한국과학사의 위대한 발명품으로, 물의 흐름을 이용해 만든 자동시보장치를 갖춘 조선 최초의 표준시계랍니다. 또한 1434년(세종 16년) 때 세종의 명령으로 장영실을 비롯해 김조와 이천 등이 제작하였으며 시·경·점에 맞추어 종과 북·징을 쳐서 시각을 알렸으며, 4개의 파수호와 2개의 수수호 그리고 12개의 살대와 동력전달장치와 시보장치로 구성돼 있습니다. 조선시대 때 정해진 시간에 맞춰 종과 북 그리고 징이 저절로 울린다니! 참으로 믿기 힘들 정도로 대단한 기술인데요. 작동원리 또한 대단합니다. 파수호에서 흘러내린 물이 수수호로 들어가게 되면 살대가 떠오르게 되는데요. 바로 이때 생기는 부력(浮力)이 지렛대와 쇠구슬에 전해지고, 이로 인해 쇠구슬이 떨어지면서 동판 한쪽을 치면 동력이 전해져 나무로 된 인형 3구가 종과 북 그리고 징을 쳐서 시보장치를 움직이게 한답니다. 장영실과 김조, 이천 등의 과학자들은 나무인형 둘레에는 12신을 배치하여 1시부터 12시의 시각을 알리도록 하였답니다.

그런데 안타깝게도 이 자격루는 1455년(단종 3년) 2,3월 까지만 사용하다가 철거가 됩니다. 임진왜란 때 소실되면서 그 모습을 영영 감추게 되었답니다. 하지만 1536년(중종 31년) 때 다시 제작함으로써 세상의 빛을 보게 되었고, 고난의 시간이 지난 지금까지도 그 일부가 남아 있다고 합니다. 바로 이를 토대로 경복궁 보루각 자격루가 복원된 것입니다. 2007년 11월 말에 완성된 자격루 복원설계작업은 무려 1997년부터 시작이 되었던 것으로 알려져 있는데요. 복원작업에는 건국대 산학협력단(총괄 책임자 남문현 교수)이 참여해 큰 성과를 이룰 수 있었답니다. 그들의 땀과 노력이 있었기에 덕수궁 소재 자격루(국보 제 229호, 원 창경궁 소재)의 원형 실측작업을 할 수 있었고, 이를 바탕으로 국내외 각종 문헌들에 대한 사전조사와 고증작업과 다수에 걸쳐 자격루 복원 세미나를 개최해서 성공할 수 있었답니다. 문화재청 관계자와 남문현 교수를 비롯한 건국대 산학협력단 분들에게 박수를 보냅니다. 이상 장영실 뉴스였습니다.

물의 흐름을 이용해 만든
자동시보장치인 자격루가 있었던 자리
(경복궁, 서울시 종로구 사직동 161 소재)

옥루와 흠경각

　자격루를 만들었다는 공로로 대호군에까지 승진한 장영실. 그 은총
에 보답하고자 했던 걸까. 그는 물시계에 관한 연구를 소홀히 하지 않
았다. 그 결과 4년 만에 새로운 자동 물시계를 발명해냈다. 그것이 바
로 '옥루'다. 1438년에 만들어져 경복궁 흠경각(欽敬閣)에 설치된 이 옥
루는 그가 심혈을 기울여 중국과 아라비아의 물시계에 관한 모든 문헌
들을 철저히 연구해 이룩한 독창적인 천상시계였다. 이를 통해 장영실
은 우리 역사에서 자동 물시계의 발달을 주도했음을 알 수 있다. 1424
년 처음으로 만든 물시계 갱점지기, 그리고 나서 10년 뒤에는 자동 물
시계인 자격루, 그 후 4년이 지나서는 한층 더 정교하고 업그레이드된
장치로 개발한 옥루까지. 이른바 장영실이 만들어낸 물시계 3단계라
할 수 있다.

　　"갱점지기 - 자격루 - 옥루.
　　이처럼 장영실의 물시계는 3단계로 나뉜다."

대호군으로 승진한 뒤 4년 만에 또다른 자동 물시계 옥루를 만들어낸 장영실. 그가 만든 옥루는 단순한 자동보시장치가 아닌, 천문현상을 재현하면서 기간까지 맞출 수 있는 기막힌 발명품이었다. 특정 시각에 맞는 해와 달의 움직임을 나타내고, 그에 따라 인형의 모습이 나타나 농사짓는 모습도 보여주는 이른바 천체시계였던 것이다. 세종대왕이 경복궁 경회루 남쪽 연못가에 보루각이라는 건물을 세우고 그 안에 자격루를 설치했듯이 옥루 또한 마찬가지였다. 보루각이 있는 위치에서 동쪽으로 '흠경각'을 세우고, 옥루를 그 안에 설치했었다. 이 흠경각은 장영실이 세종의 명을 받고 세웠는데, 그때가 세종 재위 20년인 1438년이었다. 천체시계 옥루를 보관하는 용도로 쓰인 흠경각은, 주된 용도가 천문관측소의 목적이었다. 이와 관련해 흠경각과 옥루 기록을 실록에서 찾아보면 그 내용이 다음과 같다.

　　흠경각(欽敬閣)이 완성되었다.

　　이는 대호군 장영실이 건설한 것이나 그 규모와 제도의 묘함은 모두 임금이 마련한 것이며, 각은 경복궁 침전 곁에 있었다. 임금이 우승지 김돈에게 명하여 기문을 짓게 하니, 이에 말하기를, "상고하건대, 제왕이 정사를 하고 사업을 이루는 데에는 반드시 먼저 역수를 밝혀서 세상에 절후를 알려 줘야 하는 것이니, 이 절후를 알려 주는 요결은 천기를 보고 기후를 살피는 데에 있는 것이므로, 기형과 의표를 설치하게 되는 것이다. 그러므로 이를 상고하고 징험하는 방법이 지극히 정밀하여 한 기구 한 형상만으로는 능히 바르게 할 수 없다.

우리 주상 전하께서 이 일을 맡은 자에게 명하여 모든 의기를 제정하게 하였는데, 대소 간의 · 혼의 · 혼상 · 앙부일구 · 일성정시 · 규표 · 금루 같은 기구가 모두 지극히 정교하여 전일 제도보다 훨씬 뛰어나 오직 제도가 정밀하지 못하고, 또 모든 기구를 후원에다 설치하였으므로 시간마다 점검하기가 어려울까

염려하여, 이에 천추전 서쪽 뜰에다 한 간 집을 세웠도다.

풀 먹인 종이로 일곱 자 높이의 산을 만들어 집 복판에 설치하고, 그 산 안에다 옥루기 바퀴를 설치하여 물로써 쳐올리도록 하였다.

금으로 해를 만들었는데

그 크기는 탄자만 하고, 오색 구름이 둘러서 산허리 위를 지나도록 되었는데, 하루에 한 번씩 돌아서 낮에는 산 밖에 나타나고 밤에는 산 속에 들어가며, 비스듬한 형세가 천행에 준하였고, 극의 멀고 가까운 거리와 돋고 지는 분수가 각각 절기를 따라서 하늘의 해와 더불어 합치하도록 되어 있다.

해 밑에는

옥녀 넷이 손에 금탁을 잡고 구름을 타고 사방에 서서, 인 · 묘 · 진시 초정에는 동쪽에 있는 옥녀가 금탁을 울리고, 사 · 오 · 미시 초정에는 남쪽에 있는 옥녀가 금탁을 울리며, 서쪽과 북쪽도 모두 그렇게 한다.

밑에는 네 가지 귀형을 만들어서

각각 그 곁에 세웠는데 모두 산으로 향하여 섰으며, 인시가 되면 청

룡신이 북쪽으로 향하고, 묘시에는 동쪽으로 향하며, 진시에는 남쪽으로 향하고, 사시에는 돌아서 다시 서쪽으로 향하는 동시에 주작신이 다시 동쪽으로 향하는데, 차례로 방위를 향하는 것은 청룡이 하는 것과 같으며, 딴 것도 모두 이와 같다.

산 남쪽 기슭에는 높은 축대가 있어, 시간을 맡은 인형 하나가 붉은 비단옷 차림으로 산을 등지고 섰으며, 인형 무사 셋은 모두 갑옷 차림인데 하나는 종과 방망이를 잡고서 서쪽을 향해서 동쪽에 섰고, 하나는 북과 부채를 잡고 동쪽을 향해 서쪽에서 약간 북쪽으로 가까운 곳에 섰고, 하나는 징과 채쭉을 잡고 동쪽을 향해서 서쪽에서 약간 남쪽으로 가까운 곳에 서 있어서, 매양 시간이 되면 시간을 맡은 인형이 종 치는 인형을 돌아보고, 종 치는 인형도 또한 시간을 맡은 인형을 돌아보면서 종을 치게 되며, 매경마다 북과 부채를 잡은 인형이 북을 치고, 매점마다 징과 채를 잡은 인형은 징을 치는데, 서로 돌아보는 것은 종 치는 인형과 같으며, 경·점마다 북 치고 징 치는 수효는 모두 보통 시행하는 법과 같다.

또 산 밑 평지에는 열두 방위를 맡은 신들이
각각 제자리에 엎드려 있고, 열도 방위 신 뒤에는 각각 구멍이 있어 상시에는 닫혀 있다가 자시가 되면 쥐 모양으로 만든 신 뒤에 구멍이 저절로 열리면서 인형 옥녀가 자시패를 가지고 나오며, 쥐 모양으로 만든 신은 그 앞에 일어선다. 자시가 다 가면 옥녀는 되돌아서 구멍에 들어가는 동시에 구멍이 저절로 닫혀지고 쥐 모양의 신도 제 위치에 도로 엎드린다. 축시가 되면 소 모양으로 만든 신 뒤의 구멍이 저절로 열리면서 옥녀가 또한 나오며, 소 모양의 신도 일어나게 되는데, 열두 시간이 모두 이렇게 되어 있다. 오방위 앞에는 또 축대가 있고 축대 위에는 기울어진 그릇을 놓았고 그릇 북쪽에는 인형 관원이 있어, 금병을 가지고 물을 따르는 형상인데 누수 남은 물을 이용하여 끊임없이 흐르며, 그릇이 비면 기울고 반쯤 차면 반듯해지며, 가득 차면 엎어져서 모두 옛말과 같이 되어 있다. 또 산 동쪽에는 봄 3개월 경치를 만들었고, 남쪽에는 여름 경치를 꾸몄으며, 가을과 겨울 경치도 또한 만들어져 있다.

《시경 빈풍도》에 의하여
인물 · 조수 · 초목 여러 가지 형용을 나무를 깎아 만들고, 절후에 맞추어 벌려 놓았는데 칠월 한 편의 일이 갖추어지지 않은 것이 없다. 집 이름을 흠경이라 한 것은 《서경》 요전 편에 '공경함을 하늘과 같이 하여, 백성에게 절후를 알려 준'는 데에서 따온 것이다.

대저 당 · 우 시대로부터 측후하는 기구는 그 시대마다 각자 제도가 있었으나, 당 · 송 이후로 그 법이 점점 갖추어져서 당나라의 황도유의 · 수운혼천과 송나라의 부루표영 · 혼천의상과 원나라의 앙의 · 간의 같은 것은 모두 정묘하다고 일렀다. 그러나 대개는 한 가지씩으로 되었을 뿐이고 겸해서 상고하지는 못했으며, 운용하는 방법도 사람의 손을 빌린 것이 많았는데 지금 이 흠경각에는 하늘과 해의 돗수와 날빛과 누수 시각이며, 또는 사신 · 십이신 · 고인 · 종인 · 사신 · 옥녀 등 여러 가지 기구를 차례대로 다 만들어서, 사람의 힘을 빌리지 않고도 저절로 치고 저절로 운행하는 것이 마치

귀신이 시키는 듯하여 보는 사람마다 놀라고 이상하게 여겨서 그 연유를 측량하지 못하며, 위로는 하늘 돗수와 털끝만큼도 어긋남이 없으니 이를 만들은 계교가 참으로 기묘하다 하겠다.

또 누수의 남은 물을 이용하여 기울어지는 그릇을 만들어서 하늘 돗수의 차고 비는 이치를 보며, 산 사방에 빈풍도를 벌려 놓아서 백성들의 농사하는 어려움을 볼 수 있게 하였으니 이것은 또 앞 세대에는 없었던 아름다운 뜻이다. 임금께서 여기에 항상 접촉하고 생각을 깨우쳐서, 밤낮으로 근심하는 뜻을 곁들였으니, 어찌 다만 성탕의 목욕반과 무왕의 호유명과 같을 뿐이리오.

그 하늘을 본받고 때를 좇음에 흠경하는 뜻이 지극하며 백성을 사랑하고 농사를 중하게 여기시니, 어질고 후한 덕이 마땅히 주나라와 같이 아름답게 되어 무궁토록 전해질 것이다. 흠경각이 완성되자 신에게 명하시어 그 사실을 기록하게 하심으로 삼가 그 줄거리를 적어서 절하고 머리를 조아리며 바치나이다." 하였다.

-1438년(세종 20) 1월 7일《세종실록》

흠경각은 귀한 장소다. 단순한 천문관측소라는 기능을 뛰어 넘었기 때문이다. 흠경각은 애민정신을 최우선 가치로 삼은 세종이 그 큰 뜻을 실현한 곳이다. 다시 말해 세종의 어질고 후한 마음이 오롯이 담겨 있는 곳이다. 당시 세종은 흠경각에서 장영실을 비롯해 여러 대신들과 어떻게 하면 농사를 지으면서 사는 백성들이 편안하게 살 수 있을지 고민하고 또 고민했었던 것으로 추정된다. 그도 그럴 것이 이곳에는 천문시계인 옥루 외에 많은 천문기구를 보관했었기 때문이다. 이곳에는 해시계 앙부일구를 비롯해 천체의 움직임을 관찰할 수 있는 천문기구인 혼천의, 천체를 관측하던 간의가 보관돼 있었고 이 외에도 하늘의 별자리를 관찰할 수 있는 혼상 등의 천문관측기구가 설치돼 있었다. 세종대왕은 자주 흠경각에 들렀던 이유는 이 역시 애민사상과 연결되는 듯하다. 농업 위주의 조선사회에서 무엇보다 중요한 것은 시간을 가늠하고 날씨를 확인하는 것이기 때문이다. 농본사회를 이끌고 있는 우두머리로서, 세종대왕은 여기에 맞추어 정치를 하기 위해 천체기구와 그것을 보관하는 관측소를 특별히 더 가까이 왕실에 두었던 것이다.

"흠경각.
그곳은 천문관측소 겸
세종의 어진 마음이 오롯이 담겨 있는 곳이다."

특히 흠경각에 설치된 옥루는 계절에 따라 매일 달라지는 해돋이의 위치뿐만 아니라 운동속도까지 적확하게 보여줌으로써 천문관측기구로서의 역할을 톡톡히 해냈다. 그러나 한 가지 매우 안타까운 사실이 있으니, 역시 지금은 볼 수 없다는 것이다. 여러 천문기구가 설치된 흠경각이 1553년(명종 8) 때 경복궁 내부에서 발생한 화재로 소실됐기 때문이다. 물론 그 이후에 중건을 거듭했고, 고종 때 경복궁 재건 사업과 함께 복원이 되었지만 이 또한 일본의 침략으로 소실되었다. 현재 남아 있는 흠경각은 1995년 정부 차원에서 실시한 복원사업으로 중건된 것이다. 참으로 아쉽지만 그렇다 한들, 당대 세종을 비롯한 장영실과 그 외에 수많은 학자들이 맺은 결실까지 사라질까. 다행스럽게도 많은 학자들의 노력 덕분에 오늘 날까지 이어지고 있다. 이는 보이지 않는 곳에서 기록을 바탕으로 그것을 끝까지 복원해낸 사람들이 있었기에 가능했을 것이다. 그리고 그들이야말로 오늘날의, 제2의 장영실이 아닐까 싶다.

> "세종 시대 세워진 흠경각은 현재 남아 있지 않다.
> 현재 남아 있는 흠경각은
> 1995년 정부에서 실시한 복원사업으로 설치된 것이다"

백성이 알아볼 수 있는 해시계 앙부일구를 발명해내고, 그 다음에는 한층 업그레이드 된 물시계를 연달아 만들어낸 장영실. 물론 이 모든 것을 그가 혼자서 해낸 것은 아닐 것이다. 다만, 여러 기록을 토대로 볼 때 장영실을 중심으로 그 업적들이 이루어졌을 것으로 추측할 다름이다. 두 번에 걸친 왕자의 난으로 왕위에 오른 태종의 삼남 충녕대군. 아마도 그가 있었기에, 이처럼 조선 세종시대 때는 천문학에 기초해 시간을 정확하게 측정하고 이를 바탕으로 한 시간 제도를 확립해 궁궐 안팎으로 슬기롭게 활용할 수 있었을 것이다. 6장에서는 장영실이 남긴 위대한 업적 중에서 해시계와 물시계를 중심으로 살펴보았다. 단순히 시대 순으로 업적을 나열하지 않고, 해시계와 물시계를 먼저 소개한 데에는 나름 이유가 있다. 바로 장영실은 무엇보다도 우리에게 자격루로 기억되는 인물이라고 생각했기 때문이다. 그러나 이는 그저 빙산의 일각에 불과하다. 그가 남긴 업적은 실로 상상을 초월한다. 5장의 마지막 순서로 그 중 하나를 소개하고자 한다. 바로 갑인자다.

갑인자

갑인자(甲寅字)란, 조선시대 갑인년인 1434년 주자소에서 만든 구리 활자를 의미한다. 태종 계미년에 만든 계미자를 세종 갑인년에 개량한 것이다. 당시 세종대왕은 금속제련 전문가로서는 장영실, 이천, 이순지를 투입해 금속활자 제작 업무를 맡겼었다. 금속제련 전문가 장영실이라니. 조금 아니, 매우 어색하게 들릴지도 모르겠다. 그러나 이는 사실이다. 영실은 어명을 받고, 다른 학자들과 금속활자의 주조사업에도 공을 들였다. 그 결과 조선시대 활판인쇄기술을 대표하는 갑인자와 인쇄기를 완성했다. 개량돼 세상으로 나온 갑인자는 아름다우면서도 아주 경제적인 금속활자로 평가받는다. 아니나 다를까, 갑인자 한글 활자는 획이 굵고 강직한 게 특징이었다. 구리로 만든 금속활자인 갑인자. 이것으로 인해 조선의 인쇄술이 발달할 수 있었다. 자료에 따르면 갑인자는 대략 20여만 자에 달하며, 이것으로 하루에 40여 장을 찍을 수 있었다고 한다. 이처럼 효율적인 갑인자는 역사적으로도 의미가 깊다. 세종대왕이 우리 고유의 글자를 제정한 다음에 처음으로 만든 활자이기 때문이다. 앞서 말했듯이 갑인자는 1434년에 완성됐는데 이 시기를 잘 생각해보시라. 그렇다. 자격루가 제작돼 조선의 표준시계로 공표된 시기다. 자격루 제작으로 말도 못하게 바빴을 텐데, 영실과 학자들이 같은 해에 갑인자를 제작했다니 놀라울 따름이다. 더불어 오롯이 장영실 혼자서 해낸 업적이 아니므로 이천, 이순지라는 학자들의 공도 높이 사야 한다고 생각한다.

"조선시대 금속활자 인쇄술의 발달을 가져 온 갑인사.
그 프로젝트에도 참여한 사람으로는 장영실, 이천, 이순지 등이다."

그렇다면 정말로 장영실이 정말로 갑인자 프로젝트에 참여했을까. 많은 사람이 말하기를, 장영실은 자격루나 측우기 정도만 만들어냈을 거라고 알고 있다. 허나 그것은 빙산의 일각일 뿐. 장영실은 나쁘게 말하면 워커홀릭이었고, 좋게 말하면 참으로 다재다능했었다. 특히 오늘날로 말하면 엔지니어로서의 실력도 대단했었다. 우리나라 말 중에 '팔방미인'이라는 말이 있다. 사전에서 그 뜻을 찾아보면, 어느 모로 보아도 아름다운 미인이라는 뜻으로 여러 방면에 능통한 사람을 비유할 때 쓴다고 돼 있다. 또 이와 정반대로 주관 없이 누구에게나 잘 보이려고 하거나 모든 일에 손을 대려고 하는 이를 부정적으로 일컫는 말이라고 나와 있다. 장영실은 전자였다. 특정한 인물에게 잘 보이기 위해 거짓 술수를 쓸 경우, 그건 금세 탄로 나기 마련이다. 장영실은 단순히 손기술이 좋은 사람이 아닌, 팔방미인이오, 진짜 조선 최고의 아이디어 뱅크였던 것이다. 소위 말하는 천재였을 가능성이 매우 높다. 엔지니어로서 역할도 톡톡히 해냈기 때문이다. 눈치 빠른 세종대왕이 이를 몰랐을 리가 없다. 세종은 장영실과 금속활자 프로젝트를 함께 진행하기 위

월인천강지곡 (보물 제398호) 상권
(국립중앙박물관, 서울 용산구 서빙고로 137 소재)

해 친히 또 한 차례 벼슬을 내린다. 이름하여 경상도 찰방별감이다. 이
처럼 세종대왕은 장영실을 '경상도 찰방별감'이라는 벼슬을 내려 창원,
울산, 영해, 청송, 의성 등지에서 금속 채굴작업과 기타 제련작업을 지
휘하도록 했었다. 이에 관한 기록이 실록에도 남아 있는데, 그 내용은
다음과 같다.

> "경상도 채방 별감(採訪別監) 장영실이 창원·울산·영해·청송·
> 의성 등 각 읍에서 생산된 동철과 안강현의 소산 연철 등을 바쳤다."
> -1438년(세종 20) 9월 15일 《세종실록》

장영실이 경상도 찰방별감이라는 벼슬을 받아 창원과 울산 등지에
서 금속 채굴과 제련작업을 지휘했다는 기록으로 우리는 장영실이 금
속 채굴 및 제련에도 매우 능숙했다는 점을 알 수 있다. 학자들의 연구
에 따르면, 당시 조선 제련기술은 상당한 수준에 이른 상태였는데 아마
도 장영실은 이를 잘 활용했다고 한다. 한편 세종대왕은 1443년 훈민
정음을 만들고, 5년 후 금속활자인 갑인자로 〈월인천강지곡〉을 펴내기
도 했다. 그렇다면 당시 조선이 전통적인 농업 국가였음에도 불구하고

금속활자에 이렇게나 공을 들인 이유는 무엇일까. 이는 간단하다. 조선에서 농업과 직접적인 관련이 있는 천문학이 매우 중시되었는데, 각종 천문기구에도 청동 등의 금속이 많이 쓰였기 때문이다. 따라서 여러 가지 과학발명품을 만들어낸 장영실이 금속제련에 능통했을 거라는 것은 충분히 이해가 되고도 남는다. 한편 기록에 의하면 당시 장영실은 천문기구 프로젝트가 끝나자 세종에 의해 대량인쇄가 가능한 조선식 청동활자 인쇄술의 모체인 갑인자 제작에 들어가게 됐다고 나온다. 그렇다면 그가 참여한 천문기구 프로젝트란 과연 무엇일까. 당시 기록을 바탕으로 장영실의 여러 가지 기술상의 업적을 더 살펴보되, 6장에서는 주로 천문기구에 대해 알아보겠다.

2007년 11월 22일
조선시대 금속활자 갑인자, 드디어 복원되다!

조선시대 때 만들어진 여러 활자 중 가장 정교하다는 평가를 받고 있는 갑인자! 1443년 때 장영실, 이천, 이순지 등이 만들어낸 구리 금속활자인 갑인자가 복원됐다는 소식입니다. 청주시는, 지난 2007년 5월부터 갑인자 계열의 금속활자 10종에 관한 복원사업을 진행, 2007년 11월 22일 드디어 복원사업에 성공했는데요. 당시 복원된 갑인자는 〈자치통감〉을 바탕으로 이루어졌다고 알려졌습니다. 또한 당시 복원된 갑인자로 인쇄된 책도 있는데, 대표적인 게 〈대학연의〉랍니다. 우리는 자신의 생각을 표현하기 위해 그리고 타인에 말을 전하기 위해 글자라는 기호를 사용합니다. 단순한 글자로서의 기능이 아닌, 예술로서의 높은 가치를 갖고 있는 갑인자. 세종대왕은 1443년 훈민정음을 만들고 5년 후 금속활자인 갑인자로 〈월인천강지곡〉이란 책을 펴냈었지요.

이 책을 펼치면 책 속의 활자는 참 아름다운데요. 그야말로 한글이 지닌 예술적 가치까지 느낄 수 있는데요. 실제로 많은 학자들에 의하면 한글은 소리글자의 장점과 뜻글자의 장점만을 모아놓은 글자라고 합니다. 당시 최성자 문화재청 문화재위원은 이에 대해 말하기를, '한글은 한자와 더불어 쓰면 온갖 뜻이 함께 들어가고, 제 글자만 써도 쉽게 생각을 나타낸다. 더구나 갑인자처럼 잘 쓰면 글꼴까지 사랑스럽다.'라고 했었답니다. 여러분의 생각은 어떠신가요. 만약 〈월인천강지곡〉에 실린 글꼴을 실제로 못 본 분들께서는 세종대왕의 생일인 5월 15일에 경기도 여주 세종대왕 영릉을 찾아가는 역사체험을 해보세요. 그러고 나서 서울대 규장각을 방문해 현재 보물 제398호로 지정된 〈월인천강지곡〉 원본을 직접 관람하는 방법도 매우 좋을 것 같습니다. 이상 장영실 뉴스였습니다.

2015년 4월 22일
〈자치통감 권226~299〉, 보물로 지정되다!

울산박물관에서 소장하고 있는 자치통감 권226~229이 보물 제1281-4
호로 지정돼 큰 화제가 되고 있습니다. 이번에 보물로 지정된 자치통
감은 지난 2009년 울산박물관에서 구입한 유물로 울산시 내에서는 유
형문화재로 지정돼 관리가 돼 왔었는데요. 이를 울산시에서 문화재청
에 보물로 지정을 신청하고 2년에 걸쳐 검토한 끝에 마침내 2015년 4월
22일 최종 보물로 지정된 것이랍니다. 울산박물관에서 소장하고 있는
자치통감 권226~229의 4권 1책은 전 100책 중 1책임에도 불구하고 보
물로 지정될 수 있었던 이유는 무엇일까요.

놀랍게도 그 비밀은 '갑인자'에 있었답니다. 바로 자치통감 권226~229
가 1436년(세종 18년)에 조선 최고의 활자라 일컬어지는 갑인자로 찍은
금속활자본이기 때문이지요. 따라서 이것을 바탕으로 조선 초기의 출판
인쇄술과 서직한 분야에서 높은 연구가치가 있어서 보물로 지정이 된
거랍니다. 자치통감이 보물로 지정돼 그 가치를 인정받은 만큼 하루빨
리 학생을 비롯한 일반인들에게도 공개돼 많은 이가 관람할 수 있었으
면 좋겠습니다. 참고로 자치통감은 조선의 국가경영에 아주 중요한 서
적인데요. 자치통감에는 에조선의 군사, 정치 등을 중심으로 한 내용이
서술돼 있으며, 왕에게 국가 치란흥망의 차감을 제공하기 위해 편찬한
서적으로 알려져 있습니다. 이상 장영실 뉴스였습니다.

6장
시간과 우주를 품은
조선의 과학 선현

천문관측기구인
간의와 혼천의

    당대 최고의 과학기술 업적을 이룬 장영실이 만들어낸 핵심점인 천문관측기구를 알아보고자 한다. 사실상 세종의 부름을 받고 시작한 첫 프로젝트가 바로 천문기구였다. 당시 장영실이 중추원사 이천을 도와 간의대 제작에 착수하면서 본격적인 제작이 시작되었다. 대표적인 업무가 경복궁과 서운관 두 곳에 설치할 많은 천문관측의기를 연구·제작하는 일이다. 장영실은 이천과 함께 각종 천문기기 제작을 감독했다. 현재까지 장영실이 처음 만들었던 천문관측기구는 간의(簡儀)인 것으로 알려졌다.

    "우주에 대한 도전.
    그것이 장영실의 첫 프로젝트였다.
    농업이 근간인 조선이라는 나라에 무조건적으로 필요한 게 천문관측기기였기 때문이다. 하여 영실은, 1432년 하늘을 관측하는 천체기구인 간의를 완성했다."

간의
(경기도 여주시 능서면 영릉로 269-50소재)

이처럼 1432(세종 14)에 완성된 간의는 하늘을 관측하는 천체기구로, 조선시대 대표적인 천문관측기기라 할 수 있다. 당시 간의를 통해 고도와 방위 그리고 시간을 정확하게 측정할 수 있었는데, 장영실이 만든 간의로 잰 한양이 북위 38도 부근으로 밝혀진 적이 있었다. 이를 통해 간의를 사용하면 정확한 측정기술을 가능하다는 것이 확인돼 많은 이가 놀라움을 금치 못한 에피소드는 유명하다.

간의 발명 후 1년이 지났다. 영실은 다른 여러 학자들과 함께 도모해 업그레이드된 천문관측기구를 만들어낸다. 장영실은 간의를 더욱 발전시킨 천문기기를 발명해냈고, 그것이 바로 혼천의(渾天儀)다. 혼천의는 이천, 정철 등 여럿 학자의 도움으로 완성시킬 수 있었다. 간의에 이어 혼천의까지, 조선의 기본적인 관측기구를 완성시킨 공을 높이 산 세종은 크게 감탄해 영실을 승진시킨다. 바야흐로 1433년, 장영실은 정4품 호군벼슬로, 본격적으로 출세 가도를 달리게 된 것이다. 이것이 장영실 일대기에서 뿐만이 아니라, 조선 역사상 중요한 의미를 지닌다고 할 수 있다. 왜냐하면 바로 장영실이 승진한 이후에 나라 지원을 받아서 명나라 유학길에 올랐기 때문이다. 앞에서 다룬 자동물시계인 자격루가 바로 유학을 다녀온 뒤 완성시킬 수 있었는데, 이처럼 명나라 유학은 그에게 커다란 행운이자 디딤돌이었던 셈이다. 아니나 다를까, 오늘 날에도 일반 시민 뿐 아니라 다양한 분야의 전문가가 자격루를 가리켜 장영실 최고의 업

196

적으로 여기고 있다.

　　"노비 출신 장영실.
　　천문관측기기인 간의와 혼천의를 만
　　들어냈고,
　　마침내 세종으로부터 정4품 호군벼슬
　　을 내려 받게 된다."

　그렇다면 세종 시대 대표적인 천문관측
기구 중 하나인 혼천의에 좀 더 자세히 알
아보자. 우선 혼천의는 어떤 원리로 작동하
는지 살펴보자. 사실 혼천의라고 불리던 것

혼천의
(경기도 여주시 능서면 영릉로 269-50소재)

으로 각종 천체의 운행을 관측하는 천문관측기구로 중국에서 사용했
었다. 일찍이 천문기기가 발달한 중국에서는 고대 중국의 우주관이라
할 수 있는 혼천설에 기초를 두어 약 기원전 2세기경에 만들어졌다. 혼
천의의 혼(渾)은 '둥근 공'을 뜻하고, 같은 중심과 여러 개의 원으로 구
(球) 모양을 만든 동심다중구(同心多重球)를 말한다. 이러한 혼천의가 우
리나라에서 처음 제작된 시기는 기록에 의하면 1432년(세종 14)때다.
정인지와 정초가 고전을 연구하고 이천과 장영실이 제작을 맡아 완성
한 것이 최초라 한다. 세종 때 만들어진 천문시계는 바로 혼천의의 전
통을 잇는 것이나 매한가지였다. 하지만 혼천의가 실제로 천체의 운행
을 관측하는 것이 가장 큰 목적이었던 데 비해, 세종시대 때 제작된 혼
천의는 그 역할이 조금은 특별했었다. 바로 혼천의는 정교한 동력장치
를 이용해 천체의 운행을 재현하면서 그와 동시에 시간을 알려주는 시

계셨다. 임진왜란으로 인해 그 전까지의 모든 천문기구가 소실되면서 현재 장영실이 만든 혼천의는 남아있지 않지만, 세종실록에서는 기록으로 그것을 증명한다. 그 내용을 소개하면, 다음과 같다.

> 대제학 정초 · 지중추원사 이천 · 제학 정인지 · 응교 김빈 등이 혼천의(渾天儀)를 올리매, 임금이 그것을 곧 세자에게 명하여 이천과 더불어 그 제도를 질문하고 세자가 들어와 아뢰라고 하니, 세자가 간의대(簡儀臺)에 이르러 정초 · 이천 · 정인지 · 김빈 등으로 더불어 간의와 혼천의의 제도를 강문하고, 이에 김빈과 내시 최습에게 명하여 밤에 간의대에 숙직하면서 해와 달과 별들을 참고해 실험하여 그 잘되고 잘못된 점을 상고하게 하고, 인하여 빈에게 옷을 하사하니 밤에 숙직하기 때문이었다. 이로부터 임금과 세자가 매일 간의대에 이르러서 정초 등과 함께 그 제도를 의논해 정하였다.
>
> -1433년(세종 15) 8월 11일《세종실록》

이처럼 조선 시대 때 만들어진 혼천의는 천체의 운행과 그 위치를 측정하던 천문관측기였다. 자료에 따르면 혼천의는 제일 처음에는 목재를 사용해 만들어졌다고 하나 이후 구리로 바뀌어 제작이 되었다고 한다. 그러나 안타깝게도 조선 세종 때 만들어진 간의는 그 실물이 전해지지 않고 있다. 불행 중 다행으로 혼천의는 여러 단계를 거쳐 오늘 날 새로운 형태의 혼천의로 재탄생되었다. 이와 관련해서 실록에는 1657년(효종 8)에는 최유지, 1669년(현종 10)에는 이민철과 송이영이 각각 혼천의를 제작한 것으로 나와 있다. 정리하면, 한동안 천문시계 혼천의라는 제작이 끊겼다가 효종 때 이르러 새로 제작되었던 것이다.

그럼 효종 때 최유지가 만든 천문시계 혼천의에 대해 알아보자. 기록에 따르면 효종 때의 혼천의의 원리는 시계장치를 연결하여 혼천시계로 만들어졌는데, 1657년(효종 8)에 최유지라는 이름의 김제군수가 물의 힘으로 움직이는 천문시계, 소위 선기옥형(璿璣玉衡)을 혼천의를 만들었던 것으로 나와 있다. 당시 관상감에서는 이것을 그대로 본떠 만들어서 시간 측정과 천체 관측에 활용하기도 했었다. 임진왜란으로 그전까지의 대부분의 천문의기가 소실된 지 거의 1세기가 지난 뒤에야 혼천의, 즉 천문시계의 전통이 이어지게 된 것이었다.

"장영실이 만든 혼천의는
안타깝게도 임진왜란 때 소실되었다.
그러나 천문시계의 전통은 결코 끊어지지 않았다."

천문시계의 맥을 이어가고자 최유지가 천문시계를 만들었지만, 안타깝게도 최유지가 만든 천문시계에는 결함이 있었다. 하여 성균관으로부터 1664년 3월 수리의 필요성이 언급되자, 본격적으로 개조작업에 들어갔었다. 그리고 나서 5년 후 1669년(현종 10) 천문학자 이민철과 송이영이 새로운 형태의 천문시계를 만들어냈었다. 안타깝게도 이민철이 만든 혼천시계는 일제 때 경희궁이 헐리면서 역사 속으로 사라졌고, 현재는 그것을 기본으로 해서 송이영이 만든 혼천시계만이 남아 있다. 송이영이 만든 혼천시계는 혼천의 부분만을 복원한 것으로, 그 구조는 지평환, 적도환, 황도환, 백도환, 지구의 등으로 구성돼 있다. 또한 이것은 과거와 같이 물레바퀴를 돌려 동력을 만드는 수격식 장치가 아니었다. 바로 서양식의 자명종 원리를 이용해 제작한 것이라 할 수 있겠다.

소이영이 만든 혼천시계는 현재 서울 고려대학교 박물관에 소장되어 있으며, 국보 제230호로 지정돼 있다.

2007년 1월 22일
새롭게 유통되는 새 1만원 권 뒷면에 실리는 것은
혼천의일까, 혼천시계일까?

바야흐로 2007년 1월 22일부터 새 1만원 권이 유통되기 시작하였습니다. 새롭게 발행된 새 1만 원 권 앞면에는 일월오봉도와 용비어천가가 들어가고, 뒷면에는 과거 경회루에서 혼천시계로 바뀌었습니다. 참고로 일월오봉도는 해, 달, 다섯봉우리, 폭포 그리고 소나무 등이 그려진 그림인데요. 조선시대 임금의 뒤에 놓여 있는 병풍으로 사용된 것으로 알려져 있습니다. 또한 용비어천가는 세종대왕의 훈민정음 창제 이후, 한글로 기록된 최초의 문학작품이어서 그 역사적 가치가 매우 높다고 할 수 있습니다. 또한 신규로 홀로그램이 적용된 새 1만 원 권은 굉장히 세련된 모습을 띄기도 하는데요. 그도 그럴 것이 색상을 기존 녹색 계열로 가되, 전반적으로 밝고 화려한 색상으로 바뀌었기 때문입니다. 한편 새 1만 원 권 규격은 가로 148밀리미터, 세로 68밀리미터로 과거 지폐보다 가로 세로 각각 13밀리미터, 8밀리미터 가량이 축소된 것으로 알려졌습니다.

그리고 무엇보다 가장 중요한 것은 새 1만원 권 뒷면그림의 주제는 혼천의인데요. 이 혼천의는 국보 제239호로 지정된 혼천시계의 일부로, 조선시대 송이영이 제작한 것으로 알려졌습니다. 그러니까 혼천의 전부가 수록된 게 아니라 혼천의 일부인 혼천시계만이 새 1만원 권 뒷면에 새겨진 것인데요. 이를 두고 한때 논란이 일기도 했습니다. 일부 시민이 1만원 권 신권 지폐에 혼천의가 수록된다는 각종 뉴스를 보고 새 1만원 권 뒷면그림을 혼천시계가 아닌 혼천의로 잘못 알고 있었기 때문입니다. 사실 혼천의는 혼천시계에 네모난 서양식 진자가 달려 있습니다. 혼천의와 혼천시계는 명백히 다른 것입니다. 이 외에도 일부 학계에서는 혼천시계가 중국 모방품이라는 등 주장도 제기하기도 했었는데요. 실제 중국에서는 한국의 1만원 권 신권 도안에 수록된 혼천의의 일부인 혼천시계는 우리 것이라고 주장해 큰 논란이 되기도 했었습니다.

너무나 안타까운 일이 아닐 수 없습니다. 일부에서는 애초에 한국은행이 새 1만원 권 지폐에 혼천시계를 넣는다고 발표해놓고 그 일부인 혼천의만 담은 게 문제라고 지적합니다. 하지만 시시비비를 가리기 전에 우리 모두가 1985년에 국보로 채택한 혼천시계에 대한 무지가 낳은 부끄러운 에피소드가 아닐까 생각됩니다. 여전히 일반 시민이나 외국인들은 1만원 권 지폐에 수록된 혼천의를 보고, 혼천시계를 떠올리지는 못하지만, 지금이라도 정부 차원에서 혼천시계를 홍보하는 자세가 필요할 것 같습니다. 다시 한 번 말씀드리지만 대한민국 국보로 채택된 것은 혼천의가 아닌 혼천시계입니다. 혼천의는 혼천시계의 일부입니다. 이상 장영실 뉴스였습니다.

2009년 8월 18일
340년 전, 혼천시계를 그대로 볼 수 있다?

340년 전에 만들어진 혼천시계가 원형대로 복원돼 화제가 된 적이 있습니다. 이 혼천시계는 당시 조선시대 천문학자인 송이영 선생이 만들었으며, 태양 위치와 계절, 날짜를 알려주는 혼천의와 시간을 알려주는 시계 등 2개 장치로 구성돼 있습니다. 그동안에는 고려대 박물관에서 그 원형을 보관하고 있었지만, 부속품이 없어서 작동이 안 된 것으로 알려져 있습니다. 그러나 복원사업을 통해 기존 혼천시계에 부속품을 보완해 완벽한 복원이 이루어졌고, 이를 통해 매시간 정시에 종소리를 내고 이 외에도 달의 월령과 태양의 위치까지 알려주는 등 혼천시계의 역할을 톡톡히 해내 큰 화제가 되었습니다. 당시 김영식 중앙과학관장은 모 일간지와의 인터뷰를 통해 "혼천시계는 동양의 혼천의와 서양식 자명종 원리를 결합해 만든 우리나라 고유의 과학문화재입니다. 이는 전 세계에 자랑할 만한 걸작품입니다."라고 말씀하셨는데요. 역사적으로 감개무량한 순간은 우리 모두 잊지 말고, 과학 선현의 정신을 현대에 와서도 쭉 이어갔으면 좋겠습니다. 이상 장영실 뉴스였습니다.

일성정시의

일성정시의는 해시계와 별시계의 기능을 하나로 고안한 천문관측기기다. 이것을 이용하면 낮과 밤의 시간을 측정할 수 있는데, 이것은 1437년(세종 19)에 최초로 장영실과 여러 학자들에 의해 만들어진 것으로 알려졌다. 한편, 일성정시의 주재료는 청동이며, 구조는 주천도분환, 일구백각환, 성구백각환, 정극환, 계형, 용주, 부(받침대) 등으로 구성돼 있다. 현재까지 알려진 바에 의하면 일성정시의 해시계의 원리와 별들이 북극성을 중심으로 규칙적으로 회전한다는 원리를 적용하고 있다. 한편 주야 측후기인 일성정시에 관한 기록은 실록에도 상세히 나와 있다. 그 내용이 다소 길지만 어느 줄 하나 빠뜨릴 게 없을 정도로 매우 중요해서 수록하겠다. 그 내용은 다음과 같은데 읽다보면, 천문관측기구에 대한 상세한 기록도 나와 있어서 이해하기 수월할 것이다.

처음에 임금이 주야 측후기를

만들기를 명하여 이름을 '일성정시의'라 하였는데, 이에 이르러 이룩됨을 보고하였다. 모두 네 벌인데, 하나는 내정에 둔 것으로 구름

일성정시의
(경기도 여주시 능서면 영릉로 269-50소재)

과 용을 장식하였으며, 나머지 셋은 다만 발이 있어 바퀴자루를 받고 기둥을 세워 정극환을 받들게 하였다.

하나는 서운관에 주어 점후에 쓰게 하고, 둘은 함길·평안 두 도의 절제사 영에 나누어 주어서 군중의 경비하는 일에 쓰게 하였다. 또 승지 김돈에게 명하여 서와 명을 짓게 하니, 그 글에 이르기를, "의상은 더 말할 것 없이 요·순으로부터 한·당에 이르기까지 모두 귀중히 여겨서 그 글이 경사에 갖추어 나타났으나, 예전과 시대가 멀어서 그 법이 자세하지 아니하였는데, 삼가 생각하건대, 우리 전하께서는 세상에 뛰어난 신성한 자질로써 정무를 보살피는 여가에 천문법상의 이치에 유념하시어, 무릇 예전에 이르는바, 혼의·혼상·규표·간의 등과 자격루·소간의·앙부·천평·현주·일구 등의 그릇을 빠짐 없이 제작하게 하셨으니, 그 물건을 만들어 생활에 이용하게 하시는 뜻이 지극하시었다.

그러나 하루의 시각이 1백 각이요, 그리고 밤과 낮이 반씩이로되 낮에는 햇볕을 헤아려서 시간을 아는 그릇은 이미 갖추었으나, 밤에 이르러서는 《주례》에 별을 보고 밤 시각을 구분하는 글이 있고,

204

《원사》에도 별로써 시각을 정하는 말이 있으나 그 측정하는 방법은 말하지 아니하였으므로, 이에 밤낮 시각을 알리는 그릇을 만들기를 명하여 이름을 '일성정시의'라 하였다. 그 제도는 구리를 써서 만들었는데, 먼저 바퀴를 만들어 세를 적도에 준하여 자루가 있고, 바퀴의 지름은 2척, 두께는 4분, 넓이는 3촌이다. 가운데 십자거가 있는데, 넓이는 1촌 5분, 두께는 바퀴와 같다. 십자 가운데는 축이 있는데, 길이는 5분 반이고 지름은 2척이다. 북쪽 면을 깎아 파되, 중심에 1리를 두어서 두께를 하고 가운데 둥근 구멍을 겨자씨 같이 만들었다.

축은 계형을 꿰고, 구멍은 별을 살피는 것이다.

아래에는 서리고 있는 용의 모양을 만들어 바퀴 자루를 물고 있는데, 자루의 두께는 1촌 8분이며 용의 입에 1척 1촌이 들어가고 밖에 3촌 6분이 나왔다.

용의 밑에는 대가 있는데, 넓이는 2척이고 길이는 3척 2촌이며, 도랑과 못을 만들었는데, 수평을 취한 것이었다. 바퀴의 윗면에 세 고리를 놓았는데, 이름을 주천도분환 · 일구백각환 · 성구백각환이라 한다.

그 '주천도분환'은 밖에 있으면서 움직이고 돌며, 밖에 두 귀가 있는데 지름은 두 자, 두께는 3분, 넓이는 8분이다. '일구백각환'은 가운데에 있어 돌지 아니하고, 지름은 1척 8촌 4분이고, 넓이와 두께는 밖의 것과 같다. '성구백각환'은 안에 있어 움직이고 돌며, 안에 두 귀가 있는데, 지름은 1척 6촌 8분이고, 넓이와 두께는 안팎 고리와 같다. 귀가 있는 것은 움직이게 하는 것이다. 세 고리의 위에 계형이 있으니, 길이는 2척 1촌, 넓이는 3촌, 두께는 5분인데, 양쪽에 머리가 있고 가운데는 비었으며, 길이는 2촌 2분이고, 넓이는 1촌 8분으로, 세 고리의 그림을 덮지 못하게 한 것이다. 허리의 중간 좌우에 각각 용이 하나씩 있으니, 길이는 1척이고, 함께 '정극환'을 받든다.

'정극환'이 둘이 있는데, 바깥 고리와 안 고리의 사이에는 구진대성이 나타나고, 안 고리의 안에는 천추성이 나타나니, 남북의 적도를 바르게 하는 것이다. 바깥 고리는 지름이 2촌 3분이고, 넓이가 3분이며, 안 고리는 지름이 1촌 4분 반, 넓이가 4리이고, 두께는 모두 2분인데 약간 서로 대여서 십자와 같다.

'계형' 두 끝에 빈 곳의 안팎에 각각 작은 구멍이 있고, '정극환' 바깥 고리의 양쪽에도 작은 구멍이 있어, 가는 노끈으로 여섯 구멍을 통해 꿰어서 '계형'의 두 끝에 매었는데, 위로는 해와 별을 살피고 아래로는 시각을 알게 한 것이다. '주천환'에는 주천도를 새기되, 매도를 4분으로 하고, '일구환'은 1백 각을 새기되, 매각을 6분으로 하였다.

성구환도 일구환과 같이 새겼으나, 다만 자정이 신전자정에 지나서 하늘이 일주하는데, 1도를 더 지나가는 것과 같이 다름이 있다. '주천환'을 사용하는 법은, 먼저 수루를 내려서 동지 신전자정을 맞추고, '계형'으로 북극 둘째 별이 있는 곳을 살펴서 바퀴 가에 표시하고, 인해 주천 첫 도의 초에 맞게 한다.

그러나

세월이 오래 되면 천세에 반드시 차가 생기니, 《수시역》으로 상고하면, 16년이 약간 지나서 1분이 뒤로 물러나고, 66년이 약간 지나서는 1도가 뒤로 물러나므로, 이에 이르러 다시 살펴서 정한다.

북극 둘째 별은 북극에서 가깝고 가장 붉고 밝아서, 여러 사람이 보기 쉽기 때문에 이것으로 측후한다.

'일구환'의 사용은 '간의'와 같고, '성구환'을 사용하는 법은 첫해 동지 첫날, 새벽 전 밤중 자정을 시초로 하여 '주천환' 초도의 초에 맞게 하여 하루에 1도, 이틀에 2도, 사흘에 3도로 하여 3백 64일에 이르면 곧 3백 64도가 되고, 다음해 동지 첫날 자정에는 3백 65도가 되니, 하루에 공도가 3분이고, 이틀에 1도 3분으로 3백 64일에 이르면 곧 3백 63도 3분이 된다.

또 다음해 동지 첫날에는 3백 64도 3분이니 하루의 공도가 2분이고, 이틀에 1도 2분으로, 3백 64일에 이르면 곧 3백 63도 2분이 된다.

또 다음해 동지 첫날에는 3백 64도 2분이니 하루의 공도가 1분이고, 이틀에 1도 1분으로 3백 65일에 이르면 곧 3백 64도 1분이 되니 이를 일진이라고 이른다. 일진이 되면 다시 처음으로 돌아온다. 무릇 인사의 동정하는 기틀은 실로 해와 별의 운행하는 법칙에 매였고, 해와 별의 운행은 의상 가운데 밝게 나타나므로, 옛 성인이 반드시 정치하는 도의 첫째 일로 삼았으니, 요의 역상과 순의 선기가 이것이다.

우리 전하께서 제작하신 아름다운 뜻은 곧 요·순과 더불어 법을 같이 하였으니, 천고에 내려오면서 일찍이 없던 거룩한 일이다.

아아, 지극하도다. 이를 마땅히 새겨서 후세에 밝게 보여야 할 것이므로 신 돈이 감히 손으로 절하고 머리를 조아리며 명을 지어 올리노라."하고, 그 글에 이르기를, "요임금은 역상을 공경하고, 순임금은 기형에 뜻을 두니 대대로 전하여서 제조가 정밀하다. '의'라 하고 '상'이라 하여 그 이름이 같지 아니하나, 땅을 보고 하늘을 살펴서 백성의 일을 보여 주었다.

옛일이 이미 멀어서 제도가 퇴폐하여졌으니 책에 실려 있은들 그 뜻을 뉘가 알리오.

신성하신 임금이 시대에 응해 나시어, 요·순의 법을 받아 표와 누와 의와 상의 옛 제도를 회복했네.

백각으로 때를 정해 밤낮을 나누었고, 햇볕으로 때를 아는 그릇은 있으나, 밤에도 살피고자 의상을 만들도록 명령을 내리셨네.

그 이름 무엇인고. '일성정시의'라 일컬으며, 쓰는 법은 어떠한고.

별자리를 살펴보고 햇볕과 맞추었도다. 구리로 바탕하여 만든 솜씨가 뛰어나서 비할 수 없고, 둥근 바퀴 먼저 하고 거가 있어 운용한다. 남북이 높고 낮아 적도를 모방하고, 대 위에 용이 서려, 바퀴 자루 물고 있다.

도랑과 못이 있어 물을 담아 바르고, 바퀴 위에 세 고리가 서로 붙고 의지하여 바깥 것은 주천이니, 도와 분이 벌여 있고, 안의 두 고

리는 일구·성구인데, 성구환의 각은 천도같이 지나도다. 안팎 것
은 움직이나, 중간 것은 굳게 붙어 움직이지 아니한다. 계형이 전면
에 가로 있어 굴대가 중심을 꿰었도다. 굴대에 구멍 뚫어 겨자 같고
바늘 같아 계형의 빈 끝에는 도와 각이 새겨 있다.

쌍룡이 축을 끼고 정극환을 받들었다.
안팎에 환이 있고, 그 사이에 별이 있다.
그 별은 무엇인고. 구진과 천추로다. 남북이 정하였고 동서가 바르
도다. 측후법은 어떠한고. 실을 써서 살펴본다.

고리 위에 곧게 걸고 계형 끝에 내려 꿰어, '일구'에는 둘을 쓰고
'성구'에는 하나 쓴다. 제좌가 붉고 밝아 북극에 가까우니, 실을 써
서 살펴보면 시각을 알 수 있다. 누수를 먼저 내려 자정을 알아보
고, 윤환에 표지하여, 주천환의 도는 것을 여기에서 일으킨다.
밤마다 도는 것이 한 도를 지나가니 도와 분이 나뉘어서 비롯하고
끝맺는다. 그릇은 정밀하고 두루 쓰인다. 선철이 많았으나 이 제도
가 없었는데, 우리 임금 처음으로 이 의상을 만드시어 희·화에게
내리시니 만세의 국보일세."하였다.

그 글에, "구리를 써서 만들었다."로부터, "다하면 처음으로 돌아온
다."까지는 임금이 친히 지은 것인데, 승지 김돈이 직제학 김빈에게
보이며 이르기를,

"내가 감히 글을 짓고자 함이 아니라, 다만 경들이 이를 가지고 깎

고 보태어서 명과 서를 지어 오래 전하기를 도모하려고 한다."고 하였는데, 임금이 시각을 정하는 제도를 서술한 글이 간이하고 상세하여 손바닥을 가리킴과 같이 명백하기 때문에 돈 등이 능히 한 글자도 바꾸지 못하고 그 글의 머리와 끝만 보태어 그대로 명을 지었다고 한다. 그 소간의는 예문관 대제학 정초가 명과 서를 함께 짓기를, "당요가 세상을 다스리자 먼저 희·화에게 명하여 햇볕을 살펴서 시각을 바르게 하였는데, 이로부터 내려오면서 시대마다 각각 그 그릇이 있었고, 원나라에 이르러 갖추었다.

금상 16년 가을에 이천·정초·정인지 등에게 작은 모양의 간의를 만들기를 명하니, 비록 옛 제도에 말미암았으나 실은 새 법에서 나왔다.

밑바탕은 정한 구리로 하고, 개울물의 모양을 만들어서 수평을 정하고 남북의 위치를 바루었다. 적도환의 전면에는 하늘 둘레의 도·분을 나누어 동서로 운전하여 칠정과 중외관의 입숙하는 도·분을 헤아린다.

'백각환'은 '적도환'의 안에 있는데, 면에는 12시와 1백 각을 나누어 낮에는 햇볕으로 알고 밤에는 중성으로 정한다. 사유환이 규형을 가지고 동서로 운전하여, 남북을 내렸다 올렸다하고 규측하기를 기다린다. 기둥을 세워 세 환을 꿰었는데, 비스듬히 기대면, 사유환은 북극에 준하고, 적도환은 천복에 준한다.

곧게 세우면 사유가 입운이 되고 백각이 음위가 된다. 공작이 겨우 끝나자, 여러 신하들이 명을 새겨 뒷세상에 전하기를 청하므로, 임금이 신 초에게 명하시니, 신이 절하고 명을 올리노라."

하고, 명하기를,

"하늘의 도는 하는 일이 없고, 그릇 또한 간략함을 숭상하였다.
옛 간의는 기둥이 많았는데, 지금의 이 그릇은 들고 갈 수 있겠도
다. 사용하는 방법은 간의와 같았으나, 간략한 것을 더욱 더 간략하
게 만든 것이다." 하고, 또 그 작은 일성정시의에 이르기를, "전에
만든 일성정시의는 너무 무거워서 행군할 때에 불편하기 때문에,
다시 작은 정시의를 만들었으니, 그 제도는 전의 것과 대동소이한
데, 정극환을 없앤 것은 경편하게 하려고 함이다. 먼저 누수로써 첫
해의 새벽 전 밤중을 알아 맞추어서 북극 둘째 별이 있는 곳을 살
펴 바퀴 가에 표지하되, 그 획을 가장 길게 긋고, 북쪽으로 향하여
다시 세 획을 긋되, 점점 짧게 하고 사이의 거리는 모두 4분지 1도
로 하였다.

첫해 동지 첫날 새벽 전 밤중에 주천환의 초도를 바퀴 가의 긴 획
에 닿게 하고, 다음 해에는 다음 획에 닿게 하며, 또 다음 해에는 또
다음 획에 닿게 하고, 또 다음 해에는 가장 짧은 획에 닿게 하여 해
마다 한 번씩 옮겨서 5년째에 이르면 다시 처음으로 돌아간다.
동지 첫날에 성구환의 신전자정이 주천환의 초도에 닿고, 1일 자정
에는 1도, 2일에는 3도에 당하여, 매년 다 그렇게 되어 여분이 없
고, 다른 것은 전의 정시의와 같다. 일구를 사용하는 법은 전의 것
과 같다."고 하였다.

그 간의대는 승지 김돈이 기록을 지었는데, 이르기를,

"선덕 7년 임자년 가을 7월 일에 성상께서 경연에 거둥하여 역상의 이치를 논하다가, 예문관 제학 신정인지에게 이르기를, '우리 동방이 멀리 바다 밖에 있어서 무릇 시설하는 바가 한결같이 중화의 제도에 따랐으나, 홀로 하늘을 관찰하는 그릇에 빠짐이 있으니, 경이 이미 역산의 제조가 되었으므로, 대제학 정초와 더불어 고전을 강구하고 의표를 참작해 만들어서 측험하는 일을 갖추게 하라.

그러나 그 요는
북극이 땅 위에 나온 높낮이를 정하는 데 있다.
먼저 간의를 만들어 올림이 가하다.'고 하시므로, 이에 신 정초와 신 정인지는 옛 제도를 상고하는 일을 맡고, 중추원 사 신이천은 공역을 감독하는 일을 맡았다. 먼저 나무로 모양을 만들어, 북극이 땅에서 38도가 나온 것을 정하니,《원사》에 측정한 것과 조금 합하므로, 드디어 구리로 간의를 만들어 장차 이룩되매, 호조 판서 안순에게 명하여 후원 경회루 북쪽에 돌을 쌓아 대를 만드니, 높이는 31척이고, 길이는 47척, 넓이는 32척인데, 돌로 난간을 두르고 간의를 엎드려 놓았다.

정방안을 그 남쪽에 펴고, 대의 서쪽에는 동표를 세웠는데 높이는 5배고, 8척의 얼이다.
청석을 깎아 규를 만들고 규의 면에는 장·척·촌·분을 새겼다.
그림자를 일중의 그림자와 맞추어서 음양의 차고 주는 이치를 미루어 알도록 되었다.

…(중략)…

낮에 측후하는 일은 이미 갖추었으나, 밤에 이르러서는 징험할 바가 없어서, 밤낮으로 시각을 아는 그릇을 만들어 이름을 '일성정시의(日星定時儀)'라 하였다. 4벌을 만들어, 하나는 만춘전 동쪽에 놓고, 하나는 서운관에 주고, 둘은 동서 양계의 원수영에 나누어 주었다. 일성정시의는 무거워서 행군하는 데 불편하므로 작은 정시의를 만들었는데, 그 제도는 대개 같고 조금 달랐다.

이 여섯 가지는 각각 서·명이 있어 자세히 기록되었다.

- 1437년(세종 19) 4월 15일《세종실록》

현주일구

현주일구(懸珠日晷)는 1437년(세종 19)에 만든 해시계 중에 하나이다. 세종 때 만든 현주일구는 임진왜란 때 소실돼, 현재 남아 있는 것은 1749년(영조 25) 이전에 제작된 것을 청동으로 복원한 것이다. 보물 제838호로 지정된 현주일구는 남북을 잇는 가는 줄을 지구의 자전축 방향과 일치하도록 추를 달아 팽팽하게 당기도록 설치하여 (이 줄의 그림자를 둥근 시반에 나타나게 하여) 그 가리키는 눈금을 보고 하루의 시간을 측정하는 것이다. 현주일구의 시반은 양면에 시반의 눈금을 새겨놓고 시반의 윗면의 눈금은 춘분에서 추분까지 사용하는 것이고 밑면은 추분에서 다음해 춘분까지 사용하는 것이다. 그 구조는 시반, 용주, 지지기둥, 남북을 잇는 가는 선, 받침대, 추 등으로 이루어져 있다. 이 현주일구는 문헌과 후대 유물을 참고하여 야외전시를 위해서 문헌의 치수의 7배로 확대하여 복원한 것이다. 한편 현주일구에 대한 기록은 세종실록에도 상세하게 남아 있는데, 그 내용을 소개하면 다음과 같다.

현주일구를 만들었으니,

214

밑바탕을 네모나게 하였는데 길이는
6촌 3분이다.

밑바탕 북쪽에는 기둥을 세우고 남쪽
에는 못을 팠으며, 북쪽에는 십자를
그리고 기둥 머리에 추를 달아서, 십
자와 서로 닿게 하였으니, 수준을 보
지 아니하여도 자연히 평하고 바르다.

1백 각을 작은 바퀴에 그렸는데,
바퀴의 지름은 3촌 2분이고 자루가
있어, 비스듬히 기둥을 꿰었다. 바퀴
중심에 구멍이 있어 한 가닥 가는 실

현주일구 (보물 제838호)
(경기도 여주시 능서면 영릉로 269-50소재)

을 꿰어서 위에는 기둥 끝에 매고 아래에는 밑바탕 남쪽에 매어 실
그림자가 있는 것을 보고 곧 시각을 안다.

흐린 날에는 시각을 알기 어려우므로 행루를 만들었으니, 몸이 작
고 제도가 간략하였다.

파수호와 수수호가 각각 하나씩인데, 갈오로 물을 바꾸어서 자·
오·묘·유의 시각을 쓴다. 작은 정시의와 현주·행루 등을 각각
몇 개씩 만들어 양계에 나누어 주고, 남은 것은 서운관에 두었다.

-1437년(세종 19) 4월 15일《세종실록》

천평일구

조선 전기에 만들어진 휴대용 해시계로 시표와 시반이 수직을 이루
도록 기둥에 추를 매달아 십자의 중심에 걸리게 하고, 남북을 정하기
위하여 지남침을 두었으며, 시표는 세선이 3각형을 이루어 접을 수 있
도록 하였다. 해시계의 제작에 대한 공식적인 기록은 세종실록에 처음
으로 등장한다. 천평일구는 1437년(세종 19) 4월에 장영실을 비롯해
정초, 김빈, 김돈, 이천 등에 의하여 만들어졌다. 그 밖에 현주일구 · 정
남일구 · 규표 등 일련의 천문의기가 만들어졌는데, 이러한 해시계들
은 중국 원대 천문학자 곽수경이 만든 천문의기의 전통을 이어받은 것
으로 알려졌다. 천평일구는 시표와 시반이 수직을 이루도록 기둥에 추
를 매달아 십자의 중심에 걸리게 하고, 남북을 정하기 위하여 지남침을
두었으며, 시표는 세선이 3각형을 이루어 접을 수 있도록 하였다. 현주
일구와는 현주장치를 빼고 수평을 잡기 위한 원지를 하나 더 두었다는
점이 다르다. 3각형의 시표는 중세 아라비아의 영향에 의한 것으로 여
겨진다. 한편 실록에도 천평일구의 기록이 남아 있는데, 그 내용이 다
음과 같다.

말을 타고 가면서도 시각을 알지 않을 수 없으므로 천평일구(天平日晷)를 만드니, 그 제도는 현주일구와 대개는 같으나, 오직 남쪽과 북쪽에 못을 파고 중심에 기둥을 세워 노끈을 기둥 머리에 꿰고, 들어서 남쪽을 가리키는 것이 다르다.

하늘을 징험하여 시각을 알고자 하는 자는 반드시 정남침을 쓰나, 사람이 만든 것을 면치 못하여 정남일구를 만드니, 대개 정남침을 쓰지 아니하여도 남북이 스스로 정하는 것이다.

천평일구
(경기도 여주시 능서면 영릉로 269-50소재)

밑바탕의 길이는 1척 2촌 5분이고, 양쪽 머리의 넓이는 4촌, 길이는 2촌이며, 허리의 넓이는 1촌, 길이는 8촌 5분이다. 가운데 둥근 못이 있는데 지름은 2촌 6분이고, 물 도랑이 있어 양쪽 머리로 통하여 기둥 가를 돌게 하였다.

북쪽 기둥의 길이는 1척 1촌이고, 남쪽 기둥의 길이는 5촌 9분인데, 북쪽 기둥의 1촌 1분 아래와, 남쪽 기둥의 3촌 8분 아래에는 각각 축이 있어서 사유환을 받는다. 사유환이 동서로 운전하여 1각 반에 하늘을 한 바퀴 돈다.

도는 4분으로 만들고, 북쪽의 16도로부터 1백 67도에 이르기까지 중간이 비어서 쌍환의 모양과 같고, 나머지는 전환으로 되었다.

안에는 한 획을 중심에다 새기고 밑에는 네모난 구멍이 있는데, 직
거를 가로 설치하고 거 가운데 6촌 7분을 비워서 규형을 가지게 하
였다. 규형은 위로는 쌍환을 꿰고, 아래로는 전환에 다달았다. 남쪽
과 북쪽을 낮추고 올려서 지평환을 평평하게 설치하되, 남쪽 기둥
의 머리와 같게 하고, 하지 날 해가 뜨고 지는 시각에 준하여, 반환
을 지평아래에 가로 설치한다. 안에는 낮 시각을 나누어서 네모난
구멍의 밑바탕에 닿게 하고, 북쪽에는 십자를 그리고, 북쪽 축 끝
에 추를 달아 십자와 서로 닿게 하니, 또한 수평을 취하게 한 것이
다. 규형을 쓰는 법은, 매일 태양이 극도분에 갈 때를 당하여, 햇볕
을 통해 넣어서 정원이 되게 하고, 곧 네모난 구멍으로 반환의 각을
굽어보면, 자연히 남쪽의 위치가 정하고 시각을 알 것이다.
그릇이 무릇 열 다섯인데, 구리로 만든 것이 열이다.

두어 해를 지나서 만드는 일을 마치니 실로 무오년 봄이다. 유사가
그 시말을 기록하여 장래에 밝게 보이기를 청하니, 이에 신이 그
논의에 참예한 까닭으로 신에게 그 사실을 기록하기를 명하셨다.
신은 간절히 생각하건대, 때를 알려 주는 요는 하늘을 관측하는 데
있고, 하늘을 관측하는 요는 의표에 있으므로, 요가 희 · 화에게 명
하여 책력에 일월성신을 형성하고, 순은 선기옥형을 만들어 칠정
을 바루었으니, 진실로 하늘을 공경하고 백성의 일이 부지런함을
늦출 수 없기 때문이다. 한 · 당 이후로 시대마다 각각 그릇이 있었
으나, 그 법을 혹은 얻고, 혹은 잃어서 쉽게 셀 수 없었는데, 오직
원나라 곽수경이 만든 간의 · 앙의 · 규표 등의 그릇은 정교하다 이
를 만하다.

오직 우리 동방에는 제작한 것을 아직 듣지 못하더니, 하늘이 좋은 운수를 열어 문교가 바야흐로 일어나니, 삼가 생각하건대, 우리 전하께서 성신의 자질과 공경하는 마음으로 정무를 보살피는 여가에 역상이 정밀하지 못함을 염려하고, 측험하는 일이 갖추지 못함을 생각하여 그릇을 만들게 하시니, 비록 요·순의 마음일지라도 어찌 이에 더하리오. 그 그릇을 만든 것이 한둘만이 아니나, 약간을 기록하여 참고에 갖추게 하고, 그 규모는 옛 것만을 본받은 것이 아니라, 모두 성상의 마음으로 재결하여 다 정묘를 극진히 하였으니, 비록 원나라 곽수경이라도 그 기교를 베풀 수 없을 것이다.

아아, 이미 수시력을 교정하고, 또 하늘을 관측하는 그릇을 만들어, 위로는 천시를 받들고 아래로는 민사에 부지런하시니 우리 전하께서 물건을 만들어 일에 힘쓰게 하는 지극한 어지심과, 농사에 힘쓰고 근본을 중히 여기는 지극한 뜻은 실로 우리 동방에 일찍이 없었던 거룩한 일이니, 장차 높은 대와 더불어 무궁토록 함께 전할 것이다."하였다.

– 1437년(세종 19) 4월 15일《세종실록》

기타

동향 벽면 해시계

동향 벽면 해시계는 말 그대로 벽면에 그려진 시각선과 계절선에 맺힌 영침 그림자로 시간을 읽는 방식의 해시계다. 당시 조선과 달리 서양에서는 일찍이 벽면을 이용한 해시계가 발달하였는데, 아무래도 서양의 영향을 받은 느낌이 적지 않다. 동향벽면 해시계를 잘 살펴보면, 남북방향으로 설치되어 있고, 사방면은 동서방향으로 향해 있음을 알 수 있다. 이처럼 서쪽 벽면을 이용하여 향서벽 입면일구를 설치하고, 동쪽 벽면을 이용하여 행동벽 입면일구를 설치한 것이다.

일구대 해시계

일구대 위에 2단으로 설치된 원주형 해시계가 놓여 있는 해시계다. 해 그림자를 받는 시반면 위에는 시각선 총 12개가 설치돼 있으며, '동서남북'의 방향 표시가 돼 있다. 또한 중앙에 위치한 영침의 그림자로서 시간을 알 수 있을 뿐만 아니라 태양의 방향까지 측정이 가능하다. 학자들에 의하면, 일구대에 보여지는 시반면의 구조상 정확한 시간측정보다는 단순하게 대략적인 시간측정에 사용되었을 것이라고 한다. 일구대를 봤을 때, 시반면에 태양의 그림자가 午(낮 오)에 있다면 시각은 정오인 12시 근처이고, 태양은 남쪽에 있다는 것을 나타낸다. 한편, 복원된 일구대 역시 현재 부산 동래에 있는 장영실과학동산에서 직접 눈으로 확인이 가능하다.

적도식 해시계

적도시 해시계는 해시계의 시반면을 하늘의 적도면에 맞춘 시계다. 이와 비슷한 시계로는 조선시대 초기 만들어진 현주일구, 천평일구를 꼽을 수 있다. 이 적도식 해시계는 시반 양측 면을 자세히 살펴봐야 그 작동원리를 알 수 있다. 시반 양측 면을 보면, 12시 100각이 새겨져 있으며, 시반 중심에는 지구의 자전축방향으로 영침이 관통해 꼽혀 있다. 바로 이것을 통해 시간을 측정하는 것이다. 위쪽의 시반면에 맺힌 영침 그림자로는 춘분에서 추분까지의 시간으로 읽는다. 그리고 아래쪽 시반 면으로는 추분해서 다음 해 춘분까지 시간을 읽는다. 한편, 복원된 적도식 해시계 역시 현재 부산 동래에 위치한 장영실과학동산에서 볼 수 있다.

신법지평일구

신법지평일구는 1700년대 초기에 제작한 평면 해시계로 장영실이 기존에 만든 해시계에 가장 큰 영향을 받았다고 할 수 있다. 해시계의 구조는 해그림자를 받는 시반면과 해그림자를 나타내주는 영침으로 구성돼 있으며, 시반면에는 13개의 시각선과 11개의 절기선이 그어져 있으며, 영침의 그림자로서 시간과 계절을 알 수 있다. 신법지평일구는 보물 제840호를 본 떠 제작하였으며, 시반면은 현재의 설치장소인 동래북성의 위치(북위 35도 12분)에 맞도록 수정하였고, 영침은 새로 제작하여 설치한 것으로 알려졌다. 한편, 복원된 적도식 해시계 역시 현재 부산 동래에 위치한 장영실과학동산으로 가면 직접 눈으로 확인할 수 있다.

7장

장영실은 왜
측우기를 발명했을까?

비의 양을 재는
세계 최초의 우량계,
측우기

　최근 미국의 한 월드리서치연구소에서 생경스런 주장을 한 바 있다. 바로 식량안보가 군사안보보다 우위에 있어야 한다는 것인데, 사실 실생활에서는 동서고금을 막론하고 식량문제가 뭐 그리 중요하냐고 반문하는 이가 적지 않다. 그러나 놀랍게도 미국, 영국 외에 기타 유럽 국가들은 이미 농업의 다면적 기능을 보전하기 위해 다양한 농업지원정책을 시행해나가고 있다. 이쯤 되면 왜 태평양 건너에 있는 강대국의 한 연구소가 군사안보보다 식량안보를 우선시할 것을 주장했는지 비로소 이해가 될 것이다. 그렇다. 백년대계의 국가발전을 위한 가장 기본적인 것은 첨단과학이나 IT 사업이 아니다. 바로 농업이다. 이런 시류에 맞춰 국내에서도 점차적으로 농업을 긴 안목의 시각으로 바라봐야 한다는 학계의 각성이 수면 위로 떠오르고 있는 실정이다. 그렇다면 왜 하필 농업일까. 왜 농업의 장기적인 가치의 중요성을 인식해야 하는 걸까. 사실 이를 일목요연하게 딱 잘라 설명하기란 쉽지 않다. 그러나 그 이유를 아주 간단하게나마 말하자면, 농업은 지역사회의 유지뿐 아니라 식품 안전보장, 홍수 및 가뭄 방지, 환경보전, 체험관광, 전통문화

보전, 첨단 생명공학과 같은 다각적인 기능과 이어지기 때문이다. 농업이야말로 한 국가가 발전하는 데 있어 근본적 토대를 이루는 근간의 산업인 것이다. 이것은 예나 지금이나 마찬가지다. 그런 점에서 조선의 제4대 임금인 세종대왕은 농업국가로서 조선의 미래를 마치 퍼즐 맞추듯이 끼워나갔던 게 아닌가 싶다. 많은 이가 말하기를, 세종이 정치, 경제, 문화, 과학 등 조선 최고의 전성기를 이끌었다고 한다. 맞는 말이다. 여기에 살을 덧붙이자면 그 중심에 농업이 있었다.

조선시대, 농업의 번영은 필연적 숙제였다. 조선의 대다수 백성은 농사를 지으면서 생계를 이어나갔기 때문이다. 그렇다면 농사에 있어서 가장 중요한 것은 무엇이겠는가. 그렇다. 바로 날씨다. 가령 홍수나 가뭄과 같은 천재지변은 가장 큰 재해가 발생하면 생존과 직결되는 문제였다. 특히 우리나라는 옛날부터 홍수 피해가 잦았는데, 이로 인해 피해가 빈번했었다. 이와 관련해서는 〈삼국사기〉를 살펴보면 잘 알 수 있다. 〈삼국사기〉에 의하면 우리나라는 1400년부터 1859년까지 서울에만 무려 172회의 홍수가 일어났다고 한다. 쉽게 말해서, 평균적으로 5년마다 약 2회가량의 큰 물난리가 난 셈이다. 농업중심의 사회에서 이는 실로 큰 문제가 아닐 수 없었다. 설상가상 당시에는 비의 양을 정확히 재는 관측기구도 없었으며, 수리기술 역시 뛰어나지 못했던 것으로 알려졌다. 조선시대 때도 마찬가지였다. 특히 세종이 즉위한 지 얼마 지나지 않아 큰 홍수로 일어나는 일이 벌어졌는데, 이때는 심지어 눌제와 백골제(고려 때 지은 저수지)가 파괴되는 일까지 발생하고 만다. 참고로 이는 세종실록에도 기록돼 있는데, 그 내용은 다음과 같다.

"전라도 관찰사가 계하기를, "큰 풍우로 김제군 벽골제가 터져서 둑 아래 있는 전답 2천 98결(結)을 결딴내었습니다."하였다.

-1420년(세종 2) 9월 13일《세종실록》

이처럼 1420년(세종 2년) 8월에 전라도 관찰사가 폭우의 피해로 눌제와 백골제가 홍수로 파괴되었음을 세종에게 보고하고 있다는 기록을 봐서 알 수 있듯이 당시의 수리기술은 우리나라 지역상의 홍수특성을 감당하기 어려운 정도였음을 알 수 있다. 특히 우리나라는, 장마기와 가뭄기의 강우량의 차이가 몹시 커서 그로 인한 피해가 심각했었다. 그러나 안타깝게도 강우량의 예측을 할 수 없었다. 그땐 비의 양을 정확히 재는 관측기구가 없었기 때문이다. 때문에 무방비 상태로 당할 수밖에 없었다. 만약 비의 양을 정확히 재는 관측기구가 있었다면 어땠을까. 아마도 어느 정도는 피해를 사전에 예방할 수 있었을 것이다. 아무튼 가뭄과 홍수에는 속수무책이었던 그때, 그렇게 시간은 정처 없이 흘러만 갔다. 계속되는 가뭄으로 세종 시대 때의 식량 생산력은 최악에 이르렀다. 차라리 홍수 피해의 경우, 다른 지역으로부터 도움을 받을 수도 있었지만 가뭄은 사정이 달랐다. 가뭄은 흉년이라는 1차적 피해로 끝나는 게 아니라 남은 1년 동안의 기근으로 이어지기 때문이다. 그러니까 수해보다 더 무서운 게 가뭄이었다. 하여 가뭄이 심했던 세종 때에는 심지어 백성이 흙을 파먹을 정도로 피폐했었다고 한다. 이는 세종실록에도 기록돼 있는데, 그 내용은 다음과 같다.

임금이 황해도에 흉년이 들어 인민들이 모두 흙을 파서 먹는다는 말을 듣고, 지인 박사분을 보내어 가서 알아보게 하였더니, 이때에 와서 사분이 회계하기를, "해주 인민들이 흙을 파서 먹는 자가 무릇 30여 인이나 되었으며, 장연현에서는 두 사람이 흙을 파서 먹다가 흙이 무너져 깔려 죽었다 하오나, 그렇게 대단한 기근은 아니었습니다."하였다.

-1444년(세종 26) 4월 24일《세종실록》

이게 대단한 기근이 아니라면 무엇이 대단한 것일까. 세상에나. 사람이 흙을 파먹다니. 얼마나 먹을 게 없었으면 그랬을까 싶은데, 이 모든 원인은 긴 가뭄 탓이었다. 세종 즉위 이후 무려 10년 간 꼬박 한 해도 거르지 않고 가뭄이 계속되었다. 말이 10년이지, 생각해보시라. 가뜩이나 지금처럼 먹을거리도 없을 때인데, 주식량마저 생산이 안 됐으니 그야말로 초근목피로 연명해갔을 터. 먹을 게 없었다. 그러니까 쌀이 없었다. 배고픔과 가뭄에 신음하는 백성들과 함께 조선 땅은 갈수록 황폐화되어갔다. 심지어 한 자료에 의하면 당시 조선인구의 20%가량이 넘는 사람들이 굶주림으로 목숨을 잃어갔다고 한다. 지옥이 있다면 바로 그 때의 조선이 아닐까 싶다. 가뭄이 흉작으로 이어져 너나 할 것 없이 백성들의 삶이 피폐해져가고, 생업인 농업은 황폐화되어가는 조선. 단 한 톨의 희망도 건지기 힘들었으리라. 그렇다면 당시 가뭄이 얼마나 심각했었는지를 좀 더 살펴보자. 실제 이에 관한 세종실록 기록을 보면, 보다 이해하기가 수월할 것이다. 그 내용은 다음과 같다.

사헌부에서 아뢰기를, "지금 벼 이삭이 나올 때를 당하여 몹시 볕만 쪼이고 비가 오지 아니하므로, 전하께서는 두려워하고 삼가 몸을 닦아 반성하며 반찬을 줄이고 술을 금하시니, 하늘을 두려워하

시는 정성이 지극하십니다. 그러나 금주하라는 명령이 내리지 아니하여 사리를 알지 못하는 무리들이 술에 빠져서 미혹하여 꺼려함이 없습니다. 크고 작은 제향과 중국의 사신이나 이웃 나라의 객인을 대접하는 일을 제외하고는, 중앙이나 지방의 공사에 대한 술을 쓰는 일은 다 금지하게 하소서." 하니, 그대로 따랐다.

-1429년(세종 11) 7월 1일《세종실록》

엄청난 대식가로 알려진 세종이 당시 가뭄이 심해 반찬을 줄일 정도라 하였다. 실제로 당시 가뭄이 얼마나 심했는지 단박에 느껴지지 않는가. 아무튼 당시 가뭄은 인간적으로 심해도 너무 심했었다. 하여 이를 극복하기 위해서, 설사 그것이 임시방편이라 한들 지푸라기 잡는 심정으로 다양한 수단이 동원된 것으로 알려졌다. 그 가운데 하나가 위에서 살펴본 바와 같이 금주시행이었다. 이 외에도 가뭄이 심하다 하여, 심지어 애꿎은 호랑이들을 무자비하게(?) 살육하는 일까지 벌어졌다. 다시 말해서 호랑이들이 된통 당하는 사건이 생긴 거였다. 지금 그런 일을 저질렀다가는 당장 동물학대 죄로 쇠고랑을 차고 뉴스거리로 소개되거나 (그나마 운이 좋으면) 혹은 나라에 벌금을 내야 될지도 모르는데 당시에는 아예 나라에서 대놓고 호랑이를 죽였다. 단, 긴 가뭄이었을 때에만. 무슨 말이냐 하면, 조선 초기부터 대대로 전국적으로 가뭄이 오래 지속되면 한강의 용을 자극해 비를 부르기 위해 한강물에 호랑이 머리를 던졌었다. 가뭄이 심했던 해는 호랑이의 수난시대였다고 해도 과언이 아니었다. 나라에서는 기우제를 올리고 동시에 호랑이를 살생한 뒤 호랑이의 머리를 강에다가 냅다 넣었기 때문이다. 확실하진 않지만, 이것은 아마도 당시 민간신앙의 하나로 행해진 게 아닌가 싶다. 다시 말해서 호랑이 머리를 강가에 담그면 비가 내린다는 미신이 존재했었던 모양이다.

이와 관련해서 최초의 기록을 찾아보면 태종실록에 나와 있다. 자료에 따르면 조선 태종 18년 때부터 기우제를 행하면서 호랑이 머리를 강물에 넣었다고 한다. 그런데 이게 웬걸, 세종 즉위 이후 그 횟수가 가파르게 늘어났다. 그렇다. 그만큼 가뭄이 심했기 때문이다. 세종 즉위 이후, 이른바 '호랑이들의 수난시대'가 시작됐었다. 우리에게는 서울올림픽대회의 마스코트로 기억될 정도로 친숙한 호랑이의 수난시대라니. 뭐, 그렇다고 해서 너무 안타까워 할 필요는 없다. 지금과 달리 당시에는 호랑이가 굉장히 많이 서식해 일찍이 '호랑이의 나라'로까지 일컫는 경우였기 때문이다. 왜 이렇게 호랑이가 많았는지 그 이유가 궁금한 독자들을 위해 일러주겠다. 그건 아주 간단한데, 바로 국토의 무려 70% 이상이 산으로 이루어진 산악국이었기 때문이다. 아무튼 이야기가 잠깐 샜는데, 다시 가뭄 속에서 펼쳐진 호랑이 수난사건으로 가보자. 첫번째 호랑이 수난사건은 1425년(세종 7) 때 일어났다. 세종실록에도 그 기록이 상세하게 남아 있는데, 횟수가 많아서 모두 수록할 순 없을 듯

조선 태종 18년 때부터 가뭄이 닥치면 기우제를 행하면서 호랑이 머리를 강물에 넣는 일이 행하여졌다. 세종 즉위 이후, 그 횟수가 가파르게 늘어난다. 극심한 가뭄으로 이른바 '호랑이들의 수난시대'가 시작된 거였다.

싶다. 하여 몇 꼭지만 추려서 연도순으로 열거하고자 한다. 그 내용은 다음과 같다.

> 한강 양진에다 호랑이 머리를 물속에 넣었다.
> -1425년(세종 7) 7월 24일《세종실록》

> 한강의 양진에 범의 머리를 던져 놓고 기우제를 지내다.
> -1427년(세종 9) 5월 26일《세종실록》

> 예조에 전지하기를, "이제 바야흐로 중하(仲夏)이라 볕이 강하고 비가 오지 않으니, 여러 도(道)에 명하여 호랑이 머리를 용이 있는 곳에 잠그라."
> -1430년(세종 12) 5월 26일《세종실록》

승정원에 전지하기를, "지금도 중국에서는 기우할 때에 호랑이 머리를 용이 사는 못에 담그곤 하는데, 이것은 믿을 수 없는 일이긴 하지만 옛 글에도 있으니 담그는 것이 어떻겠는가." 하니, 안숭선이 대답하기를 "반드시 예조에 내려 논의하게 해야 하겠습니다." 하였다.
-1431년(세종 13) 5월 16일《세종실록》

예조에서 아뢰기를, "지금 농사철을 당하여 가뭄이 매우 심하오니, 청컨대, 범의 머리를 한강의 양진과 지방의 용이 있는 곳에 잠그게 하소서." 하니, 그대로 따랐다.
-1432년(세종 14) 5월 23일《세종실록》

가뭄으로 인하여 한강 · 양진 · 박연에 호랑이 머리를 넣었다.
-1436년(세종 18) 4월 20일《세종실록》

가뭄이 끝날 대까지, 아주 그냥 호랑이의 씨를 다 말려버릴 작정이었나 보다. 지금 생각하면 참으로 비과학적인 방법에 헛웃음이 나오지만, 한편으로는 당시 오죽 가뭄이 심했으면 저렇게 했었을까하는 생각에 안타까운 생각이 든다. 보는 이도 이러한데 당시 세종대왕 역시 말도 못할 정도로 고민이 깊었을 것이다. 물론 어느 왕인들 가뭄 앞에서 백성을 걱정하지 않을 수가 있겠냐만, 세종대왕이 기우제를 올리면서 바친 제문을 읽어보면 그 심정이 단박에 느껴져 마음 한 구석이 짠해 온다. 천지는 물론 농민은 물론이거니와 아마도 세종의 마음까지 바싹 타들어갔던 그때. 바야흐로 1426년 세종대왕이 원구단에서 기우제를 올리면서 바친 제문을 지면을 통해 소개하고자 한다. 그 내용은 다음과 같다.

원단(圓壇)에 비오기를 빌었다. 그 제문에 말하기를,

"이번 가뭄은 지난해부터 지금까지 이르렀다. 이미 무더움이 극심하니 삼가고 두려움이 마음을 태우노라. 나의 덕이 착하지 못하므로 상제께서 크게 노하사 굽어보시고 이에 견고함이 엄하시니, 대개 인애가 심히 깊으신 까닭이다. 스스로 반성하고 스스로 꾸짖으니, 오사*의 상도를 지키는 데에 어두웠도다. 혹시 형벌과 포상이 참람하여 장차 연혁의 마땅함을 잃었는가. 옥송이 어찌 원통하고 억울함이 없겠는가. 부역으로 백성이 많이 원망했는가. 여러 가지로 생각하여 그 까닭을 찾아보니, 백성에게 끼친 바가 없는가 두렵도다. 밤마다 염려하여 가매*하게 되니, 움직임에 할 바를 알지 못하겠도다. 나의 두려워하는 것은 진실로 날마다 이에 있도다. 어찌 다만 산천과 사직뿐이리오. 부모와 선조께도 이를 빌었도다. 모두 신에게 감동되어 남김이 없는데, 대단히 더운 것은 헤아릴 수 없으니, 정성을 털어 놓아 진언하여 하늘이 슬퍼하기를 바라노라. 아아, 하늘과 사람은 본래 한 기운이니, 지성이면 반드시 이른다는데, 한 생각이 상제의 마음에 통달하니, 진실로 조그만치도 사이가 없었도다. 과실을 용서하고 죄를 용서하사, 비가 세차게 퍼붓기를 바라며, 여러 마른 초목을 소생하게 하여, 억조의 백성이 다 화목하게 되기

★ 오사
《홍범구주》의 하나로 예절상 다섯 가지 중요한 일을 뜻함
★ 가매
잠잘 준비를 차리지 아니하고 옷을 입은 채 자는 것

를 비노라." 하였다.

오제*에게 제사지내는 제문에는,
"백성은 나라의 근본이요, 먹는 것은 백성에게 가장 소중한 것이니, 진실로 그 소중한 것을 잃게 되면, 나라가 무엇을 의뢰하겠는가. 아아, 나의 작은 몸이 잊지 않고 이를 생각하여 백성의 일에 부지런하여 감히 여가가 없었도다. 다만 시행하는 데 어두워서 자주 흉년이 들었도다. 지금 농사철을 당하여 또 가뭄을 만나니, 심은 것이 이삭이 나지 않고, 밀과 보리가 병들었도다. 비록 정성으로 빌기를 부지런히 하여 신에게 제사지내지 않은 데가 없었으나, 구름이 모이면 다시 흩어지고, 비가 오다가 갑자기 그치니, 가뭄이 날로 심하여 이를 추측할 수가 없도다. 만물이 무슨 죄가 있겠으며, 억조 백성이 가련하도다. 고요히 구징*을 생각해 보니 실로 덕이 없기 때문이요. 말이 이에 미치매, 더욱 조심하고 두려워하여 어찌할 바를 알지 못하고, 감히 이같이 슬퍼하도다. 우러러 생각건대 고명께서는 나의 마음이 절박함을 헤아리시어, 이러한 키울 때를 당하여 저 비신에게 명하여 가뭄을 몰아내고 비를 내리게 하여, 무릇 온 천하에 있는 생물에게 모두 큰 은혜를 입게 하고, 백성에게 먹을 것을 넉넉하게 하여 큰 기업을 영원히 보전하게 하소서." 하였다.
-1426년(세종 8) 5월 4일 《세종실록》

★ 오제 ─────────────────────
동·서·남·북·중앙의 오방을 주재하는 신
★ 구징
재앙의 징조

광화문 세종대왕 동상 (서울시 종로구 세종로 82-3 소재)

제문을 읽어보면, 세종대왕이 스스로 나의 덕이 바르지 못해 상제께서 크게 노하셔서 엄한 경고를 내리는 것이니 자신을 꾸짖고 있다. 나아가 혹 형벌과 옥송, 부역에서 백성의 원한은 없었는지까지 생각하면서 밤마다 염려돼 좀처럼 잠을 이루지 못한다고 말하고 있다. 그러면서 과실과 죄를 용서해주시고, 비를 세차게 퍼붓게 해달라며 간절히 바라고 있다. 그리하여 마른 초목이 소생하게 하고 억조창생이 모두 화목하게 해달라면 신께 빌고 있다. 당시 기우제는 종묘나 원구단 한강에서 지냈는데, 세종대왕은 호랑이 머리를 한강에 던지고 무려 18일간 뜬눈으로 밤을 지새운 것으로도 알려졌다. 물론 이를 뒷받침하는 자료는 현재로서는 찾을 길이 없지만, 이미 가뭄을 자신의 탓으로 돌리는 제문의 내용을 보더라도 세종의 깊은 근심과 더불어 어진 마음이 느껴지지 않는가. 물론 그렇다 한들 백성보다 더 심하진 않았을 것이다. 당시 가뭄으로 인해 백성들의 삶은 말할 필요도 없이 힘들었을 터. 그럼에도 불구하고 세종시대를 태평성대라 일컫는 것은 아마도 이런 조선의 위기를 잘 극복해낸 민생군주 세종이란 왕이 있었기 때문일지도 모른다. 물론 세종대왕 역시 기우제를 지내거나 호랑이 머리를 강에 집어넣는 등

다소 비과학적인 전통을 따르긴 했었지만 한편으로는 과학적인 방식을 통해 문제를 해결하고자 하는 의지가 누구보다 컸었다. 세종이 보다 실질적이고 실용적인 과학영농으로 국가 경쟁력을 키우기 위해서 엄청난 노력을 기울였었던 것은 사실이다. 그저 넋 놓고 바라만 봤던 것은 아니란 말이다. 지금까지와는 전혀 다른 방식으로, 그러니까 과학적인 안목으로 상황을 주시하고자 노력했었다. 적어도 세종대왕은 그랬었다. 세종은 조선 경제의 근본인 농업이 바로 설 수 있도록 한 걸음 한 걸음, 과학적으로 접근하는 시도를 했었다.

나라의 근본인 농업 생산력이 늘어나야, 백성을 풍요롭게 할 수 있었고, 백성의 삶이 나아져야 조선도 바로 설 수 있다고 판단했었기 때문이다. 그렇다. 세종대왕의 과학적 사고는 결과로 금세 나타났는데, 그 중 하나가 장영실로 하여금 자동물시계 자격루를 발명하게 한 것이었다. 이 외에도 앞서 살펴보았듯이 아주 다양한 해시계도 만들어졌다. 뿐만 아니라, 세종 시대에는 하늘의 뜻을 알기 위해 기상관측 기구도 크게 발전하는데 그 대표적인 게 앞에서 살펴본 간의다. 간의, 그리고 그것을 업그레이드 한 혼천의를 설치해, 천문관측을 실용적으로 이용했던 것이다. 그렇다. 이 모든 게 한걸음 뒤로 가서 살펴보면 농민들의 농사환경을 보다 효율적으로 만들어주기 위한 과학기구였다. 과거 관습에만 얽매이지 않고 과학적인 방법을 통해 새로운 것을 추구한 결과였다. 세종대왕은 최악의 상황에서도 새로운 시대를 열어나가기 위한 최고의 노력을 게을리 하지 않았던 것이다. 그리고 그런 세종대왕 곁에 장영실, 그가 있었다. 홍수와 가뭄을 극복하기 위한 노력은 세종과 그의 인재경영으로 인해 이루어진 것이었다.

직파법

이앙법

"조선 경제의 근본인 농업을 일으키기 위한 세종대왕의 노력 그리고 그 결과물로는 자격루와 다양한 종류의 해시계다."

한편 그런 상황에서 1435년(세종 17) 경상도 고성에서 상소가 올라온다. 이앙농법을 해금해달라는 내용이었다. 고려 말 전파된 이앙은 모종을 옮겨 심는 신농법으로 물이 풍부한 지역에 적합한 방식이었다. 우리 풍토에 맞게 편찬된 농사기술서인 〈농사직설〉을 보면 물이 고인 논에 뿌리는 수경(무살이, 담수직파)을 비롯해 볍씨를 뿌리는 다양한 방법을 기록하고 있다. 마른 논에 볍씨를 바로 뿌리는 전통적인 건경 방법과 당시 대중화되기 시작한 모내기 방식인 이앙법. 그 전까지는 논에 바로 씨를 뿌리는 직파법이 주류였는데 직파법에서 이앙법으로 옮겨가게 된 것이었다. 물론 장단점도 있었다. 일반적으로 직파를 하게 되면 물기가 있는 논에다가 씨를 뿌려놓으면 가물어도 견디게 된다. 그러나 이앙이라는 것은 일단 옮겨 심어야 하기 때문에 물이 없으면 벼가 살지 못했었다. 우리나라는 7월 장마가 정상인데, 그리하여 논농사를 할 때 6월에 모를 내고 제대로 키워서 6월 이른 장마를 기다려야 했었다. 그러나 이른 장마가 그렇게 쉽게 오지 않기 때문에 온 나라가 그저 하늘만 쳐다보고 걱정했었던 것이다. 자고로 수리시설이 불안전한 조선에서 이앙은 대중화되기에 위험부담이 큰 농법이었다. 당시로선 혁신적인 농법이었지만 오랜 가뭄 때문에 물 문제에서만큼은 결코 자유로울 수 없었다.

하지만 국가의 금지에도 불구하고 이앙재배면적은 증가했다. 이앙을 하면 잡초가 번성하기 전에 모종을 옮겨심기 때문에 제초에 투입되는 노동력을 절약할 수 있기 때문이었다. 두리친환경업연구소 이하상 박사에 의하면, 당시 수리안전답은 20%에 불과했다고 한다. 그러나 그것도 백년 전이 기준으로 20%이지, 지금 수준으로 보면 수리안전답이 많지 않고 거의 하늘에서 내리는 천수만 바라고 농사를 지냈던 형편이었다고 한다. 이런 상황에서 1400년대 이앙법이 급격히 확산함에 따라서 나라에서도 자연스럽게 걱정이 생긴 것이라고 한다. 이앙법이 갖는 장점이 노동절감과 생산성 향상이라는 좋은 장점이 있는데, 이것은 농민들에게 남의 품을 안 사 쓰고도 농사를 지어서 경영규모를 넓힐 수 있는 효과가 있다는 것을 의미한다. 따라서 농사를 많이 짓는 사람들은 앞 다퉈서 그쪽으로 갈 수밖에 없었다. 세종대왕은 이런 상황에서 이앙법과 같은 획기적인 농법을 장려하기에 이른다. 물론 이앙법이 일반화되는 건 조선 후기다. 그러나 처음 이앙법이 시작되고 본격적으로 도입된 것은 세종 때다. 이 사실을 뒷받침하는 책이 바로 앞에서 잠깐 다루었던 세종 때 편찬된 〈농사직설〉이다. 자료에 따르면 당시 조선에서 참고했던 농서는 어처구니없게도 중국에서 수입한 농서였다. 바로 그 책이 〈농사집요〉인데, 같은 아시아 지역이긴 해도 사실 중국과 조선은 풍토가 매우 다르며 전혀 다른 조건에서 농사를 지으며 살고 있었다. 그런데 중국 농서를 조선에서 참고했으니, 가뜩이나 가뭄 때문에 농업 생산량이 바닥을 치는 상황에서 도움이 될 리 만무했다. 조선 땅과 조선 백성에게 필요한 농서가 필요했었는데, 세종대왕은 이를 놓치지 않았다. 우리에게 안성맞춤인 농사법을 마련하기 위해서 조선 관리들을 농촌의 현장으로 파견해서 농부들에게 농사지을 때 어려움을 비롯해 다양한 경험담을 일일이 귀담아 듣게끔 했다. 그리고 그걸 요약해서 옮겨 놓은 게 바로 〈농사직설〉인 것이다. 이것이야말로 세종의 민본주의 사상에서 나온 농서라고 해도 과언이 아니다. 한편, 이와 관련해서 1435년(세종 17)에는 경상도와 강원도에서 묘종을 길러 정식하는 것을 세종대왕이 수락하기도 했었다. 앞서 말한 바와 같이 당시는 볍씨를 직접 뿌리는 것이 원칙이었다. 그러나 벼 수확량을 늘리기 위하여 물을 쉽게 구할 수 있는 곳에서 묘를 키워서 재배하는 것을 세종이 허락한 것이었다. 이는 세종실록에는 상세하게 기록돼 있는데, 그 내용은 다음과 같다.

경상도 고성에 사는 전 보령 현감 정치 등이 상언하기를, "본 고을의 토성이 차지고 견강하여, 갈고 심은 뒤에 만일 가뭄을 만나면, 뒤에 비록 비가 오더라도 흙덩어리가 굳고 단단하여 벼싹이 자라지 못하고 잡초만 더욱 무성하니, 물이 있는 곳을 골라서 미리 묘종을 길러서 묘종이라는 것은 종자를 한 논에 뿌려서 그 싹이 자라는 것을 기다려서 나누어 심는 것이니, 풀을 매는 데에 공력이 적게 들게 하려 함이다.

4월을 기다려서 옮겨 심는 것이 그 유래가 이미 오랜데, 묘종을 금한 뒤로부터 전연 농사를 실패하니, 비옵건대, 민원에 따라서 묘종을 회복하게 하소서."

하니, 호조에 명하여 의정부와 여러 조와 함께 의논하게 하니, 모두 아뢰기를, "경상도와 강원도의 인민에게 묘종을 금하는 법이《육전》에 실려 있으니, 가볍게 고치는 것이 온당하지 않습니다.

그러나, 갈고 심는 것의 어렵고 쉬운 것과 소출의 다소, 정조, 허실과 인정의 좋아하고 싫어하는 것을 그 도의 감사로 하여금 캐어 물어서 계문하게 한 뒤에 다시 의논하게 하소서."하매, 곧 그 도의 감사로 하여금 물어 보게 하였더니, 각 고을의 인민들이 과연 모두 묘종이 편하다고 하였다.

여러 사람이 의논하기를, "소원에 따라서 수근이 있는 곳에는 묘종을 하도록 허가하소서." 하니, 그대로 따랐다.

-1435년(세종 17) 4월 16일《세종실록》

이처럼 세종대왕은 물을 쉽게 구할 수 곳에서 묘를 키우는 것을 허락했으나, 당시 볍씨를 직접 뿌리는 것을 원칙으로 정한 데에는 다 그럴 만한 이유가 있었다. 자, 위의 세종실록 기록을 다시 한 번 읽어보자. 여기서 바로 이앙법이란, 물이 충분하지 않은 곳에서는 매우 위험한 재배법임을 경고하고 있다. 물론 세종 역시 그런 위험성 잘 알고 있었다. 그러나 세종은 무조건 금지하기보다는 시도해볼 만한 것은 최대한 장려했었던 것이다. 그렇다면 이처럼 세종대왕이 획기적인 농법인 이앙법을 장려한 결과는 어떠했을까. 놀랍게도 1결당 약 1200두까지 생산량이 높아졌다. 이를 계기로 농업 생산량을 높이고, 나아가 국가의 경쟁력을 높이기 위해서는, 관습에 치우치기보다는 과학적이고 합리적인 지식을 바탕으로 제도를 고쳐야 한다는 세종대왕의 생각은 더욱 확고해진 듯하다. 그도 그럴 것이 각 지역의 여건에 맞는 합리적이고 과학적인 농법을 집대성한 책인 〈농사직설〉을 1429년 발간해 반포했기 때문이다. 우리는 알 수 있다. 세종대왕 시대 때 장영실을 비롯한 무수한 학자들이 각종 천문과학기구를 발명해낸 것은 실로 우연히 아니란 것을. 세종대왕의 애민정신과 왕과 뜻을 같이 했던 충성스런 학자들이 있었기에 가능했던 것이다. 특히 조선시대 훈구파는 과학기술을 중시해 유학자들도 학문과 기술을 겸해 배웠기에 세종대왕에게 크게 도움이 되었다. 그리고 바로 이 시기, 세종대왕은 나라의 위기를 극복하고, 과학영농으로 국가 경쟁력을 키우고자 장영실을 비롯해 여러 학자들로 하여금 수많은 발명품을 만들어내게끔 했었다. 더불어 홍수가 일어났을 때도 대비하는 면모를 보였다. 그리고 마침내, 평균적인 강수량을 측정해 미리 농사일에 대비할 수 있는 있도록 한 과학기구가 세상의 빛을 보게 되었는데, 이게 바로 측우기다.

"조선시대 세종 때, 기막힌 과학기구가 세상이 빛을 본다.
바로 비의 양을 더 편리하게 측정할 수 있는 기구였다.
세종대왕은 그것을 측우기라 불렀다."

그렇다면 측우기는 어떤 과정을 통해 만들어졌을까. 이를 위해서는 측우기가 만들어지기 전의 상황을 살펴봐야 한다. 다시 말해서 측우기가 사용되기 전에는 각 지방의 강우량을 어떻게 알아냈었는지 알아야 한다. 한 자료에 따르면 당시 비가 내릴 때마다 땅속에 빗물이 스며든 높이를 자로 재서 강우량을 측정했었다고 한다. 혹자는 그 당시면 이런 방식이 뭐 그린 불편한 거냐고 반문할지도 모른다. 그러나 그것은 모르기 때문에 할 수 있는 말일 뿐. 독자들도 전후 사정을 알고 나면 혀를 내두를 것이 분명할 것이다. 그도 그럴 것이 비가 내릴 때마다 일일이 흙속 깊이 빗물이 스며든 높이를 조사하기란 쉽지 않았는데, 비가 내리면 흙이 젖어서 그 정확한 인치를 알 수가 없었기 때문이다. 그렇다고 해서 흙이 마르기까지 기다리기란 결코 쉽지 않은 일이었다. 이러한 불편함을 겪지 않고도 강우량을 잴 수 있다면 얼마나 좋았을까. 이를 대체할 만한 좋은 물건(?)이 없을까. 당시 여러 대신들도 이와 같은 생각을 했을 터. 이와 관련 세종실록에 의하면 1441년(세종 23) 호조에서 서운관에 측우기를 설치할 것을 건의했는데, 그 내용은 다음과 같다.

> 호조에서 아뢰기를, "각도 감사가 우량을 전보하도록 이미 성법이 있사오니, 토성의 조습이 같지 아니하고, 흙속으로 스며 든 천심도 역시 알기 어렵사오니, 청하옵건대, 서운관에 대를 짓고 쇠로 그릇을 부어 만들되, 길이는 2척이 되게 하고 직경은 8촌이 되게 하여, 대 위에 올려놓고 비를 받아, 본관 관원으로 하여금 천심을 척량하여 보고하게 하고,
>
> …(중략)…
>
> -1441년(세종 23) 8월 18일《세종실록》

마침내, 1442년(세종 24) 5월에 측우에 관한 제도를 새롭게 제정하면서 새로운 측우기가 만들어졌다. 철로 주조한 원통형 측우기가 그것이었다. 새로 만들어진 측우기는 안지름이 약 14.7cm이고, 높이는 약 1.5척의 원통으로 돼 있다. 비가 많이 내리는 날, 이 원통을 밖에다 세워 두면, 빗물을 받을 수가 있었다. 이렇게 발명된 측우기로 인해 전과 달리 효율적으로 강우량을 측정할 수 가 있었다. 강우량 측정 시 원통에 빗물을 받을 때에는, 대를 관상감에 만들어서 측우기를 대 위에 올려놓은 다음에 비를 받

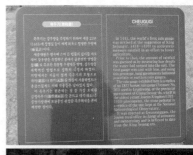

측우기
(경기도 여주시 능서면 영릉로 269-50소재)

도록 하였다. 또한 이때 관상감의 관원이 직접 나서서 괴인 물의 깊이를 주척으로 측정해 보고했었다. 이처럼 새로운 측우기의 발명으로 일정기간을 정해 그 기간 동안 원통에 괸 빗물의 깊이를 측정하기 시작했었고, 그때 측정한 수치를 그 지역의 강우량으로 정했었다.

"측우기는 그야말로 혁신이었다.
지름은 약 14.7cm, 높이는 1.5척 가량이었으며, 원통모양은 제작된 측우기는 1442년부터 사용되기 시작하였다."

세종대왕은 이렇게 미리 비의 양을 잴 수 있는 측우기를 중앙 지역에는 관상감에 설치하였고, 지방에는 각 도의 감영에 설치하였다. 자료에 의하면 국가 전역에 측우기가 설치되었고 각 마을의 지방관은 측정

된 강우량을 중앙 정부에 철저하게 보고했었다고 한다. 이렇게 측우기가 설치된 데에는 당시 가뭄으로 고통 받던 조선 농민들에게 보다 합리적으로 토지세를 징수하고자 한 세종의 목적과도 연관이 있다. 바로 당시 각 농가의 잠재적 수확량에 근거해 토지세를 징수하고자 했었기 때문이다. 이러한 목적으로 조선 세종 때 발명된 이 측우기는 1442년부터 사용되기 시작해 전국적으로 널리 전해졌다. 서울뿐만 아니라 각 지방에 설치해 강수량을 측정했었던 것이다. 조선 세종 때 발명된 이 원통형 측우기로 인해 이전까지 비가 알맞은 때에 내리기를 하늘에 기원하거나 혹은 호랑이머리를 한강에 집어넣을 필요가 없어졌다. 이젠 과학적인 방법으로 측우기를 이용해 비의 양을 재고, 훗날 다가올 홍수에 대비할 수 있게 된 것이었다. 조선의 뿌리라고 할 정도로 농업이 가장 큰 비중을 차지했던 당시, 측우기는 놀라울 정도로 백성을 위한 실용적인 발명품이었다.

"측우기는 서울뿐 아니라
각 지방에도 설치돼 편리하게 강우량을 측정할 수 있었다."

그런데 더 놀라운 게 하나 더 있다. 바로 조선 세종 때 발명된 측우기가 당시 세계에서 제일 먼저 만들어진 사실이다. 아시아 지역에서 가장 먼저 쓰인 것도 아닌, 세계에서 가장 먼저 쓰였다니 참으로 놀라울 따름이다. 이를 뒷받침하는 자료도 이미 전 세계적으로 밝혀졌다. 바로 이 때문에 학계에서는 측우기의 가치를 높이 사는데, 이것은 정말 사실일까. 한 자료에 의하면, 이탈리아는 1639년부터, 프랑스의 경우는 1677년, 영국의 경우는 1677년부터 각각 처음으로 측우기로 비의 양을 쟀다고 한다. 이 자료를 바탕으로 볼 때, 서양 최초로 측우기가 사용된 나라는 이탈리아다. 그런데 이미 조선에서는 1442년 5월부터 측우기로 강우량을 측정하기 시작했었다. 즉 서양 최초로 측우기가 사용한 시기보다 무려 200년가량 앞선 것이다.

> "한국에서는 이미
> 1442년 5월부터 측우기로 강우량을 측정하였다.
> 이것은 서양에서 카스텔리가 만든 측우기보다 200년가량 빠르다."

그러나 조선 때 제작된 측우기 역시 많은 전란을 겪으면서 유실되고 만다. 조선 세종 때 발명된 측우기는 현재 남아있지 않다. 너무나 아쉽다. 1441년(세종 23) 때 빗물을 그릇에 받아 강우량을 재는 측우기가 만들어진 이후 여러 번 측우기가 다시 제작되었지만, 안타깝게도 현재 우리가 볼 수 있는 것은 1837년(헌종 3) 때 공주 감영에서 제작된 측우기뿐이다. 이 측우기는 현재 우리나라에서 존재하는 측우기 중에서 가장 오래된 '금영측우기'를 그대로 본뜬 것으로, 대석은 측우대(보물 제842호)를 본 떠서 제작됐다. 높이 31.5cm, 지름 15.3cm의 이 측우기는 원통형의 표면 3곳에 대나무처럼 도드라진 마디가 눈에 띈다. 동그란 통은 빗물을 받는 그릇으로 여기에 주척이라 부르는 자가 있어 측우기에 고인 빗물의 깊이를 쟀다. 중앙의 두 마디 사이에는 6줄의 명문이 새겨져 있다. 원래 충청남도 공주에 있던 것이 일본으로 반출되었다가 다시 반환된 문화재이다. 공주 박물관에는 이 측우기를 받쳤던 것으로 전해지는 정사각형의 받침돌이 남아 있다. 금영측우기는 1971년 12월 21일 국보 제561호로 지정됐으면 현재는 기상청에서 관리하고 있다.

"세종 시대 때
제작된 측우기는 현재 남아있지 않다.
현존하는 측우기로는 '금영측우기'가 유일하다."

전문가와 역사학자에 의하면 이 측우기는 강우량을 보다 적확하게
측정하기 위해서 측우기의 크기뿐만 아니라 무려 빗방울이 떨어질 때
생기는 오차까지 고려해 제작한 매우 과학적인 기상관측기구라 강조
했다. 심지어 세계기상기구가 정한 측정오차에도 합격할 만큼 대단한
정확성을 보여주니 가히 뛰어난 업적이라 할 만하다.

장영실 뉴스

2006년 5월 29일
측우기로 관측한 기록, 최초로 발굴하다!

세종 시대 당시 발명품으로 세계 최초의 강우량 측정 장치인 측우기. 이
측우기의 발명과정이 발견돼 화제가 되었습니다. 이와 더불어 측우기로
관측된 각 지역의 강우량 기록까지 발견되었는데요.
이게 뭐 그리 대단한 일이냐고 하실지 모르겠지만, 이는 굉장히 중요한
역사적 의의를 갖고 있습니다. 바로 2006년 당시 우리나라에는 초기에
제작된 측우기가 단 한 대도 남아 있지 않은데다가 측우기 뒷면에 '건
륭'이라는 청나라 연호가 적혀 있는 점을 들어 중국의 과학자들이 이 측
우기가 청나라 초기의 발명품이며, 이것을 조선에 보내준 것이라고 주

장하고 있기 때문입니다.

그런 가운데, 청나라 건륭 시기보다 300여년 앞선 1400년대 세종실록에 연도별로 측우기가 만들어진 과정이 연도별로 자세히 기록돼 있는 자료가 세상의 빛을 보면서 중국의 주장이 거짓이라는 게 확인되었습니다. 이 작업은 과연 누가 했을까요. 바로 그 주인공은 기상청에서 은퇴한 김상원씨입니다. 김상원 씨는 무려 15년동안 국회 도서관과 국사편찬 위원회의 사료를 뒤진 끝에 이 자료를 발견한 것입니다. 그 자료는 다음과 같습니다.

세종실록 자료 : (세종 실록 92권)1441년 5월, 세자인 문종이 측우기를 최초로 고안했고 (세종실록 93권)1441년 9월, 호조에서 길이 2척 직경은 8촌으로 장치를 제작해 각 도에 내려 보냅니다. / (세종실록 96권)1442년 6월에는 이 장치를 길이 1척 5촌, 직경 7촌으로 수정하고 이름을 측우기로 명명합니다.

이 외에도 측우기를 이용해서 서울을 비롯해 각 도의 강우량을 측정한 기록도 발견되었는데요. 이것은 영조 때 세종 때 만들어진 측우기를 복원하고 이를 이용해 1800년도부터 1905년까지 각 도의 감영에서 승정원으로 보낸 관측 자료 들인 것으로 확인되었습니다.

자료에 의하면 당시 비의 상태와 종류, 그리고 측우기로 측정한 각 도의 강우량이 뚜렷하게 드러나 있습니다.

이제는 더 이상 세계 최초로 측우기를 발명했다는 것에 의구심을 품지 않아도 됩니다.

우리의 소중한 과학유산인 측우기를 지킨 기상인 김상원 씨에게 다시 한 번 깊은 감사를 전합니다. 이상 장영실 뉴스였습니다.

2012년 3월 19일
국내 유일의 측우기를 40년 만에 공개하였다!

2012년 3월 19일 서울 동작구 신대방2동 청사에서 세계 기상의 날(3월 23일)을 맞아 공개하는 측우기 원본을 공개해 큰 화제가 된 바 있습니다. 세계에서 가장 오래된 강수량 측정기인 측우기인 '금영측우기'(보물 561호)는 조선 헌종 3년인 1837년 때, 공주 감영(금영)에서 사용했던 것입니다. 그러니까 현재 유일하게 남아 있는 측우기 진품인 것입니다. 이 측우기는 일제 강점기 때 일본인이 일본으로 가져갔다가 1971년 때 우리나라 기상청이 돌려받아 지금까지 쭉 보관해오고 있었습니다. 참고로 금영측우기는 3개의 원통을 끼워 사용하도록 돼 있는데요. 중간 원통을 자세히 살펴보면 '금영 측우기'라는 이름과 새겨져 있습니다. 이 외에도 '높이 1.5척, 지름 7촌, 무게 11근(6.2kg)'이라 씌어 있으며 운통 밑에는 '하급관리들인 통인, 급창, 사령이 담당했다'는 내용도 새겨져 있습니다. 그렇다면 측우기는 언제 개발되었을까요. 원래 측우기는 1441년(세종 23년)에 발명되었는데요. 깊이가 1.5척(약 30cm), 지름이 7촌(약 14cm)의 원통형 기기로, 강수량의 깊이는 '주척'이라는 자로 쟀었다고 합니다. 세종 때는 서울을 비롯해 지방 군읍까지 무려 전국의 344 곳에 설치해졌는데요. 이때 강우량을 측정해 중앙 정부에 보고했다고 합니다. 그러나 안타깝게도 임진왜란으로 대부분 소실되거나 사라졌으며, 그로부터 300여 년 뒤인 1770년 영조에 의해 측우기 관측망이 복원된 것으로 알려졌습니다. 한편, 측우기는 받침돌 위에 측우대를 놓고 그 위에 얹혀 있는 형식인데요. 현재 존재하는 다섯 대의 측우대 가운데 대구 선화당 측우대(보물 제842호)와 관상감 측우대(보물 제843호)는 기상청에 비치돼 있습니다. 이상 장영실 뉴스였습니다.

청계천과 한강의 깊이를 재는
수표

　3월 23일은 무슨 날일까. 바로 세계 기상의 날이다. 단박에 알아맞히는 이들이 많지 않을 것이다. 그러나 적어도 우리나라 사람이라면 세계 기상의 날 정도는 알고 있어야 한다. 그도 그럴 것이 우리나라는 조선시대 초기부터 기상관측을 시작했던 과학적인 문명국가요, 세계 최초로 측우기를 발명해냈으며, 이에 만족하지 않고 나아가 강에서 물이 흐르는 높이를 사람들이 볼 수 있게끔 관측기구까지 만드는 업적을 달성했기 때문이다. 그것이 바로 수표다. 세종이 임금의 자리에 있을 때에는 가뭄과 홍수도 심했지만 이에 못지 않게 풍년이 많이 들었는데, 이 모두가 측우기와 장마 때 물이 불어나는 것을 재는 수표 덕분이었다. 한편 장영실은 세종의 어명에 따라 수표교를 만들어 청계천에 세우기도 했었다. 영실이 여러 학자들과 함께 발명해낸 것으로 알려져 있는데, 홍수가 나며 당시 물이 차오르는 것을 확인해 미리 대비하는 데 크게 도움이 됐었다. 하여 물의 양을 측정할 수 있는 수표(청계천수표교가 수표를 설치한 다리임)를 만들어졌다.

"수표는
하천의 수위를 측정하는 수위계측기다."

　이처럼 수표는 장마 때 물이 얼마나 높이 올라오는가를 측정하는 관측기구다. 수표는 청계천의 물높이를 측정하기 위해 6각 방추형 돌기둥으로 만든 하천 수위계로 측우기를 만들어 강우량의 과학적 측정법을 확립하고 아울러 청계천과 한강 두 곳에 수표를 설치하여 수위를 재도록 한 것이다. 처음에는 나무로 만들어서 1441년(세종 23) 때 청계천 수위를 재기 위해 마전교 서쪽에 세워졌던 것이다. 그러다 세종 시대에서 성종 시대에 이르러 여러 차례 돌로 바꾸어 더 튼튼하게 만들어졌다. 세종 때 한강변의 것은 바윗돌에 직접 눈금을 새긴 것이고, 청계천의 것은 마전교 서쪽에 낮은 돌기둥 위에 나무기둥을 세운 형태였다. 학자들에 의하면 위 사진(수표) 속

수표(보물 제838호)
(경기도 여주시 능서면 영릉로 269-50소재)

수표는 1773년(영조 49)이나 1833년(순조 33)에 만들어진 것을 토대로 복원한 것이라고 한다. 자세히 살펴보면 눈금은 양면에 1자부터 10자까지 각 1자마다 새겨져 있으며, 또 3자, 6자, 9자의 선 윗부분에 0표를 새겨서 갈수와 평수 그리고 대수를 확인할 수 있었다. 한편, 1985년 8월 9일 보물 제838호로 지정된 수표는 높이 약 3m, 너비 약

20cm이며, 화강암으로 이루어져 있다.

1959년 청계천 복개공사 때 서울 장충동 내 공원으로 옮겨왔다가, 1973년에 다시 현재의 장소인 서울 동대문구 청량리동 위치한 세종대왕기념관 안으로 이동, 보관 중이다. 그렇다면 수표가 처음 세워졌던 마전교에 좀 더 자세히 알아보자. 자료에 따르면 수표교는 1420(세종 2)년에 세운 당시에 이 주변에 소와 말을 파는 시장이 있었다. 그래서 '마전교'라 불렸던 것이다.

그 후 앞서 말했듯이, 1441년(세종 23)에는 청계천의 수위를 재기 위해 마전교 서쪽에 수표(보물 제838호)를 만들어 세워놓고 청계천의 물높이를 재어 홍수에 대비했다. 그렇다면 이와 관련된 기록이 조선왕조실록에도 남아 있을까? 물론이다. 내용은 1441년(세종 23) 때 청계천 수위를 재기 위해 마전교 서쪽에 수표를 세운 것과 관련돼 있다. 내용이 아주 상세한데, 살펴보면 다음과 같다.

또 마전교 서쪽 수중에다 박석을 놓고, 돌 위를 파고서 부석 둘을 세워 가운데에 방목주를 세우고, 쇠갈구리로 부석을 고정시켜 척(尺)·촌(寸)·분수(分數)를 기둥 위에 새기고, 본조 낭청이 우수의 천심 분수를 살펴서 보고하게 하고,

또 한강변의 암석 위에 푯말을 세우고 척·촌·분수를 새겨, 도승이 이것으로 물의 천심을 측량하여 본조에 보고하여 아뢰게 하며, 또 외방 각 고을에도 경중의 주기례에 의하여, 혹은 자기를 사용하던가, 혹은 와기를 사용하여 관청 뜰 가운데에 놓고, 수령이 역시 물의 천심을 재어서 감사에게 보고하게 하고, 감사가 전문하게 하

소서."하니, 그대로 따랐다.

-1441년(세종 23) 8월 18일《세종실록》

그렇다. 마전교 서쪽에 수표를 세우자는 얘기다. 그렇다면 척, 촌, 분 수란 무엇일까. 수표를 살펴보면 표시 눈금이 10개가 있는데, 눈금 간 격을 재보면 대략 21.5cm 정도인데, 이게 바로 주척이다. 영조 때 만들 어진 수표의 눈금 간격이 21.5cm인 것으로 보아 아마도 세종 시대 때 주척 역시 21.5cm로 봐도 되지 않을까 싶다. 어쨌든 간에 중요한 건 서 울 장충단 공원 입구의 수표교는 원래 청계천 2가에 있었다는 사실이 다. 그러나 1959년 정부에서 실시한 청계천 복개공사로 인해 지금의 자리로 옮겨왔다. 화강암으로 만들어 놓았는데, 사진 속에서 쉽게 확인 할 수 있듯이 아래의 돌기둥이 2단을 이루고 있는 게 특징이다. 거기서 윗단의 돌은 돌의 모서리 자체를 강물의 흐름과 마주하게 했는데, 이것 은 물의 저항을 덜 받게 하기 위해 임의적으로 설계해 놓은 것이다.

"최초의 수표교는
청계천 2가 쪽에 세워졌다."

물길을 건너는 통로로서 뿐만 아니라 홍수조절을 위해 수량을 재는 역할을 했던 중요한 다리인 수표. 아니나 다를까, 수표교는 조선 왕조 500년 동안 실용적으로 활용돼 왕실뿐만 아니라 조선 백성들에게도 큰 도움이 됐다. 실제로 이와 관련해서 조선왕조실록에는 수표교의 수 심을 아뢴 기록이 남아 있는데, 그 내용을 살펴보면 다음과 같다.

예조가 아뢰었다.

"이달 14일 비가 내려 수표교(水標橋)의 수심이 6척 4촌입니다."

-1570년(선조 3) 5월 14일《선조실록》

한편, 수표교는 조선 왕조 500년 동안, 많은 보수를 거쳐 오늘 날에 이르렀다. 오롯이 조선 역사와 그 영광을 함께 해왔다고 해도 무방하다. 아니나 다를까, 1760년(영조 36)에는 하천을 준설하고 대대적으로 다리를 수리하는 작업이 이루어졌다. 이때, 수표교 돌기둥에 한자로 경, 진, 지, 평이라는 글씨를 새겨졌다. 당시 사람들은 이것을 통해 대략적으로 물높이를 4단계로 측정했던 것이다. 학자들에 의하면, 바로 이때부터 수중주석표라는 말이 생겨나 수표교라 부르게 됐다고 한다. 그후에도 영조 시대 때에는 여러 차례 보수가 되곤 했었는데, 이와 관련된 기록이 영조실록에 오롯이 남아 있다. 그 내용이 다음과 같다.

임금이 수표교(水標橋)에 행행하여 여경방(餘慶坊)에 들렀다. 하천을 준설한 뒤로 성중(城中)의 여러 교량의 양안(兩岸)은 모두 나무로 엮은 것을 사용하되 1년에 한 번씩 보수하니 그 비용이 많이 들어 마침내 돌로 쌓자는 논의가 있었다.

이에 3군문(軍門)에 명하여 분담해서 쌓게 하고 이날 역사를 시작하였기 때문에 임금이 친히 나와 살펴본 것이다. 이어 창의궁(彰義宮)에 나아갔다.

일한재에 나아가 시임·원임 대신과 비국 당상을 인견하였다.

-1773년(영조 49) 6월 10일《영조실록》

물길을 건너는 통로로서 뿐만 아니라 홍수조절을 위해 수량을 재는 역할을 했던 중요한 다리인 수표. 수표를 설치한 후 조선에 큰 홍수가 날 때마다 전처럼 큰 피해만은 피할 수 있었다. 청계천의 수표 눈금은 자꾸 올라갔고 둑에 물이 차오르기 시작하면, 나라에서 수표의 눈금을 보고 청계천 주변의 주민을 긴급히 대피시켰기 때문이다. 설 그날 밤에 물이 둑을 넘어 집들이 물에 잠겼어도, 사람들은 이미 대피하였기에 인명피해는 적었다. 세계 최초로 만들어진 기상관측장비인 측우기와 수표의 활용으로 인해 한국은 이미 600여년 전에 기상경보와 재해방지에 성공한 기록을 갖게 되며, 우리는 이런 자랑스러운 선조를 가진 민족이다. 장마의 호우사례를 벤치마킹하여 기상예보와 국가적인 재해대책이 한 단계 더 발전하는 기회가 되었으면 한다.

2015년 2월 26일
과연 수표교는 안전하게
고향 청계천으로 돌아올 수 있을까?

서울시 유형문화재로 지정된 수표교는 조선 초기, 그러니까 세종 시대, 정확히 1420년 때 처음 만들어진 겁니다. 그러다 1958년 정부에서 실시한 청계천 복개공사 때 철거돼 서울 홍제동으로 옮겨졌다가, 1965년에는 또다시 장충동에 있는 장충단공원으로 이전됐습니다. 어찌된 이유에서인지 수표교는 한곳에 머무를 수 없는 메뚜기(?) 신세로 전락해버린 겁니다. 그런데 이 수표교를 원래 위치로 돌아오게끔 하는 작업이 진행된다는 소식이 들려와 화제가 되고 있습니다.

2015년 2월 26일에 열린 서울시 문화재위원회 회의에서, 의원들이 수표교 이전 문제를 논의했는데요. 만장일치로 2020년까지 원래 위치인 청계천으로 이전·복원하는 사업을 통과시켰던 겁니다. 무려 62년 만에 수표교가 고향(?)으로 돌아가는 것인데요. 그러나 안타깝게도 이 작업은 만만치 않습니다. 일단 그 비용만 해도 800억 원이 든다고 합니다. 그럼에도 불구하고 수표교를 이전·복원하려는 사업이 통과된 데에는 나름의 이유가 있습니다.

세종 시대 때 청계천의 수량을 측정하기 위해 만들어진 수표교가 지닌 가치 때문입니다. 그저 단순한 돌다리가 아니라는 겁니다. 수표교는 조선시대 과학 기술과 토목 기술을 보여주는 상징적인 문화재로 서울유형문화제 제18호로 지정됐기 때문입니다. 역사적 가치가 높은 수표교가 문제없이 청계천으로 되돌아오기를 기원해봅니다. 이상 장영실 뉴스였습니다.

8장

장영실은 왜
갑자기 사라졌을까?

최악의 가마사건

　영국 작가 버지니아 울프는 말했다. "삶은, 내가 10세부터 줄곧 말해온 대로, 무지무지하게 흥미롭다. 44세인 지금의 삶은 24세일 때보다, 굳이 말하자면, 더 빠르고, 더 통렬하고, 뭐랄까, 더 절박하다. 나이아가라폭포를 향해 달려가는 강물처럼." 아마도 궁궐에서 떠나는 영실의 마음이 이러하지 않았을까 싶다. 세종의 무한한 총애와 신뢰를 받던 영실에게 일생일대의 위기가 닥친다. 그것이 바로 가마사건인데, 내용은 이러하다. 수많은 업무를 총괄하면서도 책 읽기를 결코 게을리 하지 않았던 세종은 고기를 매우 좋아했다. 거의 광적으로(?) 고기를 좋아했는데, 고기가 없으면 밥을 먹지 않을 정도였다고 한다. 오죽하면 태종이 자신의 죽어도 세종이 고기를 좋아하니 금하지 말라는 말까지 했었을까 싶다. 이처럼 고기를 너무나 좋아했던 세종은 자연스럽게 움직이는 시간보다 앉아있는 시간이 많았다. 당연히 세종은 키에 비해 체중이 많이 나갔고, 이에 따른 잔병치레도 많았던 것으로 추측된다. 자료에 의하면 어의는 세종대왕의 건강을 위해 음식 메뉴를 조절하는 '식치'를 할 정도로 육식보다는 채식 위주의 식단을 추천한 것으로 확인됐다.

"수많은 업적만큼 자녀도 무려 18남 4녀를 두었던 세종.
그러나 그는 육식을 지나치게 좋아해 건강이 좋지 않았다."

어의를 비롯해 주변 신하들이 세종의 건강을 챙겼으나, 정작 본인은
자신의 건강에는 크게 무관심했다. 건강한 육체도 응당 시간이 흐르면
여기 저기 고장이 나기 마련이다. 나이가 들면서 세종의 몸이 점점 안
좋아지는 건 당연한 결과였다. 그런 상황에서 그나마 건강을 챙긴답시
고 세종이 한 일이 하나 있었다. 바로 온천에 자주 다녀오는 것이었다.
온천을 오고 갈 때, 사용한 것은 가마. 가마를 자주 사용하게 되자, 실
용성을 중시했던 세종에게 가마의 단점이 보였으리라. 어느 날 세종은
영실에게 자신에게 기능적으로 딱 맞는, 새로운 가마를 만들라는 어명
을 내린다. 우리의 위대한 과학자 영실은, 당시 은퇴(?)를 고려할 정도
로 나이를 먹었기에 노후준비에 한창이었다. 그러나 세종의 부름에 한
걸음에 달려가 가마를 만들겠노라고 했다. 아마도 영실은 이때만 해도
이 가마가 자신의 인생을 파국으로 몰아넣을 줄은 예상하지 못했을 것
이다. 그러나 이때 영실은 가마 만들기를 거절했었어야 했다. 그랬으면
보장된 노후를 보냈을 있었을 터. 나아가 어느 날 갑자기 역사 속으로
사라지는 일 따위는 일어나지 않았을 것이다.

"모든 게 가마 때문이었다.
그러나 영실은 꿈에도 몰랐을 것이다.
가마로 인해 자신이 지금까지 이루어 낸 모든 걸 잃고, 파직될 거라
는 것을."

어명을 받은 영실은 주저하지 않았다. 세종의 풍채에 맞는 크고 넓은 가마를 제작했다. 아마도 영실의 나이를 생각했을 때, 이번에야말로 마지막 업적(?)을 제대로 한 번 남기겠다는 마음가짐으로 혼신을 다해 만들었을 것으로 생각된다. 그렇게 영실은 가마를 만들어내 세종대왕에게 바쳤다. 세종은 망설임 없이 그 가마에 몸을 실었다. 그리고 세종대왕이 종묘로 가고 있을 때, 어처구니없는 사건이 발생하고 만다. 세종이 탄 가마가 그만 부서져버린 것이다. 다시 말해, 조선의 왕이 가마를 타다가 땅에 떨어지는 사건이 발생한 것이다. 지금 따지면 뭐 그런 일이 생길 수도 있지, 하고 가볍게 여길 수도 있다. 크게 다치지 않았기 때문이다. 그러나 그땐 그럴 수가 없었다. 하늘과도 같은 임금을 땅에 떨어뜨린 것은 불경죄였다. 많은 신하가 영실을 벌해야 한다고 주장했다. 영실을 감싸는 이는 없었다. 아니, 그 누구도 감쌀 수가 없는 상황이었다. 1442년 영실의 감독으로 제작된 왕의 가마를 부실하게 제작했다는 불경죄로 의금부에 투옥된다. 이에 관한 자료는 세종실록에도 남아 있는데, 그 내용이 다음과 같다.

"대호군 장영실이
안여* 만드는 것을 감독하였는데, 튼튼하지 못하여
부러지고 허물어졌으므로 의금부*에 내려 국문하게 하였다."
-1442년(세종 24) 3월 16일《세종실록》

★ 안여
임금이 타는 가마를 말함
★ 의금부
조선 시대, 어명에 의해 죄인을 다스리는 일을 맡아보던 관청을 말함 당시 영실에게는 불경죄로 곤장 80대의 형이 떨어졌다. 그나마 그것도 세종의 명에 의해 100대의 형에서 20대가 줄여져 곤장 80대로 낮추어진 것이었다. 조선 역사상 아니 대한민국 역사상 한 획을 긋는 위대한 발명품을 수없이 제작해낸 일등 공신 영실이, 세종의 무한한 총애를 받던 영실이었다. 이런 상황을 지켜본 세종은 그 누구보다 마음이 아팠을 터. 그러나 조선 왕조에도 법도가 있기에, 제아무리 왕이라 한들 영실을 위기에서 구할 수가 없었다. 때마침 사헌부에서는 왕이 다친 것은 아니었으나 안위와 관련된 일이므로 장영실을 비롯한 참여자들은 불경죄로 관직에서 파면되는 것은 물론이고 아울러 곤장까지 맞아야 한다고 했다. 사헌부의 탄핵이 올라오자 세종은 망설이다가 형벌을 내리기로 결정했는데, 그토록 총애하던 장영실에 대해 배려해 준 것이라고는 곤장 100대의 형을 80대로 감해 준 것뿐이었다. 결국 세종은 가마 제작과 관련된 인물들에게 처벌을 내리게 되는데, 그 내용이 세종실록에도 남아 있다. 이를 살펴보면 다음과 같다.

의금부에서 아뢰기를,
"대호군 장영실이 안여(安興)를 감독하여 제조함에 삼가 견고하게 만들지 아니하여 부러지고 부서지게 하였으니, 형률에 의거하면 곤장 1백 대를 쳐야 될 것이며, 선공 직장 임효돈과 녹사 최효남도 안여를 감독하여 제조하면서 장식한 쇠가 또한 견고하게 하지 아니했으며, 대호군 조순생은 안여가 견고하지 않은 곳을 보고 장영실에게 이르기를, '반드시 부러지거나 부서지지 않을 것이오.'라고 하였으니, 모두 형률에 의거하면 곤장 80개를 쳐야 될 것입니다."하니,

임금이 장영실에게는 2등을 감형하고, 임효돈과 최효남에게는 1등을 감형하며, 조순생에게는 처벌하지 않도록 명하였다.

-1442년(세종 24) 4월 27일 《세종실록》

아니, 이럴 수가. 영실에게는 2등을, 임효돈과 김효남에게 1등을 감형하고 조순생은 처벌하지 않았다니. 단지 가마를 잘못 만든 한 번의 실수였다. 그런데 영실과 같은 업무를 했던 조순생은 공신의 후손이라는 이유로 징계를 당하지 않았다(물론 이는 사실이 아니라 추측일 뿐이다.). 반면 노비 출신인 영실은 80대의 곤장과 더불어 관복까지 벗게 됐다(이는 사실이다.). 결과만 놓고 봤을 때, 이것이야말로 유전무죄 무전유죄(有錢無罪 無錢有罪)가 아니고 무엇이겠는가. 아니나 다를까, 이를 두고 지적한 이가 있었다. 사헌부 지평 허사문이라는 인물이다. 허사문은 세종에게 죄를 면한 조순생에게도 징계를 줄 것을 청했다. 이는 세종실록에도 기록으로 남아 있는데, 그 내용은 다음과 같다.

사헌부 지평* 허사문이 아뢰기를, "조순생과 박강은 죄가 같으온데, 순생만이 홀로 죄를 면했음은 실로 옳지 못합니다."고 하니,

임금이 말하기를, "순생의 일은 진실로 박강과는 다름을 그대들이 알지 못했을 뿐이다."하였다.

-1442년(세종 24) 5월 6일 《세종실록》

★ 사헌부 지평
지금의 대검찰청 검사를 말함

위의 실록의 기록처럼, 1442년(세종 24) 5월 6일 사헌부 지평 허사문이 가마가 부서진 죄를 지은 조순생과 행궁의 처마가 부서진 죄를 지은 박강의 죄가 똑같은데, 조순생의 죄를 면한 것은 옳지 않다고 세종에게 아뢰었다. 이에 세종은 뜬금없이(?) 조순생의 죄와 박강의 그것이 다른데, 그것을 신하들이 알지 못했을 뿐이라고 대답한다. 세종답지 않게 앞뒤가 맞지 않다. 빙빙 돌려 말하며 세종은 결국 조순생을 감싸고 있는 것이다. 굳이 이럴 필요까지 있을까, 그런 생각이 든다. 그런데 이상한 점이 있다. 세종은 이후에도 또 한 번 조순생을 감싸는데, 그 내용을 세종실록에서 찾을 수 있다. 그 내용은 다음과 같다.

> 사간원에서 아뢰기를,
> "이제 조순생은 수령을 지내지 않았는데 통훈(通訓)*을 제수하였으니 법에 어긋남이 있고, 또 한질은 이조 판서 한확의 동복 아우이며, 이계녕은 사위인데, 질은 중추 도사로 부곡참에 옮기고, 계녕이 상서 녹사로 직장에 승진되었으니, 상피의 법이 이미 엄한데도 틈을 타서 계달하여 성법을 무너뜨렸으니 고치기를 청합니다."하니,

> 임금이 말하기를,
> "순생은 오래 마정(馬政)을 맡았으므로 내가 특지(特旨)로 제수하였고, 한질은 상의원에 겸임하고 있기때문에 한관(閑官)에 옮기려 한 것뿐이다. 어찌 사의가 있겠는가.

★ 통훈
조선 시대 품계로 통훈 대부(通訓大夫)를 말함

계녕은 내가 장차 고치겠다."하고, 도승지 유의손(柳義孫)에게 이르기를,

"간신의 말이 실은 정대하니,
금후로는 이같이 상피하는 사람은 제수하지 말라."하였다.

순생은 다른 재능이 없는데 다만 바둑으로 이름이 알려져 오래 사복을 맡겼었고, 확은 정치를 잡은 지 얼마 되지 않는데 멋대로 사정을 행했으니, 실로 배우지 못하고 방술이 없는 소치였다.
-1445년(세종 27) 7월 12일《세종실록》

이처럼 사간원에서 조순생과 한질에게 제대로 된 절차를 밟지 않고 벼슬을 받았으니 그 관직을 없애야 한다는 청을 올린다. 특히 조순생의 경우는 할 줄 아는 거라곤 '바둑'밖에 없다는 내용도 등장한다. 그러나 세종은 사간원에서 올린 조순생과 한질의 제수에 반대한다. 결국 세종은 사간원의 반대에도 불구하고, 오랜 시간, 마정을 관장한 조순생의 공로를 치하하고자 통훈대부에 제수했다. 참으로 이상하다. 당대 최고의 과학자였던 영실은 내치고, 조순생은 감싸는 세종의 태도가 이상하다 못해 수상하다. 아니나 다를까, 1447년에는 조순생은 병조판서에 임명된다. 병조판서라 하면, 조선 시대에서 병조의 으뜸가는 벼슬로, 품계는 정이품이고, 나라의 군사에 관한 일을 총괄하는 중요한 직책이다. 그렇다면 정말로 조순생은 공신의 후손이라는 이유만으로 가마사건에서도 징계를 당하지 않고 그 후에도 승승장구했던 걸까. 혹시 우리가 모르는 숨겨진 이야기가 있는 게 아닐까.

장영실 묘
(충남 아산 인주면 문방리 소재)

이를 테면, 세종이 조순생에게 궁궐 밖에서 장영실을 보호하라는 비밀업무(?)를 지시했고 이로 인해 조순생에게 과할 정도로 자비를 베풀었다든지 말이다. 그렇지 않고서는 가마사건부터 그 이후 관련자들의 행적까지를 살펴봤을 때 도무지 납득이 잘 안 된다. 납득이 안 되면 자연스럽게 생각이 꼬리를 물고 늘어지기 마련. 생각해보시라. 사실 세종은 과거에도 영실이 저지른 실수를 없는 과감하게 눈을 감아준 적이 있다(이게 옳다고는 생각하지 않는다.). 그만큼 세종에게 영실은 각별한 학자였기 때문일 터. 그런데 가마사건으로 영실은 파직된다. 두 번 다시 궁궐로는 들어올 수 없게 된 것이다. 참으로 과하다는 생각이 들지 않는가. 물론 임금이 타는 가마라는 점에서 그 죄가 무거울 수밖에 없는건 알겠지만 영실은 당대 최고의 과학기술자였다. 동래현의 노비 출신이었던 영실이 세종대왕은 만나 궁에 들어와 결혼도 하지 않고 오직 학문에만 몰두했다. 그러나 단 한 번의 실수로 모든 게 끝장나 버린 거였다. 영실도 얼마나 속이 탔을까 싶다. 그때는 궁에 들어온 지 대략 20년이 지난 시점이었다. 이제 좀 살만해져서 안정된 노후를 보낼 생각에 마지막으로 최선을 다해 가마를 만든 것이었는데, 그 가마가 부서지다니. 세종과 함께 조선 르네상스 과학시대를 이끌었던 영실은 결

장영실 추모비
(충남 아산 인주면 문방리 소재)

국 궁궐에서 쫓겨난다. 최고의 조선 과학기술자가 가마를 부실하게 만들었다는 불경죄로 영원히 사장된 것이다. 그리고 역사 기록에서도 흔적도 없이 갑자기 사라져버린다. 그 후 영실이 어떻게 살다가 죽었는지 기록이 전혀 남아 있지 않다. 그 어디에도 영실에 관한 기록은 찾아볼 수가 없다. 그저 충남 아산에 그의 묘지와 추모비만이 덩그러니 있을 뿐이다. 역사의 무대에서 사라진 영실은 그 후 어떤 삶을 살았을까. 지금부터 그를 추적해보려 한다.

사라진
조선 최고의 과학자

　앞서 조순생의 이야기를 했다. 이어서 좀 더 구체적으로 하고자 한다. 우선 장영실을 둘러싼 여러 가지 음모론 중에서 가장 많은 이에 의해 언급되고 있는 게 세종과 조순생이 협력해 장영실을 빼돌린 뒤 보호했다는 것이다. 당시 영실을 파직시키라는 사헌부의 탄핵에 세종은 어쩔 도리가 없었을 것이다. 게다가 세종의 무한한 총애를 받은 영실을 시기하는 자들 또한 많았을 텐데, 아마도 이때다 하고 합심해 영실을 쫓아내는 데 뜻을 모았을 테다. 이런 상황에서 세종이 나서서 영실을 보호하는 데만 급급하다면 영실을 향한 화살이 늘어만 가는 건 당연지사. 외려 그럴 듯하게 사헌부의 탄핵을 받아들이고, 보이지 않는 곳에서 영실을 보호하는 것도 하나의 방법일 수 있다. 하여 세종은 조순생과 손을 잡고 비밀리에 계획을 꾸미면서 영실을 안전한 곳으로 피신을 시킨 게 아닐까 싶다(물론 피신 겸 일도 시켰을 것으로 추측된다.) 건강도 썩 좋지 않았고, 정사를 다스리기 바쁜 세종이 홀로 이를 꾸미는 건 불가했을 터. 하여 조순생의 도움을 받았을 것으로 추측된다.

"1442년에 일어난 가마사건.

이로 인해 장영실은 대호군 자리에서 파면된다.

이어서 곤장을 80대를 맞고 궁궐 밖으로 쫓겨난다.

이후 영실의 행적은 지금까지도 드러난 게 없다.

그는 어디로 간 걸까."

물론 그 어디에도 이 음모(?)를 뒷받침하는 근거는 없다. 그저 추측할 뿐. 그런데 상상치고 묘하게 그럴싸하지 않는가. 세상 이치가 생각하기 나름이라고 하지만, 만약 이 음모가 사실이라고 가정해보시라. 1442년(세종 24) 대호군 자리에서 파면된 후 장영실에 대한 행적이 묘연하고, 조선왕조실록의 기록에서도 자취를 감춘 것이 어느 정도 납득이 된다. 영실이 궁궐에서 쫓겨난 후 어디서 어떻게 살다가 생을 마쳤는지 철저하리만큼 그 어떤 기록도 남아 있지 않은 것이다. 많은 학자들이 지푸라기라도 잡는 심정으로 영실의 행적을 추적할 수 있는 단서를 찾으려 애썼다. 그러나 지금까지 아무것도 찾지 못했다. 이 모든 게 우연의 일치일까? 아닐지도 모른다. 만약 아니라면, 세종이 끝까지 비밀리에 영실을 보호했을 거라고 생각한들 크게 이상하지 않다. 장영실, 조순생 그리고 세종대왕. 세 사람의 숨겨진 이야기가 궁금하다.

"장영실.

조순생 그리고 세종대왕.

만약 세 사람의 숨겨진 이야기가 있다면...?"

세종과 조순생이 손을 잡았다는 근거 하에 영실의 행적을 추적해보

자. 아마도 영실은 세종의 보호 하에 궁궐에서 나가서도 계속 과학기술자로서 연구를 계속했을 것이다. 따지고 보면 궁궐 밖에서 일하는 게 영실에게는 좀 더 편했을 것이다. 그야 물론 세종이 옆에 딱 버티고 있지 않고, 설상가상 멀리 떨어져 있으니 당연지사 아니겠는가. 또 가끔 전처럼 수시로 중국으로 유학을 가서 각종 천문 관련 공부를 하고 조선으로 돌아오지 않았을까 싶다. 보는 이의 눈이 있으므로, 영실은 아마도 세종과 직접 만날 순 없었으리라. 하여 영실은 새로 알게 된 정보는 조순생을 통해 세종에게 전해졌을 것으로 추측된다.

"보이는 게 전부가 아니란 말이 있다.
세종대왕 역시 겉으론 영실을 내쳤지만, 보이는 그것이 가마사건의
결말을 가리키는 전부는 아니었으리라."

아마도 영실의 생활 또한 곤궁하지 않았을 것이다. 파면에 곳도 모자라 곤장까지 맞고 쫓겨났는데, 이왕 이렇게 된 거 세종이 두둑하게 퇴직금 한 몫 챙겨주지 않았을까 싶다. 사람이란 쉽게 변하지 않는 동물이다. 고로 영실을 향한 세종의 처우를 보면 이 또한 과한 상상이 아니다. 그러나 남의 눈에 띄면 안 됐기에 철저하게 신분을 감추고 근검절약하지 않았을까 싶다. 결론적으로 세종실록의 기록에는 영실에 대한 세종의 마음이 변한 것처럼 돼 있지만, 이는 완벽한 각본에 의해 맞추어진 것 일수도 있다는 것. 아니, 그렇게 믿고 싶다(고백하건대, 어쩌면 필자는 세종과 영실의 인연이라는 게 그리 쉽게 단절될 만한 것이 아니리라 믿고 싶은 건지도 모른다. 옷깃만 스쳐도 인연이라는 말이 있지 않은가. 아니나 다를까, 둘의 인연이 어떤 인연인가. 어떤 식으로 세종은 영실과의 인연을 이어갔을 것이다.).

"아마도 세종대왕은 보이지 않는 곳에서 영실을 끝까지 보호하려
했을지도 모른다.
이를 위해 아주 은밀하고도 치밀한 계획을 세웠을지도 모른다."

그렇다면 세종대왕은 장영실을 어떻게 보호했을까. 영실의 나이가
많았지만 세종은 이에 개의치 않고, 단순히 놀고먹게끔 하진 않았을 것
같다. 즉 앞서 말한 바와 같이 아마도 영실을 비밀리에 해외 유학을 보
냈을 것으로 생각된다. 그도 그럴 것이 당시 천문관측이라는 것은 중국
만 할 수 있는 작업이었기 때문이다. 불행하게도 조공국인 조선은 천문
관측을 하려면 중국의 허락을 반드시 맡아야 했고, 허락 없이는 아무것
도 할 수 없는 처지였다. 참으로 자존심이 상하는 상황이었지만, 세종
대왕은 지혜를 발휘해 묘책을 생각했을 것이다. 그러니까 중국 몰래 영
실로 하여금 천문관측을 할 수 있게끔 하지 않았을까 싶다. 이렇게 하
면 추후 조정 내에서 이 일이 발각되더라도 조공국인 처한 나라의 한
계를 극복하기 위해 불가피한 작업이었다는 일종의 명분도 생기니 큰
문제가 없었을 터. 이 일이 드러나지 않으면 가장 좋으련만 설상 알려
지게 된다 해도 영실도 구하고, 명분도 챙기고 이것이야말로 일석이조
가 아니겠는가. 물론 안타깝게도 지혜로운 세종대왕이 이런 묘책을 냈
을지도 모른다, 라는 주제를 상기시켜주는 자료는 그 어디에도 없다.
그저 추측할 따름이다.

"조공국인 조선은
중국의 허락 없이 천문관측이 불가했다.
하여 세종대왕이 묘책을 냈는데, 바로 비밀리에 천문관측을 진행

할 만한 이를 정하는 것. 그리고 그 인물이 바로 영실이 아니었을까 싶다."

물론 이 외에도 다른 추측도 가능하다. 15세기에 사라진 공학자, 영실을 둘러싼 두 번째 음모론은 세종의 배신(영실 입장에서는 봤을 때 배신이 아니고 무엇이겠는가.)이다. 사실 세종이라면, 어떤 논리로든 신하들을 설득해 충분히 영실을 구하고도 남았을 터. 그러나 세종은 영실에게 고작 20대의 곤장을 줄여준 것뿐이다. 세종실록의 기록처럼 말이다. 이것이 사실이라면, 마치 토사구팽이라는 사자성어를 떠오르게 한다. 그러나 역지사지 입장에 생각하면 이해가 안 되는 것도 아니다. 아니나 다를까, 세종은 지금의 대한민국 고3 수험생보다 빡빡한 일과를 보냈다고 한다. 세종이 고기를 무척이나 좋아한 사실은 이미 널리 알려졌다. 육식 위주의 식단을 즐기면서 그에 비해 활동량은 매우 적었던 탓에 세종은 종기, 소갈증 안질 등과 같은 다양한 병을 앓았다. 이와 관련해서 역사학자 이덕일은 세종이 '당뇨병'을 앓았을 것으로 추정해 화제가 되기도 했다. 그렇다면 세종실록에서는 세종의 건강상태를 알 수 있는 기록을 살펴보자. 우선 '종기'에 관한 내용인데, 다음과 같다.

상왕이 이명덕을 보내어 황엄에게 12승 저마포 각각 10필, 11승 마포 10필, 섞어 짠 비단 2필, 가는 명주 3필, 고운 면포 3필, 인삼 30근, 석등 2개, 두꺼운 종이 4백 장, 차 한 봉, 염주 한 봉지를 선사하고, 왕현에게는 12승 저마포 각각 3필, 인삼 10근, 석등 한 개, 차 한 봉, 염주 20줄을 선사하고, 황엄의 소솔 두목 8명에게는 10승 저포 각 1필, 마포 각 1필과 음식을 만드는 사람 2명에게는 11승

저마포 각 1필씩을 주었다.

그리고 태평관에 거둥하여 전송하는 연회를 베풀었는데, 왕현이 취하여 엄에게 말하기를, "노관이 나의 무슨 잘못을 보았길래 내 말을 들어내어 꼬집는가."하면서 울기를 그치지 아니하니, 엄이 노하여서 연회 음식을 재촉하여 올리라 하고, 이내 연회를 끝마치었는데, 임금은 발 위에 종기가 나서 연회에 참례하지 아니하였다.
-1419년(세종 17) 9월 14일《세종실록》

상왕이 사신들에게
저마포 등을 주고 태평관에서 전송연을 베풀다

이처럼 상왕(태종)이 사신들에게 저마포 등을 주고 태평관에서 전송연을 베푸는데, 정작 임금인 세종은 모습을 드러내지 않았다. 도대체 그 이유가 무엇인지 보니, 기록에 의하면 세종의 발 위에 종기가 났기 때문이라고 한다. 연회에 참석하지 못할 정도로 종기가 난 부위의 고통이 컸던 것이다. 그깟 종기가 뭐 그리 대수냐고 반문하는 독자들이 있을지도 모르겠다. 물론 오늘 날에야 몸에 종기가 생기면 피부과로 달려가 치료를 하면 된다. 환자가 종기를 모르쇠로 방치한 게 아닌 이상, 빠른 치유가 가능할 터이다. 그러나 그땐 달랐다. 종기에 관한 명확한 치료법이 없어 사후약방문을 하는 경우가 많았다. 꽤나 무서운 질환이라는 거다. 참고로 효종과 아들 현종 모두 종기로 사망했는데, 효종은 종기가 심지어 머리에 생겼었다고 한다. 이처럼 무시무시한 종기는 비단 세종의 발 위에만 난 것이 아니었다. 세종의 몸 구석구석에 종기가 일어나 세종을 괴롭혔다. 그 기록이 세종실록에도 나와 있는데, 다음 내용을 살펴보자.

지신사 곽존중에게 명하여
이조 판서 허조·예조 참판 이명덕 등을 불러 전지하기를,

"근일에 내 왼쪽 겨드랑이 밑에 작은 종기(腫氣)*가 나서, 비록 아프지는 않으나 재계하는 데 전심할 수 없도다. 그러나 대상*은 큰일이므로 악차에 나아가서 옷을 바꾸어 입고 돌아오고자 하는데, 경 등이 의논하여 알리라."

하니, 허조 등이 아뢰기를,
"무릇 종기는 기운을 쓰면 반드시 통세*가 나는 것입니다. 이번 행차에 비록 말은 타지 않으시지마는, 군사와 말의 기운이 번갈아 치솟고, 또 참신과 사신할 적에 반드시 아프게 될 것이오니, 신 등은 종기가 이 때문에 더욱 심해질까 염려됩니다. 비록 대상에 친히 행차하지 않으시더라도 담제(禫祭) 전에 또 삭망제가 있습니다."하니,

★ 종기
고름덩어리의 딱딱한 부스럼이 피부에 생기는 것을 말하며, 일반적으로 통증을 수반하고, 얼굴, 목 뒤, 겨드랑이, 사타구니, 엉덩이 부분에 잘 생김
★ 대상제
삼년상을 마치고 탈상함을 알리는 제사를 말함
★ 통세
병의 아픈 형세를 말함

274

윤허하지 아니하였다.

영의정 유정현·좌의정 이원·대제학 변계량·판한성 오승 등이
또 아뢰기를,
"대체로 병은 조금 나았을 때 〈조심하지 않으면〉 더해지는 것입니
다. 이제 전하께서 조금 나은 것을 믿어 병을 참고 행차하시는 것은
진실로 편한 일이 못되오니 친히 행사하시는 것을 정지하시기를
청합니다."하였으나, 임금은 또 윤허하지 아니하고,

"만약 병이 낫지 않았으면 내 어찌 대체를 모르고 억지로 하겠느
냐."하였다.
-1424년(세종 22) 5월 9일《세종실록》

이 기록은 종기로 인해 대상제에 참사하는 방법에 세종이 곽존중 등
의 대신들과 논의하는 내용이다. 신하들이 아뢰기를, 세종의 종기가 악
화될 것을 염려해 대상제 불참을 권한다. 물론 이미 생긴 종기는 어느
정도 치료를 받고 진정된 것으로 보이나, 이것이 완벽하게 치료된 게
아니었는지 세종의 또 다른 부위에서 종기가 생긴 것을 알게 된 신하
들은 세종을 걱정한다. 오죽하면 신하들이 세종에게 일 좀 그만하고 쉬
라고 아뢰었을까. 세종의 몸 여러 부위에 종기가 생겼다는 것은 건강
악화 신호와도 같기 때문이다. 다행히도 종기는 옴과 같이 몸 전체로
퍼지는 피부병은 아니지만 그 고통이 상당하다. 대다수 포도알균이라
는 세균 때문에 종기가 생기는데, 일반적으로 우리 몸의 면역력이 떨어
졌을 때 발생할 확률이 매우 높다. 신체 여러 부위에서 종기가 생긴 것

으로 보아 당시 세종의 몸 상태는 나이를 먹어감에 따라 점점 악화됐던 것으로 추측된다.

"세종의 건강상태는
호전되기는커녕 나날이 악화돼갔다."

그럼에도 불구하고 세종은 고집을 부리며 정사를 다스리는 데 주저하지 않았다. 이토록 열정으로 뒤덮인 왕의 고집을 과연 누가 꺾을 수 있었을까. 그러나 그만큼 세종의 몸 상태는 나날이 악화되어만 갔을 터. 그러다 1433년(세종 15) 11월 중순에 이르러서는 세종의 몸이 편치 않아서, 세종 대시 세자가 백관을 거느리고 모화관에서 사신의 전별연을 열게 된다. 그로부터 약 1년 후에는 마침내 신하들이 우려하던 일이 터지고 만다. 세종이 건강 악화를 이유로, 세자로 하여금 천추 하례와 사신을 전송하는 잔치를 대행하도록 한 것이다. 그때가 1434년(세종 16) 11월 11일이었다. 각각 그 내용을 살펴보면 다음과 같다.

임금이 몸이 편치 않아서, 세자로 하여금 백관을 거느리고 모화관에서 사신의 전별연(餞別宴)을 열었다.
-1433년(세종 15) 11월 16일《세종실록》

임금이 편찮아 세자로 하여금 백관을 거느리고 천추 하례(千秋賀禮)를 대행하게 하고, 또 세자로 하여금 사신을 전송하는 잔치를 대신 베풀도록 하였는데, 먼저 도승지 안숭선을 시켜 세 사신에게 가서 대신 전송하는 사유를 말하기를, "전별연은 중한 예절이니 의리가 와서 위로하는 것이 마땅하나, 전하께서 근간에 요통(腰痛)*으로 앓으시고, 또 어깨와 등에 종기가 나셨는데, 요통은 지금 조금 나셨으나, 종기는 감세가 없어서, 구부렸다 펴셨다 하시기가 어려울 것 같습니다.

오늘 천추절* 하례도 세자로 하여금 대행하게 하고, 또 세자로 하여금 대신 전송연을 베풀려 하는데 실례됨을 깊이 미안하게 생각합니다."하였다. 사신이 말하기를,

"전하께서 편찮으시니 어떻게 움직여 수고하실 수가 있겠습니까." 하고, 또 말하기를, "전하께서 편찮으시니 다시 뵈올 수 있겠습니까."하니, 숭선이 대답하기를, "전하께서 병이 조금 나으시면 반드시 대인을 보실 것이다."하였다.

두목 김흥이 숭선에게 고하기를, "소인은 원래 본국 사람인데 전하의 덕에 도움이 된 것이 없습니다.

그러나, 내가 딸 하나가 있으니 부디 전하께 아뢰어 화석 한 장만 주십시오."하였다. 숭선이 아뢰기를,

"화석은 줄 수 없으니 무늬 있는 자리를 주는 것이 어떻겠습니까." 하니, 임금이 말하기를, "어찌 자리 한 장을 아낄까마는, 지금 만일

★ 요통
몸의 허리에서 다리까지 광범위하게 나타나는 통증을 말함
★ 천추절
조선 시대 임금의 탄일을 경축하던 날을 말함

주어서 한번 그 단서를 열어 놓으면, 뒤에 반드시 전례를 삼아서 청
구하는 자가 있을 것이니, 반드시 번폐가 적지 않을 것이다. 주지
않는 것이 좋겠다." 하였다.

-1434년(세종 16) 11월 11일《세종실록》

　그렇다. 세종은 어깨와 등에 종기가 난 것도 모자라 요통까지 앓고
있었다. 일반적으로 요통은 그 원인이 다양하지만 주로 장시간 앉아있
는 직장인들이 자주 걸리곤 하는데, 환자 대부분이 운동부족이라는 연
구결과가 있다. 비만이 만병의 근원이라는 말이 괜히 있는 게 아니다.
아마도 세종은 각종 질병을 앓고 있었던 게 틀림없다. 설상가상 세종의
종기는 나아지지 않아 심지어 몸을 구부렸다 폈다 하는 것조차 수월하
지 않았다는 게 기록에 잘 나타나 있다. 당시 세종의 몸 상태가 가히 얼
마나 좋지 않았는지를 알 수 있다. 하여 세종은 1434년(세종 16) 11월
11일, 세자로 하여금 천추절 하례를 대행하게 하고, 사신을 전송하는
잔치를 대행하도록 했다. 한편, 세종은 풍병(風疾)도 앓았다. 풍병이라
함은, 사전적 의미로 '중추 신경에 문제가 생겨 생기는 모든 병을 통틀
어 가리키는 말'이다. 쉽게 말해서 찬바람이 불고 기온이 떨어지기 시
작하면 걸리기 쉬운 질병으로 그것의 대표적인 것이 중풍(뇌졸중)과 풍
치(치주염)이다. 심각한 질병이다. 이를 세종이 앓았다는 것인데, 이를
뒷받침하는 기록을 세종실록에서도 찾아볼 수 있다. 그 내용이 다음과
같다.

　경연에 나아갔다.
　시강관들에게 이르기를,

278

"내 본래 풍병을 앓는지라, 매양 겨울철을 당하면 목욕할 수 없다.

옛말에 이르기를,
'내가 제사에 참예하지 아니하면, 제사를 아니 지냄과 같다.' 하였
는데, 만일 섭행(攝行)* 함으로서 상례로 삼는다면, 내 후세에 태만
한 임금이 섭행으로써 예를 삼아 친히 제사를 지내지 아니할까 염
려되니, 너희들은 재계·목욕과 제사하는 예법을 상고하여 아뢰
라."하였다.
－1432년(세종 14) 11월 1일《세종실록》

세종이 본인의 입으로 본래 풍병을 앓는다고 말했다. 겨울철마다 세
종은 혹한의 세월을 보냈으리라. 이쯤 되면 제아무리 평소에 운동을 하
지 않은 사람도 목숨 보전을 위하고자 서둘러 건강을 챙겼을 텐데, 세
종은 그렇지 않았나 보다. 아니면 이미 세종의 건강이 악화될 대로 악
화돼 손 쓸 도리가 없었던가. 그렇다 한들 신하들이 세종을 가만둘 리
가 없을 터. 세종도 세월을 비껴갈 순 없었겠지만 수많은 충신이 왕의
건강을 위해 백방으로 노력했을 것이다. 그러나 안타깝게도 조선왕조
실록을 샅샅이 훑어봐도 세종의 병세가 전과 달리 호전돼 질병이 완치
됐다는 얘기는 어디서도 찾아볼 수 없다. 기껏해야 전보다는 나아졌다
는 것인데, 그 이후 건강상태에 대해 찾아보면 며칠 후 또다시 재발하
거나 상황이 악화됐다고 기록돼 있다. 설상가상 세종은 1441년에 이

★ 섭행
일을 대신 행하는 것을 말함

르러서는 청천벽력과도 같은 질병을 앓고 있음을 신하들에게 공개한
다. 세자 시절부터 눈병을 자주 앓아왔던 세종의 시력이 급격히 악화된
것이었다. 이와 관련된 기록이 세종실록에도 남아 있는데, 지금부터 그
내용을 살펴보겠다. 안질에 관한 기록은 다음과 같이 두 개다.

> 임금이 승정원에 이르기를,
> "내가 안질(眼疾)을 얻은 지 이제 10년이나 되었으므로, 마음을 편
> 히 하여 조섭하고자 하니, 매월의 대조회(大朝會)*와 아일(衙日)*의
> 조참과 야인들의 숙배를 제외하고는 모두 다 없애게 할 것이며, 향
> 과 축문도 친히 전하지 말게 하라."

> 하니, 승지 등이 아뢰기를,
> "전에 안질을 앓는 사람에게 목욕을 시켜 시험하였사온데, 지금은
> 모두가 효력이 있사오니, 청하건대 온천으로 행행하시어 신민의 소
> 망에 부응하게 하옵소서."

> 하매, 임금이 말하기를,
> "이제 농사철을 당하였으니, 시끄럽게 함이 실로 많을 것이라 불가
> 하다."

★ 대조회
조정 내 모든 벼슬아치들이 모여 임금을 알현하는 일을 말함
★ 아일
초닷새 · 열 하루 · 스무 하루 · 스무 닷새

하니, 승지 등이 재삼 이를 청하므로 그제서야 허락하고, 임금이 말하기를, "내가 안질을 앓은 지가 10여 년이 되었는데, 이제 그대들이 굳이 청하여 이 행차가 있는 것이니, 대신으로 하여금 나의 본뜻을 알게 함이 옳겠다."하였다.

-1441년(세종 23) 2월 20일《세종실록》

도승지 조서강 등이 문안드리니,
임금이 말하기를,

"내가 두 눈이 흐릿하고 깔깔하며 아파, 봄부터는 음침하고 어두운 곳은 지팡이가 아니고는 걷기에 어려웠다. 온천에서 목욕한 뒤에도 효험을 보지 못하였더니, 어젯밤에 이르러서는 본초(本草)의 잔 주석(註釋)을 펴놓고 보았는데도 또한 볼 만하였다."

하여, 조서강 등이 청하기를,
"안심하시고 오래 목욕하시어 영구히 치유되게 하옵소서."

하니, 임금이 말하기를,
"이제 여름철을 당하여 흙비가 있을까 염려되는 까닭으로, 내월 초하루에는 환궁하고자 한다."하였다.

이 당시에 임금이 모든 일에 부지런하였고, 또 글과 전적을 밤낮으로 놓지 않고 보기를, 즐겨하였으므로 드디어 안질을 얻게 된 것이고, 왕비도 묵은 병이 있었던 까닭으로 이 행차가 있었다.

세종실록에 따르면, 1441년(세종 23) 2월 20일에는 세종이 안질로
인해 공사업무 축소를 승정원에 전지했다. 그리고 얼마 지나지 않아
4월 4일에는 심지어 임금이 자신의 안질에 대해 직접 언급하기도 한
다. 내용은 가히 충격적이다. 깜깜한 밤에는 이젠 지팡이 없이 더는 걸
을 수가 없을 정도로 노쇠한 세종의 건강상태가 적나라하게 드러나 있
다. 아무리 세종이라 한들, 계속되는 육체의 쇠락을 막을 방법은 없었
으리라. 자신의 몸조차 보전하지 못하는 세종은 절망했을지도 모른다.
육체에 녹이 슬고 고통이 심해질수록 세종의 마음 역시 피폐해져 갔을
것이다. 그나마 이루고자 한 업적은 어느 정도 완성했기에 큰 아쉬움은
없었겠지만, 죽음의 그림자가 드리워진 상황이었기 때문이다. 게다가
이제는 시력까지 나빠져 그토록 좋아하는 책 읽기 또한 쉽지 않았으니
얼마나 허무했을까 싶다. 절망적이고, 절망적이며, 절망적인 상황이었
을 것이다. 그런 가운데 자연스럽게 세종은 더는 영실을 보호하지 않았
을 수도 있다. 영실을 보호하는 것보다 더 중요한 건 이 나라 조선의 국
운일 터. 그러기 위해서 무엇보다 자신이 건강해야만 했다. 아니나 다
를까, 세종은 점점 건강이 악화되자 이를 회복하고자 많은 노력을 기울
이지만 실패하고 결국 나름 유명하다는 온천에 찾아갈 생각을 한다. 이
와 관련된 내용은 다음과 같다.

승정원에 전지하기를,
"내가 근년 이후로 풍질(風疾)이 몸에 배어 있고, 중궁(中宮)도 또
한 풍증(風症)을 앓게 되어, 온갖 방법으로 치료하여도 아직 효과를

보지 못하였다. 일찍이 온정(溫井)에 목욕하고자 하였으나, 그 일이 백성을 번거롭게 할까 염려되어 잠잠히 있으면서 감히 말하지 않은 지가 몇 해가 되었다.

이제는 병의 증상이 계속 발생하므로 내년 봄에 충청도의 온수에 가고자 하니, 폐단이 백성에게 미치지 않을 계책을 의논하여 아뢰라. 또 그 접대하는 도구와 공선의 일은 모두 금년 겨울 사무가 한가로울 때에 미리 준비하게 하고, 비록 실우를 짓더라도 사치하고 크게 짓지 못하게 하며, 그 체제를 그림을 그려 올리게 하라."하였다.

대언(代言) 등이 삼전의 욕실과 침실의 체제를 그림을 그려서 올리니, 임금이 이를 보고 그 수효를 감하게 하고, 판사 배환으로 하여금 그림을 가지고 온정으로 가서 본도 감사와 다시 편의한 점을 의논하여 아뢰게 하였다.

-1432년(세종 14) 9월 4일《세종실록》

그렇다. 안질이 악화되기 전부터 세종은 나름 건강을 챙기기 위해 애썼다. 그러나 세종의 바람과는 달리 건강을 계속 나빠졌다. 그러다 결국은 세자로 하여금 섭정하는 방안을 직접 제안하기에 이른다. 그러나 이를 의정부에서 반대한다. 과연 어떤 상황이었는지 관련 기록을 살펴보자. 때는 바야흐로 1437년(세종 19) 4월의 첫날이었다. 세종은 도승지 신인손을 불러 다음과 같이 말했다.

도승지 신인손에게 명하여

의정부에 가서 논의하게 하기를, "내가 젊어서는 무릇 나라를 위한 일에 스스로 힘써서 거의 과오를 범하는 데에는 이르지 아니하려 하였는데, 근년 이래로는 일마다 뜻과 같이 아니하여, 동남 지방에는 한재로 흉년이 들었고, 서북 지방에는 야인의 침노하는 근심이 있었으니, 그 이유를 캐면 실로 과인의 몸에 있겠다.

-1437년(세종 19) 4월 1일《세종실록》

참으로 겸손한 세종이다. 그는 에둘러 말하고 있지만, 한 가지 확실한 건 세종이 후계자 준비에 박차를 가하고자 하는 의지가 드러난다. 언젠가 해야 할 일이지만, 그 시기가 성급했던 것은 아마도 세종의 몸 상태가 최악이어서 그랬던 게 아닐까. 암튼 세종의 이야기를 끝가지 들어보자. 이어지는 내용을 수록하겠다.

대저 사람의 일이 늙을 때와 젊은 때가 다름이 있어서 나의 계획한 일이 젊은 때와 다른 것이 많고, 또 풍질(風疾)이 있어서 스스로 힘쓰기 어려워서 세자로 하여금 모든 정무를 대신 다스리게 하되, 오직 이조와 병조의 벼슬 제수하는 일과, 군사의 일과 사형수를 판결하는 일들은 내가 마땅히 그대로 주장하겠다.

그러나 내가 정사하기에 게을러서가 아니라 옛일을 찾아보아도 태자로 하여금 섭정하게 한 것이 하나만이 아니며, 또 대위는 마침내 세자에게로 반드시 돌아갈 것이니, 모든 정무를 판결하는 번거로운 일을 모름지기 일찍 아는 것이 마땅하겠다.

세자가 지금 비록 정사를 보는 데 참예하고 있으나, 어찌 뜻을 오로지하여 처단하는 것과 같으리오.

그러므로 전일에 이로써 여러 승지 및 대신들과 더불어 의논하니, 모두 정지시키기 때문에 감히 실행하지 못하였다. 이제는 세자로 하여금 섭정하게 하겠으니 경들은 내 뜻을 미리 알아 두라.

하니, 황희 등이 말하기를,

"성상의 춘추가 겨우 40이 넘었으니 옛사람이 이르는 바 힘써 벼슬할 때이며, 또 태자가 섭정하였다는 것은 태평 시대에는 없는 일이오니, 주나라 문왕·무왕의 시대를 보면 가히 알 것입니다.

무왕은 나이가 70이 넘었어도 문왕이 오히려 섭정시키지 아니하였고, 기타 송·위의 임금도 태자로 하여금 섭정하게 한 것은 반드시 모두 연고가 있어서 부득이 그러한 것인데 이를 어찌 본받으오리까. 엎드려 바라옵건대, 아직 이 명을 거두시어 신민의 바라는 마음을 위로하옵소서."하였다.

-1437년(세종 19) 4월 1일《세종실록》

세자로 하여금 섭정하는 것을 제안한 세종. 이에 황희를 비롯한 의정부 소속 관료들이 반대한다. 그러나 아마도 세종은 자신의 건강상태가 악화되고 있음을 누구보다 잘 알았을 것이다. 하여 세종은 허심탄회하게 젊을 때의 자신의 모습은 지금 같이 늙을 때와는 너무나 다르다며, 지금은 풍질로 인해 몸이 좋지 않아 정무를 다스리기에 부적합하다고 말했다. 그러나 세종 역시 신하들의 반대를 예상했나 보다. 아예 처음부터 업무를 분담해 모든 정무를 세자에게 맡기지만은 않겠다고 신신

당부한다. 물론 그럼에도 불구하고 의정부 신하들은 이를 한사코 말린다. 그렇다 한들, 이미 마음먹은 세종의 마음을 돌리긴 어려울 터. 아니나 다를까, 앞서 살펴봤다시피 세종은 악화된 자신의 건강상태를 감추기보다는 거리낌 없이 공개했다. 지속적으로 육체가 노쇠하고 정신 또한 쇠약해져간다는 것을 인정하기란, 왕의 입장에서도 결코 쉬운 일은 아니었을 것이다. 따라서 사실상 세종이 정무의 일부를 세자에게 맡기겠다고 했을 때 황희가 말린다 한들 세종의 고집(?)은 결코 꺾을 순 없었을 것이다. 예상했다시피, 그로부터 몇 달 후 세종은 신하들의 반대를 무릅쓰고 결단을 내린다. 세종은 승정원에 이르기를, 세자로 하여금 강무하게 하는 전지를 초하도록 한 것이다. 이에 관한 내용은 다음과 같다.

임금이 승정원에 이르기를,
"당 태종은 불세출의 임금인데, 당시의 신하들이 어찌 오늘날만 못하겠는가. 그러나 태자로 하여금 좌우 둔영을 맡게 하여 대장 이하가 모두 처분을 받는데, 간하여 말리는 자가 없었다.

기해년에 이종무가 동정(東征)* 할 때와 계축년에 최윤덕이 북벌할 때에, 세자로 하여금 대병을 통솔하게 할 수 없다고 말하는 자가 있었으나, 태종과 내가 듣지 않았었다.

★ 동정 ────────────────────
군대가 동쪽에 있는 적을 정벌하거나 동쪽에 있는 적을 향해 나아가는 걸 말함

세자로 하여금 군사를 나누어 나를 대신하여 강무하게 하는 것이
어찌 불가함이 있는가.

하물며 나는 숙질(宿疾)이 발작하기도 하고, 게다가 안질을 앓고 있
어 친히 행하기가 어려울 것 같으니 이런 사의로써 전지를 초하여
올리라."하였다.

도승지 김돈 등이 아뢰기를,
"당 태종 때에 태자가 군사를 거느린 것은, 무술년에 전하가 세자
가 되었을 때에 태종이 금려로 하여금 나누어 호위하게 한 일과 꼭
같습니다. 신 등은 태자가 수라[膳]를 보살피고 안부를 물어 조석
으로 임금의 곁을 떠나지 않는다는 말을 들었사오나, 홀로 사졸을
거느리고 교외에 행한다는 말은 듣지 못하였습니다.

지금 부득이한 일이 없는데 군사를 나누어 거느리게 하면 의리에
어쩌할까 하옵니다. 또 이것은 큰 일이오니, 비옵건대, 대신으로 하
여금 가부를 의논한 연후에 전지를 초하는 것이 편리하고 도움이
될까 하옵니다."하였다.

임금이 말하기를,
"당 태종의 규문 안의 일은 부끄러움을 면하지 못하나, 그 정사와
시책은 후세의 임금이 마땅히 본받아야 할 것이다.

내가 비록 늙지는 않았으나,

숙질이 때없이 발작하므로, 내 뜻으로는 너희들이 마땅히 나에게 이 일을 행하라고 권할 것으로 생각하는데 도리어 불가하다고 하니, 너희들이 불가하다고 하면 대신도 또한 불가하다고 할 것이다. 빨리 전지를 지어 올리라. 장차 대신에게 의논하겠다."

하니, 돈 등이 대답하기를,
"지금 가뭄이 너무 심하여 풍년과 흉년을 알 수 없으니, 만일 흉년이 든다면 강무도 또한 기약할 수 없는 것입니다. 또 명령을 내린 뒤에 대신이 만일 불가하다고 하면, 지금 큰 가뭄을 당하여 대신과 대간이 궐문을 지키고 같은 말로 간하여 말리면, 신 등은 인심이 부동할까 두렵사오니, 비옵건대, 비가 흡족한 것을 기다려도 늦지 않을까 하옵니다."하였다.

임금이 말하기를,
"너희들의 흉년에 대한 말은 그럴 듯하나, 내 뜻은 이미 결정하였다. 세자가 행하면 역기와 사복마와 공억(供億)*의 비용도 또한 모두 감하여져서, 폐단도 적을 것이다.

올가을이나 명년 봄에는 내가 친히 행하기 어렵기 때문에, 세자로 하여금 나를 대신하여 행하게 하는 것이다.
만일 내가 병이 나을 때를 기다린다면, 내가 장차 행할 것이다.

★ 공억
가난한 백성을 구휼하여 안심시키는 것으로 '억(億)'은 안(安)의 뜻임

빨리 지어 올리라."하였다.

승정원에서 전지를 초하여 올렸는데, 그 글에 이르기를, "강무는 큰 일이고, 조종의 성법이니 폐할 수 없는 것이다. 하물며 우리나라는 동서로 야인의 걱정이 있고, 연해에는 섬 오랑캐의 근심이 있으니, 사졸을 훈련하는 것이 진실로 오늘날의 급무이다.

내가 숙질*이 있어 몸이 고달프면 곧 발작되고, 지금 또 안질을 앓고 있어 친히 행하기 어려우므로, 세자로 하여금 금위의 군사를 나누어 거느리고 나를 대신해서 행하여 무사를 익히게 하여, 불우의 변에 방비하려 하니, 마땅히 행하여야 할 사건을 병조로 하여금 마련하게 하여 아뢰라."하였다.

임금이 초본을 보고 승정원에 이르기를,

"간 가을에 임질(淋疾)*이 나아서 10월에 친히 제릉에 제사하는데, 비·바람이 치고 길이 좁아서 가마를 타지 못하고 말을 타고 갔다 왔는데, 대신이 안부를 묻기에 내가 편안하다고 대답하였더니, 이

★ 숙질
오랜 기간 묵은 병을 말함
★ 임질
성병을 말함
★ 전질
간질의 유의어

튼날 전질(前疾)*이 조금 도졌었다.

간 봄에 강무할 때에 전질이 다시 도질까 염려하여, 비록 말을 타기
는 하였으나 내 손으로 고삐를 잡지 아니하여 신체를 쉬도록 하였
다. 환궁하는 날에 대신이 안부를 묻기에 내가 편안하다고 대답하
였더니, 이튿날 전질이 도로 도지고, 또 안질이 생겨서 시력이 어두
어졌다.
지금은 비록 조금 낫기는 하였으나, 친히 행하여 신체를 피로하게
하기가 어려울 것 같다. 강무는 큰 일이니 어찌 신병으로 폐할 수
있는가. 세자로 하여금 의논하게 하여 아뢰라."하였다.
-1439년(세종 21) 7월 2일《세종실록》

세종의 건강상태가 최악에 이르렀음을 알 수 있는 대목이다. 제아무
리 성군이라 한들, 자신의 건강이 나빠지는 상황에서 위기에 빠진 영실
을 보호하는 데 지쳤을지도 모른다. 충분히 그럴 수 있다. 또한 웬만한
천문과학프로젝트 업적은 달성해놓은 시기가 아니던가. 어쩌면 더 이
상 세종에게 영실이라는 인물이 꼭 필요한 존재가 아니었을지도 모른
다. 그런 상황에서 건강상의 문제까지 깊어지면서 세종은 더 이상 영실
을 보호하는 데에 있어 피로함을 느꼈을 수도 있다. 설령 보호한 하더
라도 끝까지 영실을 책임질 수 있는가에 대해서는 의문을 품었으리라.
끝까지 책임지지 못할 바에는 아예 희망고문 따위는 하지 않는 게 나
을지도 모른다.

"세종대왕은 점점 쇠락해가고 있었다.

정신적으로든 육체적으로든. 세종은 가마사건으로 위기에 빠진 영실을 보고 끝까지 책임지지 못할 바에는 아니한 것만 못하리라고 생각했을 지도 모른다."

이런 이유 때문에 가마사건으로 영실이 내쳐질 때 세종 적극적으로 그를 보호하려들지 않았고, 곤장의 수만 줄이는 최소한의 자비만 베푼 게 아닐까 싶다. 영실의 입장에서는 말로 형언할 수 없을 정도로 섭섭하고, 그야말로 토사구팽의 처지라고 생각했을지도 모른다. 하지만 세종 입장에서는 그 선택이야말로 그가 할 수 있는 최선의 선택이었을지도 모른다. 물론 이 또한 추측일 뿐이다. 지금까지 영실의 가마사건과 관련해 두 가지 추측을 해봤다. 그건 무작정 상상의 나래를 펼친 게 아니라는 것을 알아췄으면 한다. 심증은 있는데 물증이 없어서 범인을 놓아주는 상황에 놓인 강력계 형사의 심정으로 가마사건을 둘러싸고 있는 미스터리에 다가갔지만, 지금은 한결 가벼워진 기분이다. 마지막으로 가마사건과 관련해서 한 가지 더 할 말이 있다. 음모론을 뒤로 하고, 단순하게 생각해본 결과, 어쩌면 가마가 부서진 건 세종대왕 때문일지도 모른다(왜 세종이 지나치게 비대해서 가마가 부서진 거라곤 생각하지 않는가.).

"가마가 부서진 것은
세종대왕이 너무나 무거웠기 때문이다?"

지금껏 누누이 말해왔지만 세종은 학문을 연구하는 데 긴 시간을 보냈고, 운동부족으로 각종 병을 앓았다. 게다가 고기가 없으면 밥을 먹지 않을 정도로 엄청난 육식주의자였다. 이런 상황에서 건강이 점점 악화됐다. 지금껏 세종실록에 남겨진 기록을 살펴봤듯이, 세종은 전처럼 적극적으로 정무를 살피지 못했다. 이전보다 더 움직이지 않았을 테고, 세종은 나날이 비대해져갔을 것이다. 그런 상황에서 안질 치료차 온천에 가기 위해 영실이 감독·제작한 가마를 탔다. 비대해질 대로 거구가 된 세종의 무게감을 견디지 못하고 가마가 폭삭하고 땅으로 주저앉았을지도 모른다. 그러니까 세종이 뚱뚱해서 가마가 부서졌을 거라는 말이다.

"그렇다.
세종이 뚱뚱해서 가마가 부서졌을 수도 있다.
이게 사실이라면 세종의 체면이 영 말이 아닐 터.
따라서 영실이 모든 걸 뒤집어쓴 게 아닐까 싶다. 그럴 수 있다. 충분히."

물론 영실이 비대해진 세종의 몸 상태를 모르진 않았을 것이다. 누구보다 세종과 많은 대화를 나눈 이가 아니던가. 영실은 애당초 가마 설계도를 그릴 때 세종의 무게를 감안하고 가마를 제작했을 것이다. 그러나 가뜩이나 몸이 둔한데, 건강상태까지 악화돼 몸을 덜 움직인 세종이 그토록 살이 쪘는지 몰랐던 게 아닐까. 원숭이도 나무에서 떨어질 때가 있다고, 영실이 세종의 무게감을 얕잡아(?) 봤던 것 같다. 이렇게 생각하면 좀 웃기지만, 세종의 무게감을 견디지 못하고 가마가 부서진 것일 수도 있다. 한 나라의 왕이 살이 쪄서 가마가 부서졌다는 게 알려지면 얼마나 우스꽝스러운가. 하여 영실이 자의든 타의든 모든 걸 뒤집어쓰고 두둑한 퇴직금(?)을 받고 궁궐을 나간 게 아닐까 싶다. 비록 길게

봤을 때 자신의 인생에서 오점을 남기게 되는 것이나, 낮은 신분이었던 영실은 아마도 세종대왕에게 과학성을 인정받은 것만으로도 충분했을지도 모른다. 그렇다. 어쩌면 그에게는 자신의 명예보다는 지금껏 자신의 재능을 알아봐주고 인정해준 유일한 왕, 세종의 명예를 더 중요했을지도 모른다. 다른 사람이 어떻게 생각하든 간에, 후대에 후손들이 자신을 어떻게 평가하든 간에, 영실은 마지막으로 세종에게 그런 식으로든 보답하고 싶었을지도 모른다.

> "영실의 재능을 인정해준 단 한 사람.
> 나아가 강력한 후원자로 아낌없는 응원을 보냈던 단 사람.
> 그가 바로 조선의 제3대 임금인 세종이다.
> 영실에게 세종은 평생의 은사나 마찬가지였을 터.
> 영실은 세종의 체면을 위해 기꺼이 자신을 희생한 게 아닐까."

아산 장씨로 알려진 장영실. 또는 동래의 관노 출신이라고도 알려진 장영실. 어느 것 하나 분명한 것은 아니다. 그의 출생도 사망도 여전히 수수께끼에 머물러 있다. 그러나 한 가지 만큼은 확실하다. 바로 그의 업적이다. 그가 우리에게 남긴 업적만큼은 조선왕조실록을 통해 상세하게 드러나 있다. 어느 해에 태어나 어느 해에 죽었는지 분명하지 않지만, 영실은 여러 분야에서 공을 쌓아갔다. 물론 영실이 만년 생애에 대해 알려진 바가 없다는 것은 무척이나 아쉽다. 하지만 언젠가는 영실의 수수께끼를 푸는 데 단초가 될 만한 사료가 발견될 지도 모른다. 우리에게는 상상만으로는 다 설명할 수 없는 미스터리가 아직 남아 있다. 바로 그게 장영실이라는 인물에 대해 더 관심을 가져야 할 이유다.

장영실 선생을 찾아서(해외 편)
: 루마니아에 있는 장영실 교실

    지난 2014년 12월 중순쯤 독특한 기사하나를 본 적이 있다. 발칸반도에서 가장 드넓은 영토를 차지하고 있는 나라 루마니아의 한 시골학교에 〈장영실 교실〉이 생겼다는 것이다. 낯선 그곳에서, 그것도 수도에서도 멀리 떨어진 작은 시골마을에 장영실 학교라니. 기사에 따르면 내용인즉, 루마니아에 살고 있는 한인 기업가들이 십시일반으로 성금을 모아 조선시대 과학자인 영실의 이름을 딴 교실을 만들고 컴퓨터를 기증한 것이다. 일종의 낙후된 시골학교를 지원하기 위한 프로그램을 실천하기 위한 봉사였다. 익숙하지 않은 동양인의 첫 방문에 시골의 작은 마을이 들썩거렸다. 이제 루마니아의 작은 시골마을에 있는 치오키네학교에서 '장영실'이라는 한글 문패가 달린 컴퓨터실이 있다. 기사에 의하면, 물론 한국인 방문단은 한국은 물론이거니와 장영실이라는 인물에 대한 설명도 빠트리지 않았다고 한다. 먼 훗날, 그곳에서 장영실과 같은 인재가 많이 나오기를 바래본다. 그렇다면 이제 국내로 눈을 돌려보자. 대표적인 장소가 충남 아산에 있는 장영실 과학관이다. 우리는 그곳에서 영실을 만나볼 수 있는데, 과연 어떤 곳인지 구체적으로 알아보자.

장영실 선생을 찾아서(국내 편)
: 충남 아산의 장영실 과학관

　충남 아산에 가면 장영실 과학관이 있다. 2011년 7월 22일 개관한 이곳에서는 세계사에 한 획을 긋는 위대한 발명품을 수없이 만들어냈던 장영실을 만날 수 있다. 아산 장영실과학관에 가면 관람객 중에 대다수가 성인이지만, 삼삼오오 아빠와 엄마의 손을 잡고 온 초등학생들도 눈에 띈다. 아마도 현재 국가 경쟁력을 좌우하는 것이 과학기술이기 때문일 터. 현재 과학아산의 랜드마크로 자리매김한 장영실 과학관은 1층 어린이과학관과 과학공장실, 기획전시실, 4D영상관이 마련돼 있다. 2층 장영실과학관에서는 물, 바람, 금속, 빛, 우주 등 5가지 테마를 주제로 장영실의 업적과 현대과학을 보고, 듣고, 체험할 수 있다. 어렵고 복잡한 과학을 알기 쉽도록 과학을 재해석하는 멀티테크놀로지 공간인 셈이다. 하여 최근에는 유치원에서 단체견학을 오는 경우도 많다고 한다. 관람시간은 하절기(3월~10월)에는 오전 10시부터 오후 6시까지 관람이 가능하고, 동절기(11월~2월)에는 오전 10시부터 오후 5시까지 가능하다. 장영실 과학관은 과거와 현재가 공존하는 곳이다. 남녀노소할 것 없이, 훌쩍 아산으로 떠나며 발길 닿는 대로 장영실 과학관을 누려보면 어떨까 싶다.

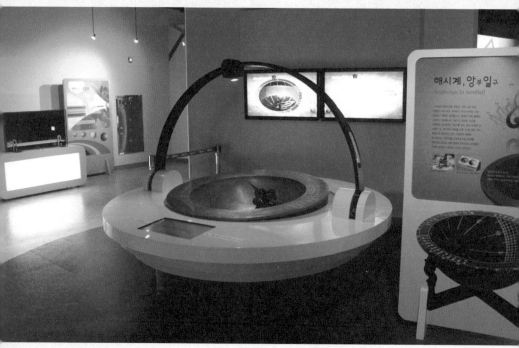

해시계, 앙부일구
Angbuilgu (a sundial)

장영실像
(주)장영실천생기념사업회
(주)에이치엔지텍 유

의 일대기와 업적을 영상과 그래픽, 이미지조명 연출, 발명품을 디지털 액자로 소개

조선의 과학발달사 및 실학사상의 대두 등을 세계 과학연표와 비교

『의기집설(儀器輯說)』

『증보문헌비고(增補文獻備考)』

『조선왕조실록(朝鮮王朝實錄)』

『한국과학기술사』(전상운, 정음사, 1976)

『논문:해시계의 역사와 그 원리』(이은성, 연세대학교, 1982)

『과학의 역사』(전상운, 산학사, 1983)

『논문:조선초기 노비법 제고』(연정열, 경희대학교, 1983)

『세종 시대의 과학』(세종대왕기념사업회, 1986)

『논문:조선초기 노비의 종모법과 종부법』(이성무, 역사학회, 1987)

『논문:조선초기 노비 범죄와 형정』(유기준, 호서사학회, 1988)

『논문:세종조의 누각에 관한 연구 ; 보루각자격루』(남문현, 연세대학교, 1988)

『논문:세종 자격루의 보시 시스템에 관한 연구』(남문현, 한국과학사학회, 1989)

『한국사 신론』(이기백, 일조각, 1994)

『한국의 물시계』(남문현, 건국대학교 출판부, 1995)

『논문:조선조 중기의 혼천의 (渾天儀) 복원 연구 : 이민철의 혼천시계』(한영호 외 1명,
　　　　한국과학사학회, 1997)

『공주감영의 금영측우기(錦營測雨器)』(최석원, 공주향토문화연구회, 1997)

『논문:측우기 발명과 중국과학사』(박성래, 한국외국어대학교, 1997)

『논문:혼천의 · 자격루 · 측우기』(남문현, 일조각, 1998)

『왕조의 설계자 정도전』(한영우, 지식산업사, 1999)

『한국고전용어사전』(세종대왕기념사업회, 2001)

『장영실, 최무선』(권오석, 책동네, 2001)

『논문:자격루와 시각측정 이야기』(박신석, 한국표준과학연구원, 2002)

『장영실과 자격루 : 조선시대 시간측정 역사 복원』(남문현, 서울대학교출판부, 2002)

『한권으로 읽는 조선왕조실록』(박영규, 웅진지식하우스, 2004)

『논문:조선의 건국과 경국대전 체제 의 형성 조선왕조의 집권체제와 과학기술정책 조선전기 천문역산학의 정비 과정을 중심으로』(연세대학교 국학연구원, 2004)

『논문:송이영(宋以穎)의 혼천시계(渾天時計) 복원』(이용삼 외 3명, 한국천문학회, 2005)

『논문:자격루 복원과정과 의의』(서준, 국립고궁박물관, 2007)

『새 만원권에 나타난 조선의 천문학』(이용복, 한국황실학회, 2007)

『조선, 평화를 짝사랑 하다』(장학근, 플래닛미디어, 2008)

『장영실 : 부산의 과학자』(부산과학기술협의회, 2008)

『인물 과학사』(박성래, 책과함께, 2011)

『논문:자격루 오디세이 : 나의 과학사 연구 30년』(남문현, 한국과학사학회, 2011)

『시골무사 이성계 - 운명을 바꾼 단 하루의 전쟁』(서권, 다산책방, 2012)

『논문:이지란에 대한 연구 : 조선건국과 여진세력』(왕영일, 고려대학교, 2003)

『부자의 길, 이성계와 이방원』(이덕일, 옥당, 2014)

『정도전과 그의 시대』(이덕일, 옥당, 2014)

『뿌리 깊은 한국사 샘이 깊은 이야기 5』(박평식, 이재윤, 최성환, 가람기획 2015)

이 도서의 국립중앙도서관 출판예정도서목록(CIP)은 서지정보유통지원시스템 홈페이지(http://seoji.nl.go.kr)에서
이용하실 수 있습니다.

장영실

1판 1쇄 인쇄 2016년 1월 12일
1판 1쇄 발행 2016년 1월 18일

지은이   조선사역사연구소
발행인   조은희
책임편집   송윤선
발행처   아토북

등록   2015년 7월 31일 (제2015-000158호)
주소   (10521)경기도 고양시 덕양구 무원로 41, 907-1504
전화   070-7535-6433
팩스   0504-190-4837
이메일   attobook@naver.com

* 값은 뒤표지에 있습니다.
* 잘 못 만들어진 책은 구입하신 서점에서 바꾸어 드립니다.

IBSN   979-11-957010-0-1 (93990)